西北民族大学重点学术著作资助项目

Educational Development of Ethnic Minorities in
Northwest China: An Oral History Study

# 西北地区少数民族
# 教育发展口述史研究

沙景荣　著

科学出版社
北　京

# 内 容 简 介

本书通过口述史的方式，分析我国西北地区少数民族自新中国成立以来教育发展的真实情况。研究选择了我国西北地区较有特色的蒙古族、维吾尔族、藏族和裕固族作为代表，使用采访和田野观察记录的方法，通过受访者口述个人成长过程的方式，来透视我国少数民族教育的发展。

全书分为两篇。上篇通过纵观的方式，整体了解我国少数民族教育发展的历史变化；下篇在整体了解少数民族教育发展口述史的基础上，选取了调研过程中的一些事件进行个案分析，描述少数民族教育在个体成长过程中的影响作用。

本书既可作为民族教育类专业本科生、研究生的专业课程选读资料，也可以作为广大民族教育科学工作者的研究参考书。

**图书在版编目(CIP)数据**

西北地区少数民族教育发展口述史研究/沙景荣著 . —北京：科学出版社，2014.11

ISBN 978-7-03-042284-2

Ⅰ.①西… Ⅱ.①沙… Ⅲ.①少数民族教育-教育史-研究-西北地区 Ⅳ.①G759.2

中国版本图书馆 CIP 数据核字（2014）第 246854 号

责任编辑：朱丽娜 苏利德 / 责任校对：韩 杨
责任印制：徐晓晨 / 整体设计：楠竹文化

编辑部电话：010-64033934

E-mail：fuyan@mail. sciencep. com

**科学出版社** 出版

北京东黄城根北街 16 号
邮政编码：100717
http://www.sciencep.com

**北京京华虎彩印刷有限公司** 印刷

科学出版社发行 各地新华书店经销

*

2014 年 11 月第 一 版 开本：720×1000 1/16
2014 年 11 月第一次印刷 印张：14
字数：231 000

**定价：66.00 元**

（如有印装质量问题，我社负责调换）

# 前　言

　　《国家中长期教育改革和发展规划纲要（2010—2020 年）》指出，要"加快民族教育事业发展，对于推动少数民族和民族地区经济社会发展，促进各民族共同团结奋斗、共同繁荣发展，具有重大而深远的意义"。民族教育的发展是实现教育公平的重要标志，没有民族教育的发展就不能说我国实现了教育公平。新中国成立以来，党中央、国务院十分重视少数民族教育的发展，制定了一套适合中国国情的、正确的解决中国民族问题的方针和政策，即民族平等、民族团结、民族区域自治和各民族共同发展繁荣的政策。特别是改革开放以来，党中央相继做出了实施科教兴国战略和西部大开发战略的重大决策，加快少数民族教育发展，大大缩小了少数民族地区教育与其他地区教育发展的差距，形成了具有我国特色的少数民族教育发展模式，积累了丰富的经验。

　　本书是西北民族大学民族教育研究团队关于民族教育研究的阶段性研究成果。研究以口述史的方式，分析了我国少数民族自解放战争时期以来教育发展的真实情况。口述史表达的是个人和社会对事件的表述，表述的是特定场景下的时空，以及个体的亲身经历和肺腑之声。这种方法更容易接近真实，更容易建设史学家的主观性，会成为社会行动和记忆的一部分，具有非常重要的研究价值。

　　本书选择了我国西部地区较有特色的 4 个少数民族为研究对象，即蒙古族、维吾尔族、藏族和裕固族；使用采访和田野观察记录的方法，通过受访人口述个人成长过程的方式，来透视我国少数民族教育的发展。本书分为上、下两篇。上篇通过纵观的方式，整体了解了我国少数民族教育发展的历史变化，将受访人根据成长的时间段的不同划分为五个阶段，从 20 世纪 30～40 年代开始到 21 世纪，完整地记录了几代少数民族群众所经历的教育发展变化，以及教育对他们自身所带来的不同影响。下篇在整体了解少数民族发展口述史的基础上，选取了调研过程中的一些事件进行个案分析，以具体、深入的视角，全面呈现出我国少数民族教育的变化。

本书的撰写过程得益于研究团队的辛苦工作，笔者负责策划和组织专家学者访谈及统稿工作；王妍莉副教授负责组织多次研讨，修订本书结构和内容；维吾尔族部分的采访和文献主要由新疆现代职业技术学院的姚如意负责整理；蒙古族、藏族和裕固族部分的采访和文献分别由西北民族大学硕士研究生李娟玲、陈心蕊和赵志军负责整理。此外，感谢本书中受访的每一位成员，正是他们的主动配合和倾力支持，才促成了本书的编写和最终完稿，也感谢为访谈联络的各方人士。

由于本书主要是基于对少数民族典型代表的口述而整理研究完成的，所以在采访的时间和空间上都难免会受限制，如有疏漏和不足之处，还请广大读者提出宝贵意见。

沙景荣

2014 年 8 月 22 日

# 目 录

# 上 篇
## 少数民族教育发展历程研究

上篇通过纵观的方式，整体了解了我国少数民族教育发展的历史变化。将受访人根据成长的时间段的不同划分为五个阶段，从 20 世纪 30~40 年代开始到 21 世纪，完整地记录了几代少数民族群众所经历的教育发展变化，以及教育对他们自身所带来的不同影响。

# 第一章

# 萌芽时期的少数民族教育发展

## 第一节　解放战争时期的维吾尔族教育发展

　　根据 1941 年的统计，全新疆公立学校共有 236 所，453 个班，有男生 9461 人，女生 1979 人，合计有学生 11 340 人。在新疆反帝联合会成立后，各地各民族的促进会纷纷致力于教育事业，"会立小学"数倍于公立小学。到 1941 年，全新疆公立学校有 115 所，3218 个班，有男生 62 198 人，女生 12 982 人，合计有学生 75 180 人。[①]

　　据 1946 年统计，全新疆共有小学教员 6071 人，其中不合格的有 2000 多人。为提高教师素质，除创办暑期教员讲习班外，1943 年在各区原有中学内增设了师范班，将喀什简易师范改为中学附设师范班，并增设阿克苏简易师范学校，以便大量培训师资。新疆 13 个世居民族中有一半以上都信仰伊斯兰教，他们多以清真寺为教育场所，由阿訇和富商经办，称之为经文学校。当时的经文学校遍布南疆各地，课程内容有伊斯兰教的宗教仪式、祈祷文的背诵和解释、阿拉伯字母、土耳其文、波斯文、古兰经和宗教诗等。教师除阿訇、依麻目外，还有从国外聘请的土耳其人。经文学校属于私立学校性质，政府一般不过问，但是也有因各种原因遭到当局查禁的。

　　解放战争时期，新疆少数民族教育刚刚起步，教育发展极不平衡。南疆只有小学没有中学；农牧区初等教育几乎是空白，中等、高等教育数量少。到 1949 年，新疆还没有形成完整的教育体系，用少数民族语言教学的学校更是少之又少。据统计，1949 年全新疆只有一所规模很小的高等学校——新疆学院，在校生 379 人，其中少数民族学生 185 人；专任教师 36 人，其中少数民族教师

---

[①] 　许崇灏《新疆志略》第 232 页。另据同书第 303 页，1942 年全新疆公立学校为 580 所，学生总数 91 065 人，会立学校 1883 所，学生总数 180 035 人，两项合计总校数 2463 所，学生 271 100 人。

14 人。中等专业学校 11 所，在校生 1975 人，其中少数民族学生 1266 人；专任教师 134 人，其中少数民族教师 76 人。普通中学 9 所，在校生 2925 人，其中少数民族学生 1819 人；专任教师 172 人，其中少数民族教师 94 人。小学 1335 所，在校生 197 850 人，其中少数民族学生 182 427 人，专任教师 7705 人，其中少数民族教师 6799 人。学龄儿童入学率只有 19.8%，文盲率高达 90% 以上。[①]

# 第二节　解放战争时期蒙古族的教育发展

1940 年 8 月 30 日公布的《中共晋察冀编委目前施政纲领》中规定："边区各民族应相互尊重生活风俗及宗教习惯，在平等基础上亲密团结抗战。"在《晋冀鲁豫边区目前建设的主张》中，也强调"边区所有民族，在政治经济文化教育上一律享有平等自由权利"。根据有关政策，陕甘宁边区还建立起了回蒙民族学院、抗日回蒙学校等，在延安还成立了"蒙古文化促进会"。

1941 年 11 月，陕甘宁边区第二届参议会通过的实施纲领中规定："依据民族平等原则，实行蒙、回民族与汉族在政治文化上平等的权利。"

在解放战争时期，中国共产党非常重视少数民族的文化教育，发出了创办少数民族学校，发展少数民族文化教育的指示。

1945 年 10 月 27 日，中共晋察冀中央局在对察哈尔各盟旗的工作报告中指出："发展人民的文化教育事业，肃清敌伪对于人民精神上文化上的毒害，促进回蒙人民的新文化，恢复创办蒙汉回各种学校，救济贫困学生，发展文化教育上各族人民有权使用自己民族的言语文字。"同年 11 月 28 日，《内蒙古自治运动联合会成立大会宣言》提出："在文化上，各盟、旗设立人民大众所需要的平民普及学校，扫除文盲。"[②]

1945 年 11 月 27 日，乌兰夫在《内蒙古自治运动联合会目前工作方针的意见案》中提出："在文化教育上，基本上是普及之方针，要采取说服诱导之方式，要顾及到蒙人之生计问题，使生产与学习结合起来，不应带有强迫的命令。"[③]

---

① 新疆辉煌 50 年，1949—1999（上卷）. 乌鲁木齐：新疆人民出版社，1999：67.
② 乌兰夫. 内蒙古自治区档案馆. 内蒙古自治运动联合会档案史料选编. 北京：档案出版社，1989：33.
③ 乌兰夫. 内蒙古自治区档案馆. 内蒙古自治运动联合会档案史料选编. 北京：档案出版社，1989：26.

1946 年元旦，中共中央东北局在对东北时局的具体主张中，提出了教育政策："废除法西斯的奴化教育，发展新民主主义文化教育，实行免费的普及教育，反对学校对学生的专制，实行学生自治，提高教员的质量和待遇，优待科学家、教育家及文化工作者。"中共热河省委宣布："废除敌伪奴化教育，肃清敌伪奴化思想及一切法西斯主义思想，实行新民主主义教育，提高人民文化政治水平，优待知识分子、科学家及各种专门人才。实行各民族的义务教育，提高小学教师待遇，改善小学教师生活。"同年 5 月 27 日，《兴安省施政纲领》提出："废除法西斯奴化教育，保护发展蒙古人民文化。兴办报纸、学校及各种社会教育，实行贫苦子弟免费入学。"[①]

1946 年 7 月，乌兰夫又在《关于蒙地工作问题的报告》中提出："我们的文教方针，是发扬蒙古文化，普及蒙文教育，并吸收外蒙的进步文化，大量的翻译进步书籍。"[②]

在新中国成立前期，蒙古族学校发展较为零星，比较有名的有以下几所学校。

### 1. 育成学院

1940 年成立于王爷庙铁道西，是财团法人蒙民后生会的私立学校，名为高校，实系中等学校。第一期招收 60 名学生。第一任院长为玛尼巴达（科尔沁前旗人，1922 年毕业于北京俄文法政专科学校）。[③]

### 2. 苏尼特右旗家庭女子实践学校

这是一所专门职业技术学院，建于 1942 年。其办学宗旨据称是提高女子的家政和育儿知识，培养幼教人才。任教者由曾在日本学习教育专业的赛冲阿等担任。[④]

---

① 乌兰夫．内蒙古自治区档案馆．内蒙古自治运动联合会档案史料选编．北京：档案出版社，1989：71.
② 乌兰夫．内蒙古自治区档案馆．内蒙古自治运动联合会档案史料选编．北京：档案出版社，1989：104.
③ 韩达．中国少数民族编委会．中国少数民族教育史．第二卷．广东：广东教育出版社，1998：94.
④ 韩达．中国少数民族编委会．中国少数民族教育史．第二卷．广东：广东教育出版社，1998：96.

### 3. 民族学院

1943 年 4 月，民族学院并入延安大学，校址迁到桥儿沟，但是体制仍然保持独立。

### 4. 乌兰浩特市一中

乌兰浩特一中成立于 1947 年，是内蒙古自治区成立后建立的第一所完全中学。20 世纪 50 年代是全国重点办好的 28 所中学之一，60 年代出席了全国文教战线群英会，被国务院命名为全国文教系统先进单位，高考成绩曾排在华北区第二名，一直是内蒙古自治区的重点中学，2002 年 3 月首批进入自治区级"示范高中"的行列。

1947 年 5 月 1 日，内蒙古自治政府在王爷庙成立，乌兰夫当选为内蒙古自治政府主席。全区用民族语言授课的初中 160 所、高中 49 所，36 所高校也都开展了民族教育。

## 第三节　解放战争时期藏族的教育发展

西藏和平解放后，中央人民政府和进藏的中国人民解放军非常重视西藏文化教育事业的开创与发展。西藏和平解放的当年，就在昌都创办了西藏教育史上第一所现代正规小学，是西藏现代教育的新开端。近 50 多年来，随着西藏 1959 年民主改革的进行，百万农奴翻身得解放及社会主义革命和建设的深入发展，在党和国家的扶持下，在兄弟省、市的大力支援下，经过西藏各族人民和教育工作者的努力奋斗，西藏的教育事业发展很快。虽然西藏现代教育事业在发展过程中经历了艰苦创业和曲折的道路，但成绩是巨大的。各级各类学校几十年来为国家和新中国成立自治区培养出了大批党政领导骨干和各类专业技术人才，使西藏的文盲率从新中国成立初期的 90% 下降到 39%，使其从封建农奴制度造成的愚昧、落后状态中摆脱出来，开始走向通往现代文明的光辉道路，为西藏同全国人民一同实现社会主义现代化建设打下了良好的基础。藏族教育一直以来存在两种形式：寺院教育与学校教育。寺院教育从"七觉士"剃度开始经过长达 4 个世纪的努力，至今已建立起完整的由低到高的教育体系。其专业划分、教学内容、教学形式、学业次第、考试制度等都相当完备。多少年来在西藏这块古老的土地上，寺院教育培养出了一代代学者和高僧。寺院是藏族人民接受教育的场所，对藏民族和藏文化的发展有不可磨灭的功绩，对藏族人民有巨大的吸引力。寺院教育能够沿袭至今，是因为它含有大量藏族人民生存所需的知识，如语言、医学、药学、技工、历算、艺术等。应该看到，这些知识不是哪个寺院的专利，而是藏族人民在长期认识自然和改造自然的过程中积累起来的文化成果，是藏族人民适应独特自然环境的产物，也是中华民族文化及世界文化的组成部分。

新中国成立前，全西藏自治区只有一所由中央政府创办的小学，开创于1937年（民国二十六年）夏，是在拉萨市设立的拉萨小学，直属于民国教育部蒙藏教育司。学生主要是驻藏官员和工作人员及极少数贵族子弟。在康区及安多藏区的学校数量也屈指可数，康区1935年仅有学校27所，1938年上升为121所（其中包括泸定等地的汉族学校），藏族学生人数非常有限。甘肃省1947年有学校37所，加上临潭、岷县两县的4所藏族小学，共39所。青海省1949年学校总数为120所，其中包括汉族、回族和其他少数民族学校。新中国成立以来，藏区在党的领导、关怀下，在全国各地的支持下，学校教育事业发展迅速，基础教育的人、财、物等与其他省区相比毫不逊色。今天，仅西藏自治区就有小学790所，教学点数3489个，学生284 350人，教师13 916人；中学88所，其中含初中和高中，在校学生34 957人，教师3142名。由此可见，藏族学校教育的发展速度是惊人的。

## 第四节　解放战争时期裕固族的教育发展

裕固族是甘肃省独有的民族，为回纥后裔之一。居住区地处河西走廊中部，祁连山北麓的狭长地带。居住区内草原辽阔，草质优良，是裕固族从事畜牧业的天然牧场。裕固族近90%聚居在甘肃省肃南裕固族自治县境内的康乐、大河、明花、皇城区及马蹄区的友爱乡，其余居住在酒泉市肃州区的黄泥堡裕固族乡。裕固族所使用的语言有三种，分别为汉语、东部裕固语（阿尔泰语系蒙古语族）、西部裕固语（阿尔泰语系突厥语族），无文字，通用汉语。裕固族主要从事畜牧业，信奉藏传佛教，在风俗习惯上近似藏族。

1953年7月15～18日，甘肃省酒泉专署主持召开了"祁连山北麓各族各界人士座谈会"，会议统一了裕固族的民族名称。大家充分讨论后同意定名为与自称

"尧乎尔"音相近的"裕固"二字作为族名，兼取汉语"富裕巩（坚）固"之意。1954年，肃南裕固族自治（区）县人民政府成立。从此裕固族开始了新的生活。

关于新中国成立前裕固族教育的发展情况，我们也采访了几位在西北民族大学工作的老教师，他们都是裕固族，就他们所知道的裕固族民族教育情况做了了解。

受访人之一：贺卫光，男，裕固族。兰州大学民族学博士，原西北民族大学教务处副处长，现任学报副总编辑。

贺卫光：裕固族现代学校教育起源于民国时期，国民党蒙藏委员会在裕固族地区办了第一座现代学校，1938年办了个莲花寺初级小学，这可能是现代教育的一个起点。在现代教育之前，很多裕固人把孩子送到附近的汉族地区学私塾。新中国成立后，也就是在1954年裕固族自治县成立后，很多干部接受或至少接受了小学教育，一大批民族干部大多在新中国成立前就接受了一定的教育，从这点来说，很多人认识到，接受教育对一个人的发展是非常好的。

受访人之一：白文宏，男，裕固族。现任西北民族大学体育学院书记。

白文宏：我们裕固族的教育是从经堂教育开始的，而汉族是始于私塾。我们最初是在寺院学习，起初各个部落受过教育的有文化的人都出自经堂，比如说顾嘉堪布，他曾去青海学习，为了学经，他学了藏文，为了和其他人交流，还学了汉语。还有一个，就是文字通不通就是个人的意识问题，所以，我们裕固族的现代教育始于经堂教育。

出生于1935年的安子俊老先生（出生在肃南县明花乡），在当地接受过国民时期的小学教育。父母都是裕固族牧民，都会裕固语；安子俊老先生小时候家里就已经定居。对当时的教育情况有一些了解。

安子俊：我是1941年上的小学，是本乡自办小学的第一批学生，当时学校共有20多个学生。当地已经较为重视教育，要求学龄儿童必须上学。

问：您上学前使用什么语言？上学后又用什么语言？

答：上学前说裕固语，基本不会汉语。上学后老师用汉语授课。

问：请介绍一下您就读的学校的硬件情况？

答：学校建在寺院旁边，是四合院式的，有专门的学生宿舍，在当时来说，硬件还算不错。

问：您从什么时候开始住校？平时在哪里就餐？

答：从一年级开始就住，刚开始由于年龄小，就由爷爷陪读，是在学校附近一个亲戚家借住，年龄稍大一点后，在一个老和尚家里住，那个和尚教我和面、生火等生活技能，使我很受益，也很感激他。再稍大一点，我就去学校宿舍住了，并且和几个同学一起在学校办了一个简易食堂，自己做饭。

问：您初小就上了六年，为什么？

答：当时小学分初小和高小，我只读了初小。读六年，主要是因为语言不通，所以，前两年基本就是过语言关。

问：当时学生的年龄？

答：当时，小学生年龄相差很大，有六七岁的，也有 20 多岁已经结婚的。

问：请您介绍一下当时的师资情况？

答：学校只有一个老师，是汉族人，各门课都由他一个人教。自 1942、1943 年起，学校老师由政府公派（由政府发工资），在这之前老师费用应该都是由本乡承担（我估计是老百姓集资的吧，一年三担小麦，约 1200 斤[①]）。

问：当时开设哪些课程？

答：开设国语、算数、常识课、公民课和劳作课。常识课教一些在大街上靠右行等基本常识，公民课相当于政治课，教"你是中国人，我是中国人，大家都是中国人"等。

问：教学情况如何？

答：因为只有一个老师，所以，老师一般是先教完这个年级，再去教另一个年级。老师经常布置背书任务，背不会就挨板子。每学期也会有考试。

问：教学用什么语言？

答：由于老师是汉族，所以，全是汉语，但老师后来学了一点裕固语，因为向年龄特别小的孩子讲一些算术有困难，所以他用少量裕固语来辅助讲解。

问：您什么时候毕业的，之后呢？

答：1947 年初小毕业后，由于家庭经济原因，我就再没上，而是回家放牧，这样一直到 1951 年。

---

① 1 斤＝500 克。

# 第二章

# 欣欣向荣的少数民族教育发展

## 第一节　20世纪50～60年代的维吾尔族民族教育发展

### 一、教育政策

#### （一）重点发展中小学民族教育

1953年3月，新疆省政府召开会议，提出了对南疆小学教育予以酌情照顾的基本思路。1955年7月，省政府召开第一届初等教育会议，安尼瓦尔·汗巴巴作的《新疆省两年来初等教育工作会议总结及今后的方针与任务》报告中重申："今后几年小学发展的重点，主要是南疆地区，并对文化教育基础较差的少数民族自治州适当照顾。"同时，扩大新疆民族小学教育规模，对贫困民族中小学生采取照顾措施，积极发展新疆民族教育。1963年新疆维吾尔自治区政府做出决定，对少数民族聚居的边境地区、经济比较落后的农村实行减免学杂费，对部分少数民族集中的地区免费提供教材。新疆维吾尔自治区政府贯彻两条腿走路的方针发展民族小学教育，即一条腿是指用国家的教育经费办学，另一条腿是指利用社会力量办学，采取"社办""民办社助""民办"等不同形式筹集经费。

#### （二）逐步发展维汉双语教育

新疆维吾尔自治区在民族教育政策实践过程中，逐步认识到汉语的重要性，双语教育得到初步发展。20世纪50年代到60年代中期，依据国家相关规定，突出以民文为主，民汉语言并用的原则，提出了民汉互学语言的双语政策。

1950 年，新疆省政府发出《关于目前新疆教育改革的指示》，要求维吾尔族学生和汉族学生相互选修对方的语文。1955 年 10 月成立新疆维吾尔自治区后，更加注重民族教育。1959 年 6 月，新疆维吾尔自治区提出从民族小学四年级起开设汉语课程，大学民族本科、专科开始设置一年汉语的预科学习。从第二年起，新疆维吾尔自治区在乌鲁木齐、伊犁、喀什、巴州、阿克苏、昌吉、和田等师范学校相继开设维吾尔语专修班，从其他省区招收学生，毕业后从事民族双语教学。在各民族加强汉语教学的同时，新疆维吾尔自治区开始探索汉语教学质量的问题，具体做法是创办汉语实验班：1962 年在乌鲁木齐市五中、新疆大学附中试办两个初中汉语强化班和一个高中汉语授课实验班。1964 年秋在新疆大学附中、伊宁市六中、喀什二中试办高中、初中实验班。实验班经过重重困难，逐步正规化，由于此时双语教育处于初步建设时期，教育工作者对其存在不清晰的认识，还未把双语教育作为一门学科来研究，只是从加强汉语教学的角度来进行，对双语教育的重视不够。

### （三）加强师资队伍建设

新疆维吾尔自治区加大对师资质量的重视力度，采取措施初步培训双语教师。一方面创建师范院校：1950 年召开的省文化教育工作会议中要求在迪化首先要办好两个师范学校，一个是维吾尔、哈萨克民族师范，另一个是汉、回、蒙古、锡伯族师范。[①] 1953 年，在乌鲁木齐市建立了蒙古师范学校。另一方面对师资进行培训：新疆维吾尔自治区教育厅下发了《关于布置轮训小学教师的指示》，决定于 1955～1957 年轮训维吾尔、哈萨克和蒙古族小学教师 590 名，给文化程度较低的小学教师两年的学习时间，使其在主要学科方面基本上能够达到初级师范毕业的水平。[②]

其他地区对新疆的师资援助。1956 年教育部印发的《关于内地支援边疆地区小学师资问题的通知》中要求："四川、陕西等省，对于接邻的边疆省、自治区需要外地支援的师资要有一定的支持，并可扩大一些中等师范学校的招生比例，每年培养的小学师资中应有一部分支援边疆省、自治区的师资；边疆省、自治区所需师资除当地大力发展师范教育培训外，需要内地支援的主要由短训

---

① 马文华. 新疆教育史稿. 乌鲁木齐：新疆教育出版社，2006：118.
② 马文华. 新疆教育史稿. 乌鲁木齐：新疆教育出版社，2006：134.

内地部分初中学生和失业知识分子来解决"。[①] 根据中央这一指示，新疆维吾尔自治区一方面积极从其他地方招收师范生：1958～1963 年，新疆维吾尔自治区报请国务院批准，陆续从北京、天津、保定、石家庄、济南、徐州、南京、上海、江苏、湖北等地招收师范生数百人，分配到新疆学习，毕业后留在新疆工作。[②] 另一方面，从其他省区招收高中毕业生，经培训后，从事小学教育。1963 年 12 月，新疆维吾尔自治区从其他省区招收了一批高中毕业生，并开设短训班，培训其业务水平。

关于此，我们也采访到了西北民族大学退休教师张敬仪先生（男，汉族，教授，硕士生导师。中国少数民族双语教学研究会理事）。他 1942 年 12 月 9 日出生于河北唐山市，1961 年高中毕业，同年入新疆喀什师范专科学校学习维吾尔语专业。1963 年毕业分配至新疆喀什一中任教。我们就当时的这一情况对他进行了访谈。

问：当时学校所招的学生类别是？

答：当时从唐山地区招收了 88 人，全部是唐山本地人，石家庄招了几个，都是汉族。到校后分成了三个班。有些因为各种原因没能继续完成学业，到最后毕业时有 70 几人。

问：招收你们的目的是？

答：目的很明确，就是当汉语教师，专门教维吾尔族、哈萨克族学生汉语。学这个语言就是个工具，是为了方便教学。

问：以后还有再招收像你们这样的学生吗？

答：招了，好像是两年后又从天津招了一批。

问：当时课程设置是怎样的？

答：1961～1963 年这两年大概开了三十五六门课程。主要是维吾尔语（包括听、说、读、写、译）。我们是从零起点开始的。

问：您和您的同学觉得学习困难吗？

答：少数民族的语言就和外语一样，学好它确实不容易。任何一门语言都是由语音、词汇、语法三要素组成。学习的时候都要下大功夫，否则学好是不可能的。因为高中三年我学的外语是俄语，一周六节课，有较好的俄语基础，

① 滕星，王军. 20 世纪中国少数民族与教育. 北京：民族出版社，2002：299.
② 马文华. 新疆教育史稿. 乌鲁木齐：新疆教育出版社，2006：131.

而维吾尔语中差不多有40%的词汇转引自俄语，所以我学起来相对来说不太难。但语言这个东西非下苦功夫不可，我也下了大功夫。当时我们还有"一对一找朋友"，这对语言学习帮助很大。

问：当时学校的费用是什么样的？

答：当时学校是全免费的，每个月还有七八元零花钱。当时也没有助学金，因为都包了吗，不需要。

问：当时学校的师资是一个什么情况？

答：当时给我们教政治的是两个老师，现代汉语的一个老师，教育学的一个老师，教维吾尔语的有七八个维吾尔族老师。他们都是师范或师专毕业的正规教师，都来自新疆。

问：当时老师的教学和科研情况怎么样？

答：老师注重教学，为了上好一节课，下了很大功夫，但科研还没有放到第一位。

问：上学时和其他民族学生交往如何？

答：当时，一开始来的时候，生活上是分开的，学校也有汉族食堂，也有清真食堂。但第二年开始要进行语言交流了，班主任提倡要和各民族学生进行交往，我们就互相辅导学习，还有一对一交朋友，大家住在一起，这样便于交流思想，交流学习。

问：和他们相处感觉融洽吗？

答：非常融洽，维吾尔族是一个非常热情好客的民族，1961年我们来的时候，到维吾尔族同学家里做客，他们非常非常热情。我对维吾尔族评价还是比较高的。当然，出现这样那样的问题，哪个民族都有。当时我们也举办一些文艺晚会，跳跳舞、唱唱歌，互相学习对方的舞蹈和歌曲。我没有文艺细胞，学不来。

问：大学毕业后，同班同学都分配到了哪里？

答：当时毕业后都分配到了喀什地区各个县的中学里，我是分配到喀什市一中。

问：那时汉语课程设置是怎样的？

答：那时小学还没有开设汉语课，是从中学起开设的，叫"基础汉语"，初中、高中都有。学生很好动、活泼。刚开始教时，语言上还是存在着一些沟通障碍的，虽然我学了维吾尔语，但还不扎实。我们都互相比划，后来慢慢就好了。

## （四）优惠政策向民族学生倾斜

国家对新疆民族学生招考时采取优惠政策。1950 年，教育部颁发的《关于高等学校 1950 年度暑假招考新生的规定》中规定："报考新疆民族学院的少数民族考生可适当降低分数线录取；报考内地高校的少数民族考生可免考外国语，成绩差的考生，可经过一年的文化补习并及格后从宽录取。"[①] 1962 年，教育部在《关于高等学校优先录取少数民族学生的通知》中指出："少数民族学生报考全国重点高校和一般高校，仍恢复'同等成绩，优先录取'的办法；少数民族考生报考自治区所属高校，可以给予更多的照顾，当他们成绩达到教育部规定一般高校录取新生最低标准时，就可被录取。"[②]

招考中对少数民族考生文字予以照顾。1957 年高等教育部、教育部规定，用少数民族语文教学的高等学校或班级，可用少数民族语文单独进行招生考试。少数民族学生的学科成绩与一般考生成绩相同时，予以优先录取。[③] 从 1961 年开始，新疆高校招生开始采用两种考试试题：汉族考生使用全国统一试卷，少数民族考生的试卷由自治区统一拟制，分别用维吾尔、哈萨克两种少数民族文字印刷，试题的难度低于全国统一试题。

## （五）帮助编译民文教材

新中国成立初期，许多课本都是新中国成立前的旧教材，已不能适应社会主义发展的需要，民族教材陷入紧张状态，为解决这一状况，新疆省教育厅组织从苏联进口教材的同时加强民族教材的编译工作，从人力和经费等方面帮助民文教材的编辑。

一方面，调集一批干部，集中精力编审了大量包括维吾尔、哈萨克、锡伯、蒙古等民文课本、教材。1951～1952 年两年内先后译印发行维吾尔、哈萨克、蒙古三种民族文字的中小学及工农识字课本 40 种，共计 686 300 册。至 1955 年民族

---

① 新疆维吾尔自治区档案馆，自治区教育厅档案，1950，3 号卷．
② 新疆维吾尔自治区档案馆，自治区教育厅档案，1964，4 号卷．
③ 新疆教育大事记（520～1998 年）．乌鲁木齐：新疆教育出版社，1999.

小学课本已全部由新疆人民出版社编译出版。为了彻底解决新疆维吾尔自治区各民族学校课本问题，1956 年 8 月，新疆维吾尔自治区正式成立了新疆人民教育出版社。1957 年完成初中民文课本的编辑出版，是年，新疆人民教育出版社出版了维吾尔、哈萨克、蒙古、锡伯及柯尔克孜族五种文字的中小学各科教材及扫盲课本 100 种，共计 1 824 984 册，基本上缓解了民族教材紧张的问题。[①]

另一方面，在经费上补助民文编译与出版。由于民族文字比汉文长，占用行距和页码都比汉文多，翻译和印刷成本高于汉文版，但在售价上和汉文版保持一致，民族教材的编译与出版从一开始就遇到了经费紧张的问题，为了解决这一情况，新疆省政府从 1950 年开始向出版社拨款 10 亿元用于民族教材补贴，1951 年拨款增加到 17 亿元。同时调整了民文课本售价，按统一价增加 140％发售，这样也只是收回大约成本的 80％，其余 20％仍需要补贴。[②]

1963 年经新疆维吾尔自治区人民政府批准，对少数民族聚居的边境地区和经济比较落后的农村，少数民族中小学课本与汉族课本实行统一价格，亏损由国家补贴。

## 二、教育现状

### （一）20 世纪 50～60 年代的学校教育

新疆是一个多民族地区，生活着维吾尔族、汉族、哈萨克族、回族、柯尔克孜族、蒙古族、塔吉克族、锡伯族、乌孜别克族、满族、俄罗斯族、达斡尔族、塔塔尔族等 13 个世居民族，共 47 个民族成分。在新中国成立至今的 60 多年发展历程中，新疆少数民族教育事业取得了令人瞩目的成绩，双语教育作为少数民族教育的重要内容和主要形式，也取得了长足的发展。

1950 年 3 月及 1955 年 3 月新疆省政府发出的《关于目前新疆教育改革的指示》，新疆省政府批复教育厅《加强学校政治思想教育，贯彻民族政策，注意对语文教学的领导的报告》均提出要求："汉族学生要选修维吾尔语，民族学生要选修汉语，强调民汉学生要相互学好语言。"这是目前所知新疆解放后最早涉及

---

① 新疆维吾尔自治区十年来教育工作总结汇编．新疆维吾尔自治区教育厅编，1959.
② 马文华．新疆教育史稿．乌鲁木齐：新疆教育出版社，2006：167.

汉语教学的政府文件,但当时汉语教学远未形成一门学科,学校既没有采取具体的汉语教学措施,也没有专门针对少数民族学生编写的汉语教材。

1956 年 7 月,新疆维吾尔自治区召开第二届中等教育会议,对汉语教学提出了具体要求:"民族学校初中每周 4～6 课时汉语课,识字量 2500 个左右,学会一般日常用语,能阅读一般通俗读物;高中毕业时识字量达到 4500 个左右,了解一般科学术语和名词,能用汉文记述一般的事情;进入大学阶段能用汉语听课和看懂汉语讲义。"这是新疆维吾尔自治区首次明确提出汉语教学的培养目标和教学要求,可以看作新疆解放后汉语教学的真正起点。汉语课作为一个学科的概念开始出现,汉语教材的编写和使用也理所当然地提上了议事日程。

1958 年,新疆人民教育出版社出版了新疆最早的维吾尔、哈萨克、蒙古三种文字的中学汉语课本 1～3 册。

1959 年 6 月新疆维吾尔自治区教育厅召开教育行政会议,决定少数民族小学从四年级起开设汉语课。同年,新疆维吾尔自治区党委和人大常委决定,升入高校和中等专业学校的少数民族新生必须先上一年汉语预科,对汉语预科提出了具体要求:"每周 22 课时,一年约 880 个课时,掌握 3000 个常用词语,听懂专业课 50％以上的内容。"自此,从小学、中学到高等院校的汉语教学体系初步形成了,汉语校际教研会也应运而生。

虽然这一年已经决定少数民族小学从四年级起开设汉语课,但一直到 1965 年,大部分地区仍然还是从初中起才开设汉语课。例如,前文所述的张敬仪先生 1963 年从喀什师范学院毕业分配至新疆喀什一中任教时,就说起这件事。

1960 年 8 月,新疆维吾尔自治区教育厅印发《关于改进与提高民族中学汉语教学工作的通知》,提出将汉语课程列为民族中学的主要课程之一,要求培养学生的听、说、读、写能力,使他们进入大学后可以直接用汉语听课和记笔记。《通知》首次将汉语课程从中小学的一般课程上升到主要课程,同时开始关注汉语教学的质量问题。同年,新疆维吾尔自治区原教育厅组织有关学校编写了维吾尔语、哈萨克语、蒙古语三种文字的初中和高中"五、三、二制"学校的汉语课本 1～5 册。

1960 年汉语课被新疆维吾尔自治区原教育厅列为民族中小学的考试科目,从而真正确立了汉语的主学科地位。新疆维吾尔自治区教育厅组织编写、出版了汉语教科书和教学大纲,新疆民族中学开始有了一套相对完整的汉语教材。

　　为了解决汉语师资问题，1960～1965 年，乌鲁木齐、伊犁、喀什、巴州、阿克苏、昌吉、和田等师范学校开办了维吾尔语专修班，从北京、天津、保定、济南、徐州、南京、上海等地未升学的高中毕业生中选招 960 名，在新疆大学及各地师范学校培训半年、一年或二年后，分配到民族中小学做汉语教师，以解决当时对汉语教学的师资需求，这些人中的很多人后来成为汉语教师的骨干力量，如前所述的张敬仪先生。

　　1964 年 6 月 17 日，新疆维吾尔自治区教育厅在认真总结乌鲁木齐市五中和新疆大学附中试办初中汉语强化班经验的基础上，以教记统字第 113 号文件向新疆维吾尔自治区人民委员会提交了《关于新疆大学附中等四校试办少数民族高、初中班试用汉语文教学的报告》；新疆维吾尔自治区人民委员会于 7 月 31 日下发了《关于试办少数民族高初中班试用汉语文教学问题的批复》，并决定从 1964 年 9 月开始，在新疆大学附中、伊犁六中、喀什二中和博州二中 4 所中学 10 个教学班开办自治区汉语教学实验班。这是目前所知政府行为开办的最早的汉语教学实验班，学制增加一年，先过汉语关，然后全部课程用汉语授课。

　　这一时期，虽然少数民族汉语教学在逐步发展，也在进行实验探索，但汉语作为一门课程开设的教学模式一直未能达到比较理想的教学效果，少数民族学生高中毕业时所掌握的汉语知识远不能用作学习和交流的工具，每年到内地院校学习深造的少数民族学生因汉语水平不达标，学习困难重重，严重制约着教学质量的提高。

　　1965 年 6 月，中央民族学院致函新疆维吾尔自治区教育厅："按高教部函，今年汉补班毕业生升学需进行测验，成绩不符合最低录取标准者不予录取，由你厅处理，根据这期毕业生的学习水平，经我院初步研究，只能有少数人被录取，绝大部分人不能录取。"[①] 这份函件使自治区领导意识到，提高少数民族中小学汉语教学质量迫在眉睫，但"文化大革命"的开始使刚刚起步的汉语教学实验被迫停止，汉语教学甚至出现了倒退。

　　起步阶段新疆地区少数民族双语教育初步形成了母语授课加授汉语的模式。但在当时的条件下，民族中学的汉语教学还没有引起大多数语言工作者、教育工作者和各相关部门的重视，还未把汉语教学当做一门学科来研究。这一时期

---

① 廖冬梅 . 新疆民族双语发展历史现状与成就 . 乌鲁木齐：新疆人民出版社，2008：162.

作为新疆双语教育的初创阶段，其主要特点是以强调学习使用民族语文为主，部分民族地区兼学汉语文。

### （二）20 世纪 50～60 年代的教材建设

1949 年以前，新疆少数民族文字的中小学教材有相当数量是用的苏联中亚几个加盟共和国的课本，特别是维吾尔、哈萨克文字的算术课本用的是苏联教材。20 世纪 50 年代前期，更是广泛采用苏联课本。据不完全统计，1950～1956 年，新疆共进口苏联出版的维吾尔文、哈萨克文、乌孜别克文中小学各种教材、参考书 3 993 042 册。[①]

1950 年，按新疆省政府规定，维吾尔族小学课本，社会科学部分使用省新华书店和新疆人民出版社编译出版的课本；自然科学部分，即小学算术、自然等，均采用苏联的维吾尔文、哈萨克文、乌兹别克文课本。1950 年，新疆省政府根据实际情况，一方面仍向苏联进口部分教科书，一方面着手编译新疆各民族小学教科书和中学的《历史》《地理》课本。1956 年新疆人民教育出版社成立，编译出版了民族文字中小学课本。1957 年停止使用苏联教材，初步建立了有新疆特色的教材体系。

从 1950 年到 1956 年 8 月，新疆人民教育出版社成立前近 6 年时间里，省新华书店和新疆人民出版社共编译民族文字教材 325 种，856.2 万册，其中维吾尔文字教材 111 种，619.7 万册，占品种的 34％，占册数的 72％。[②]

1958～1959 年，在采用通用教材的同时，新疆维吾尔教育厅还组织教师编写了各种补充教材和乡土教材。这类教材主要以反映全疆性材料为主，地方性材料为辅。"文化大革命"前 10 年中（包括 1962～1966 年新疆人民教育出版社合并到人民出版社的一段时间），出版各民族文字教材 2156 种，3514.8 万册，其中维吾尔文字教材 755 种，1640 万册，占品种的 35％，占册数的 46.7％。这些教材的出版基本上解决了当时各中小学主课教材的需要。自 1960 年 9 月起，停止出版维吾尔文老文字小学一年级教材，维吾尔族新编出版以拉丁字母拼音的维吾尔文新文字课本，并逐年过渡。

西北民族大学的阿里木江老师上小学时正赶上维吾尔新老文字变革的时期，

---

① 吴福环. 新疆少数民族教育之发展. 新疆大学学报，2000（4）：30-34.
② 金星华. 中国民族语文工作. 北京民族出版社，2005.

我们就当时的情况对他进行了访谈。

问：小学是哪一年上的？

答：小学是 1981 年上的，在喀什疏附县沙依巴克乡上的。

问：当时是新文字还是老文字？

答：我们先上识字班、学母语、记字母表，一年级差不多就学完了。我们刚开始的时候学的是拉丁文，1981 年维吾尔文不是现在的维吾尔文，当时学的是新文字，过了一年之后我们学的是旧文字。

问：当时除了母语还有什么样的课程？

答：除了母语还有数学、维吾尔文学，都是维吾尔文的，好像就这两门，到了后来有了音乐、体育、美术等。

问：音乐教一些什么，维吾尔语歌曲吗？

答：都是维吾尔语歌曲，当时国歌也是用维吾尔语唱的，因为我们当时的教育都是用维吾尔语，当时小学上了五年。

1957～1966 年，新疆人民教育出版社共编译出版了维吾尔文中小学教科书 755 种，1640 万册。从 1966 年 6 月"文化大革命"开始到 1968 年 9 月，维吾尔文教材编译工作基本停止，《毛泽东语录》是学生的唯一读本。1968 年秋维吾尔文教材编译工作逐步恢复，并于当年出版课本 8 种，印制 5.96 万册。1964 年，由新疆人民教育出版社编译的以拉丁字母拼音的中国和世界"政区"和"地形"全张四张教学挂图，填补了维吾尔族中小学教学中没有挂图的空白。从 1968 年学生陆续复课到 1978 年全国统编教材出版前 10 年，新疆人民教育出版社编译维吾尔文各种教材 404 种，2311.7 万册，基本上满足了维吾尔族中小学主课的需要。

# 第二节　20 世纪 50～60 年代的蒙古族民族教育发展

## 一、教育政策

1950 年 11 月 24 日，中央政务院第六十次政务会议批准《培养少数民族干部试行方案》："在北京设立中央民族学院，并在西北、西南、中南各设中央民族学院分院一处，必要时还可增设。原新疆学院已改称民族学院，但隶属关系依旧。各相关省份设立民族干部学校，各有关专员区或县根据实际需要和主观力量设立临时性质的民族干部训练班。有关各级人民政府应有计划地逐步整理或设立少数民族的中小学，整理少数民族的高等学校。"

1953 年，乌兰夫在"大力加强蒙古语文工作会议"中要求今后做到："（一）认真组织与领导各级干部学习《人民政协共同纲领》中规定的民族政策、文教政策，使同志们认识清楚，发展民族语文是在民族地区做好一切。（二）在干部当中要有计划有步骤地开展蒙古语文学习。（三）要逐步扩大蒙古语文的使用范围。党、政、群机关发到牧区及蒙汉杂居区的各种文件，主要用蒙文。各种会议如有相当数量的蒙古族同志，一定要用翻译。广播电台要增设蒙语节目。（四）要大量培养蒙古语文工作干部，这是开展蒙古语文工作的关键之一。（五）要建立蒙古语文研究会。（六）加强对蒙古语文工作的领导。（七）加强《毛泽东选集》蒙文版及其他蒙文书报的出版发行工作，供给蒙古族人民以充足的民族的政治、文化食粮。"

我们也采访到了一位这一时期在当地接受蒙古族教育的教授。

受访人：唐吉思，男，蒙古族。20 世纪 40 年代出生于内蒙古赤峰市。现任西北民族大学蒙古语言文化学院教授，硕士研究生导师。主讲和研究蒙汉翻译理论与实践、蒙古文学、蒙藏文化关系等。唐吉思上小学及高中时，正是新中国成立时的 20 世纪 50 年代。

问：您几岁上的小学？

答：7 岁。

问：是在村里上的吗？

答：是的。一个乡就那一个小学。有七八个大队呢，人很多。

问：当时父母对您的教育有什么看法？

答：我刚上小学的时候，我的母亲就特别支持，因为她是农民，没有文化，对教育很重视。我的哥哥姐姐没有好好上学，我是家中最小的孩子，上小学第一天开始，母亲对我说，你将来要好好学，掌握了文化知识以后，你就当老师，她已经给我规划了未来。她还说，你就不要干别的，你就当老师。

问：当时他们知道教育回报吗？

答：不知道，只知道要好好学习，掌握知识。

问：父母从事什么工作？

　　答：农民。

　　问：小学是什么情况？

　　答：我们小学过去是一个衙门，它是由一个王爷府改的，挺大的，条件好。

　　问：是政府要求你们必须上学吗？

　　答：有动员，学龄儿童都要去，但不是强制的。

　　问：吃住是什么情况？

　　答：学校不收费，因为离家近，吃住都在家里。没有寄宿制，都是在家住。

　　问：当时小学教学、教材正规吗？

　　答：正规。教材有，教学方法以识字为主。老师都是旧社会的知识分子。没有私塾老师。

　　问：教学语言是蒙汉双语吗？

　　答：一二年级时用汉语，后面民族政策落实以后，从三年级开始我们就学蒙文了。全部都是蒙文了，自己的母语，没什么困难。小学课本很简单，老师也没有变。蒙文教材我一直用到大学。

　　问：当时也不知道什么是双语？

　　答：不知道。我们在中学的时候，汉语课就是用汉文上，是汉族老师。其他课都是蒙文。

　　问：您上学之前会说汉语吗？

　　答：不会说，我们那个村，附近都是蒙古族。中学时上汉语课还是比较吃力的。

　　问：中学在哪上的？

　　答：在赤峰市一中，小学是五年制，春天上的。当时赤峰叫昭乌达盟。二中是个汉族中学。我们是一中，全盟的学生都集中在这儿上学。这时候开始住宿了。

　　问：交费吗？

　　答：不收学费，生活费自己出，但有生活补助，根据家庭情况，一个月2元、4元或6元，8元是最高的了。

　　问：初一时就有汉语课了吗？

　　答：是的，一周四节左右吧。汉语课是汉族教师。其他都是蒙文。

　　问：老师水平怎么样？

答：那时有的是从内蒙古师范大学毕业的，水平很高。

问：初中时您的汉语水平怎么样？

答：那时不行，初中、高中阶段我的汉语水平都不怎么样。大学毕业时才提高的。

问：理科也有吗？

答：有，也有实验课。还解剖青蛙呢。

问：初中升高中时有没有考试选拔？

答：有，比现在考大学还难。相当一部分同学被淘汰了。那个时候中专也很少。

问：学生或家长有没有觉得上完初中就行了？

答：也有，因为住宿吗，肯定花钱，生活呀，路费呀，给家庭带来一定的经济负担。当时年龄差距也比较大，有20多岁的，结过婚的也有，我们十二三岁，所以初中毕业就回家了，有门路的找工作，没门路的务农了。

问：您上学的年代都是政治斗争的时候，对你们有影响吗？

答：那时小，不知道。上初中时，正是"反右"时期，礼堂里开批斗会议，老师不让我去，让我看宿舍，说我小。

问：上初中时学生的来源？

答：都是赤峰的，那时赤峰辖区没有现在大。初中、高中都在一个学校。班里就30多个学生。女生就几个。

问：高中时班里有多少人？

答：30几个人吧。

问：有分科吗？

答：有，高三时分科。分三科，文科、农医科、数理化科。我是学文的。考大学时也是分三科的。

问：高中收费吗？

答：不收。我印象里上学从来没有交过学费。我上大学时，上的是内蒙古师范学院，实行供给制，吃的、教材等都给。粗粮随便吃，生活好。

问：对高中的教学评价。

答：老师们都非常地认真，非常地负责任。比如说，一个学生病了，老师要单独的给他补课。我们高中还是继续用蒙语授课。没有混合的高中。我们一中是民族中学，全部蒙语。

同时，我们还采访了西北民族大学蒙古语言文化学院的才布西格教授，对当时上学优惠政策做了一些回顾。

受访人：才布西格（1958～），男，蒙古族，青海省乌兰县人，作家、博士。现任西北民族大学蒙古语言文化学院教授，蒙古国"国际蒙古风俗学会"荣誉会员，系《中国教育家大词典》（1990 年）《中国当代中青年学者词典》（1993 年）入典者。发表各类文学作品 300 余篇（首），获奖 6 篇；发表文学评论、社会评论 30 余篇，获奖 3 篇；国内外发表论文 40 多篇，获奖 2 篇。出版专著、教材、地方志、民间文学、文学作品等方面的书 10 部，获教育部优秀教材奖一项。担任过《文学理论》《公共关系学》等多种课程的教学任务。17 岁起从事教育一线工作，当过马背小学、寄宿小学、中学、大学教师。

问：当时海西民族师范的情况？

答：当时它有四个专业，蒙文的、藏文的、哈萨克文的，还有一个普通班，都是汉族的。我是 13 岁，学校里还有 18 岁、20 多岁的，还有参加工作的。有的当过民兵，会打枪。但是政治运动还是多得很。

问：当时是免费的吗？

答：全部免费，包括衣服，鞋啊，帽子都是统一的，住宿用品也是免费，连铅笔墨水都是学校发。问题是没有什么吃的，没有烧的煤。食堂里也没什么菜，怎么办，学校就组织年龄大一些的学生，还有我前面提到的那些当过民兵会打枪的人去打猎，弄些肉，还有上山去砍柴。到四年级的时候稍微好了一些。

问：当时海西民族师范是几年制？

答：是四年制。

问：您感觉从小学到大学在哪些方面受到了民族政策的优惠？

答：哎呀，政策的优惠主要还是上的海西民族师范的时候。四年主要是靠政策学下来的，家里困难得很，我记得家里给的最多的一次是 7 元钱，还有一次爸爸来海西，给了我 5 角钱。一个学期才来一次，他们不会邮寄。那个时候也没有捐款、慈善机构，没有民族优惠政策，我在海西民族师范四年就读不下来。

问：当时在中央民族大学都是免费的？

答：吃饭是免费的。一开始发本子什么的，一年后不发了，1978 年 3 月上的学嘛。穿的自己买。

## 二、教育现状

1949 年，内蒙古小学教育已有一定的发展，共有小学 3791 所，其中，蒙古族学校及蒙汉合校的小学 2015 所，占 53%。这些小学中，共有中心小学 83 所，其中，初小 38 所，高小 44 所，完小 1 所；嘎查小学 1942 所，均为初小。

1950 年，旗政府（指四子王旗，下同）在查干补力格办的旗校旧址建立了四子王旗蒙古族学校。在红格尔建立了第一努图克小学。

1951 年，乌兰花直属区创办了巨巾号中心小学、吉生太西滩中心小学、大黑河四十顷地中心小学。1952 年，全旗所有私塾由政府接办，在白音朝克图苏木建立了白音朝克图蒙校。同年，全旗小学发展到 123 所，在校学生达 5660 人、教职工 204 人，其中在校学龄儿童 3962 人，入学率为 41%。废除了旧制度、旧教材，统一执行教育部颁发的规章制度，统一学制、统一教学计划、统一新课本，教师酬金由供给制改为薪金制。

1953～1957 年，全面贯彻党的教育方针，开展普及小学教育，达到初小不出村，高小不出乡，各乡由国家拨款新建了一批校舍。1955 年，四子王旗蒙古族学校更名为乌兰花镇第一小学，并由王府迁入乌兰花镇现校址。原乌兰花小学改称为乌兰花镇第二小学。1956 年，又建立了库伦图、三元井、活福滩、西河子、乌兰花乡东打花 5 所完全小学。到 1957 年，全旗共有小学 160 所，在校学生 8227 人，教职工 295 人，其中在校学龄儿童 6616 人，入学率为 49%。

1958 年，小学教育继续发展，除国家办学外，一些生产队也办起了民办小学。1958 年，区划变更、撤销武东县，旗内又增加了东八号公社高家沟小学、乌兰花公社英图小学、库伦图公社厢黄地小学。在牧区先后新建了查干敖包蒙校、乌兰哈达蒙校、查干补力格蒙校、白音花蒙校。

随着生产建设的恢复和计划经济事业的发展，社会文化教育卫生等事业也得到了很大发展，"1956 年建立了内蒙古医学院，1957 年又建立了自治区的最高学府——内蒙古大学，使自治区的高等学校由 1952 年的 2 所增加到 4 所，内蒙古农牧学院，同年建立内蒙古林学院，1999 年两校合并为内蒙古农业大学。1982 年，内蒙古师范学院更名为内蒙古师范大学，各民族大学生达到 2500 多人。一个包括学校教育、业余教育、学前教育到高等教育的比较完整的教育体系初步形成。"从城市到农村、牧区和边远地区，中小学校在全区各地星罗棋布。"内蒙古自治区认真贯彻执行了中国共产党的民族政策和向少数民族开门的办学方针，党和政府鼓励蒙古族和其他少数民族学生入学，并在校址选择、课程设置、助学金待遇和日常生活等方面，给予适当照顾：对大兴安岭密林深处以狩猎为生的鄂伦春族学龄儿童及青少年，全部实行免费教育"。同时，内蒙古自治区党委和政府极为重视蒙古族语言文字在教学上的应用，大力培养民族师资力量，组织人员编写民族语文的各种教材，实行民族学校分校、分班，从学校的专业设置和招生制度上都充分注意了民族特点和地区特点，"这些积极的措施有效地促进了民族教育事业的发展"。到 1957 年，内蒙古自治区蒙古族和其他少数民族的学生已发展到 136 000 多人，为内蒙古自治区的发展培养了许多专业技术人才和民族干部。

在对待蒙古语文工作上，经过再调整后继续得到发展的蒙古族高等教育也迎来了一个崭新的春天，许多有志青年正是通过接受此一阶段的教育而改变了命运。唐吉思教授在回忆起他的大学教育时，依然满怀激动的心情。

问：您考大学的时间？

答：我是 1962 年考的大学。

问：考大学用蒙语？

答：对，也是用的蒙语。汉语一门，数理化都不考。我是文科。那时没有预选，都能参加高考。录取百分之几。我记得当时用蒙语考文科的，全内蒙古有 6000 人，只录取了 63 名学生。比例相当低，内蒙古大学招了 30 名，我是内蒙古师范大学的，招了 33 名学生。上了大学的都是精英。

问：当时班里考上的有几人？

答：考上本科的不到 1/3。没考上的具体不太清楚了。

问：您大学学的什么专业？

答：中文系蒙文专业。

问：有没有预科？

答：那个时候已经有预科了。

问：预科是什么情况？

答：内蒙古师范大学的预科初中毕业也可以考，上两年预科，再学本科。我初中的同学有这样的，比我们早毕业一年。我们那个班也有从预科上来的。

问：大学是四年制？

答：对，四年制。但内蒙古大学是五年制。

问：当时授课语言是？

答：蒙文专业自然用蒙语。公共课用汉语，如教育、哲学、政治经济学，汉语那时可以听懂，也可以做笔记。

问：学生学习怎么样？

答：大家都是自觉的学习。非常有规律，有早操，下午课外活动，都安排，大家一块。自己组织。期末考试有的。

问：大学教材情况？

答：教材基本是老师自编的，质量还可以。

问：老师的水平怎样？

答：老师的水平还是可以的。虽然没有教授这些职称。

# 第三节　20 世纪 50～60 年代的藏族的教育发展

## 一、教育政策

1951 年，中央人民政府和西藏地方政府签订的《关于和平解放西藏办法的协议》第九条规定："依据西藏的实际情况，逐步发展西藏民族的语言、文字和学校教育。"这是新中国在西藏最早的民族教育政策。按照这一政策，1952 年 8 月，拉萨小学建立；1953 年前后，日喀则等地创办公办小学 28 所，在校生 2000 余人；1956 年，西藏自治区筹备委员会成立，下设文化教育处，西藏第一所初级中学——拉萨中学建立，招收新生 200 余人。1957 年全区公办小学发展到 98 所，在校生 6360 人。与此同时，在这一时期旧式宗教教育、地方政府官办学校与新式学校教育同时并存。

1957 年，中央政府根据当时西藏的实际情况，对西藏制定了"六年不改，坚决收缩"的方针，决定推迟在西藏实行民主改革的时间。在这 3 年的时间里，教育政策主要体现为一方面压缩新办学校的规模，一方面办学校培养民族工作干部。为加紧培养藏族干部，中央政府在陕西创办西藏公学和西藏团校，同时将办起来的 98 所公办小学在 1958 年缩减为 13 所，在校生从 6360 人减少到 2400 人。在收缩自治区筹备委员会所属机构的过程中，撤销了绝大多数基巧

（相当于地区）办事处和宗（相当于县）的教育行政管理机构。

1959 年的平叛改革彻底废除了西藏的封建农奴制度。翻身解放了的广大农奴和奴隶分得土地和牲畜后，有了学习文化的要求。国家教育政策为适应这一要求，逐步恢复压缩的学校，并同意 1959 年 11 月西藏工委和自治区筹备委员会提出的"民办为主，公办为辅"的办学方针，扩大现代办学规模。"1958 年停办的公办小学开始逐步恢复；1959 年年底民办小学达到 450 所，在校学生 13 000余人，1961 年民办小学进一步增至 1496 所，在校生 52 000 余人。到 1966 年，公办小学达到 82 所，在校生 11 200 人，民办小学达到 1953 所，学生 64 000 人；普通中学从 1 所发展到 5 所，在校生从 1959 年的 342 人增至 1333 人；1960 年开办高中班；1961 年创办拉萨师范学校；1963 年拉萨中学成为西藏第一所完全中学；1965 年西藏公学更名为西藏民族学院，成立了西藏第一所高等学校。1966 年全区适龄儿童入学率由民主改革前的 1％上升到当年适龄儿童的 30％左右。在这个阶段，全区共培养中小学生 3500 人。现代学校教育在西藏开始具有一定的规模。"[①]

从 20 世纪 60 年代社会调查的报告中，也可反映出当时西藏农牧区现代教育事业发展的情况。以前基本上没有现代学校的山南地区，在 1960 年普遍成立互助组后，很快就创办了夜校 70 所，小学 157 所，入学儿童 9 397 人；1962 年达到公立小学 10 所，教师 36 人，学生 1239 人，民办小学 274 所，教师 315 人，学生 12 438 人。[②] 所以现代学校教育在西藏地区不是一个孤零零的偶然性产物，而是作为以"民主改革"为核心的西藏社会大变革的一部分，在平叛和民主改革之后蓬勃地发展起来的。

## 二、教育现状

新中国成立初期，由于封建农奴制还没有完全打破，许多地方政府的官办学校、私塾和寺院教育依然存在，致使现代教育与传统教育两种教育形态共存的状况曾一度给新型的现代教育的发展带来不小的障碍。然而历史潮流总是会向以新生进步力量取代旧有的落后力量的方向发展。为适应新社会新型人才的

---

① 马戎. 西藏地区教育事业的发展. 中国藏学，1998（2）：3-24.
② 西藏社会历史调查资料丛刊编辑组. 1988. 藏族社会历史调查. 拉萨：西藏人民出版社：108.

需求，藏族人民不断从旧社会束缚中解脱出来，聚合各种力量以各种形式办学，传播科学文化知识以培养各种人才，对推动我国社会主义发展做出了贡献。

## （一）社会主义民族教育体系初创时期（1951～1958 年）

1951～1958 年，是西藏现代民族教育体系的初创时期。这一时期，建立了昌都小学、拉萨小学等西藏的第一批现代小学和西藏的第一所现代正规初级中学。应该说，这一时期的变化，在西藏现代教育史上具有十分重要的意义。

1950 年年底，中国人民解放军解放了藏东重镇昌都之后，坚定地执行了党的民族政策。为了使昌都人民迅速摆脱贫困落后的状况，发展昌都地区的科学文化教育事业，使广大藏族适龄儿童都有机会入学受教育，根据实际需要，1950 年 12 月，昌都地区首届人民代表大会通过了《在昌都地区创办学校，发展藏族教育事业》的决议，1951 年 3 月，中国人民解放军昌都地区教育委员会在昌都人民的支持和上层爱国人士的帮助下，在昌都正式建立了昌都小学，并成立了学校董事会。学校开设了藏文、汉文、算术、珠算、自然、体育、音乐等课程，并使用双语教学。四年级后直接用汉语教学，藏文课仍占一定比例。与此同时，昌都小学也非常重视采取多种方式进行德育工作。它的建立标志着不分阶级、不分民族、面向广大劳动人民的西藏民族教育事业的开始，是西藏教育发展史上的重要里程碑。人们将它誉为"西藏现代民族教育的第一颗明珠"。"由于昌都小学办学的成功，1951 年 8 月，昌都地区第二届人民代表大会又通过了《在昌都全地区试办小学、发展教育事业》的决议。依据昌都小学的办学经验，在人民解放军的大力帮助下，先后在盐井、丁青、类乌齐、波密等地创办了一批新型小学。除在昌都地区兴建学校外，还先后建立了拉萨小学、日喀则小学、江孜小学、亚东小学等一批小学校。到 1956 年西藏自治区筹委会成立之前，全区已有公办小学 31 所，在校学生 2000 多人。"[①]

随着 1956 年 9 月创办了第一所中学——拉萨初级中学之后，藏族人民的基础教育体系基本上已经建立起来了。拉萨初级中学在建校初就设置了初中班 5 个、初中预备班 2 个、师资训练班 2 个和经师喇嘛班 1 个。虽然学校部分课程的设置还掺杂着宗教的色彩，但这种新型学校的建立首先解决了有无问题，对推

---

① 吴德刚．西藏教育 50 年回顾与 21 世纪的展望（一）．中国民族教育，2001（2）：4-10.

动现代学校的发展已经起到带头示范作用。

西藏昌都小学等校的建立，标志着西藏首批新型现代学校的创立，为广大藏族适龄儿童受教育提供了基本条件，扩大了受教育的机会，从此劳动人民的子弟有了受教育的场所。事实证明这一时期招收和培养的小学生，后来大多成为社会主义现代化建设的骨干力量。在西藏现代教育发展史上具有开创性的意义。

### （二）西藏民族教育迅速发展时期（1959～1966 年）

1959 年，民主改革取得了重大胜利，彻底废除了封建农奴制度。依附在旧制度上的官办学校、寺院教育、私塾教育相继瓦解，为西藏社会主义民族教育事业的发展创造了重要的社会历史条件。1959～1966 年的 7 年时间里，西藏现代民族教育得到了迅速发展。这一时期，不仅根据群众的愿望恢复了一批在 1957 年停办的公办小学，而且还于 1960 年春在拉萨初级中学基础上创办了西藏第一所完全中学——拉萨中学，1961 年 9 月又创办了西藏第一所中等师范学校——拉萨师范学校。1965 年，在西藏交通厅驻格尔木办事处还创办了全区第一所半工半读职业学校。1965 年 9 月又正式将西藏公学改建成西藏民族学院，这是西藏最早的一所现代高等学校，它的创建，标志着西藏民族教育事业达到了一个新的发展阶段。此外，这一时期，人民群众还自发集资创办了一批西藏最早的民办小学，到 1961 年年底已达到 1496 所，在校学生 5.2 万人，发展极其迅速。到 1966 年上半年，全区的民办小学达到 1943 所，在校学生 63 223 人。同时民办小学在办学形式上采取了十分灵活的形式，在教育内容上注重与农牧区生活实际相结合。

人民群众对民办教育的关心和支持，充分反映了群众对文化知识的渴求，同时也是"两条腿走路"建设社会主义新西藏的重要历史实践。很明显，这一时期西藏教育发展所取得的成就是空前的。可以说，到此时，一个包括学前教育、中小学教育、中等专业技术教育和高等教育的现代教育体系已初具雏形。这一时期，共培养中、小学毕业生 35 000 多人，培养和轮训各类干部、教师 7000 多人。

国家开始免费支持藏族学生上学，这对于一批学生产生了深远的影响。同时，寺院教育仍然属于当时藏族地区的主流教育机构，大多数家庭仍然愿意送小孩进入寺院学习藏文知识。

受访人：山夫旦，男，1951 年生，中共党员。硕士，教授，曾任西北民族大学藏语系主任。高校教龄 24 年，任硕士研究生导师 10 年。兼任甘肃省藏学研究会理事，全国藏文术语标准化工作委员会委员，中国少数民族语言文字信息研究所兼职教授。

问：您什么时候出生？家里情况？

答：我是 1951 年出生，属龙的。当时报户口时不知怎么的就写成了 1952 年。几月几日出生的，也不知道，只知道是给麦子拔草、布谷鸟叫的时候，所以就给我写成了 6 月 15 日。出生在青海贵德县黄河边。父母都是藏民，半农半牧，但是已定居。我们家四个孩子，我是老二，哥哥放牧，妹妹很小就出嫁了，家里就我和弟弟上学了。

问：父母当时对您的教育是何看法？

答：没有看法，就是劳动。没有想到上学能改变命运。但当时我有一个舅舅，是寺院的"阿卡①"，他有一定的藏文基础，给我和哥哥教一些藏文的拼读方法，每天早上教，让我们背，舅舅拿着棍子监督我们，这个印象比较深刻。

问：当时在男女教育上有没有差别？

答：我们那个时候，女的不会让上学的，男的也不会上的，舅舅给我们教藏文也不是为了上学，而是进寺院，为上宗教学校打基础的，那个时候也没想到上学。

问：当时寺院有没有让一些孩子学藏文及其他一些东西？

答：我在寺院学习了 3 年，我三岁进寺院，一直到 6 岁多的时候。好多孩子都去。现在留在寺院的也有呢。

问：您是哪年上的小学？

答：1958 年。小学上了三五年吧。是政府组织的，村小学叫马坝小学，是一个由念经的地方改成的学校。又从别的地方调来七八个老师。

问：这些老师是怎样的情况？

答：不知道是怎么来的，反正挺正规的，教的也正规。

问：老师们的水平怎样？

---

① 安多藏语，指藏传佛教僧侣。

答：那个时候没有汉语，也没有汉族人，都是藏族老师，就教一门课是藏语文课，就学藏文拼读。像什么算术啊，自然啊，都没有。当时我们藏文拼读就是学的好，比寺院里好多了。

问：当时寺院里除了教藏文还教什么？

答：没有。

问：小学上完了吗？

答：没有。当时也不知道什么情况，就念了四五年吧，反正没念完，当时也没有毕业、毕业证的概念，父母说，上不了啊，现在要放羊啊，大人们都受不了，于是开始放羊了。

问：然后呢？

答：放了几年羊，然后到 1966 年吧，"社会主义教育运动"（简称社教）开始了，这是普及教育的运动。村子里来了好多工作组，在墙壁上写毛主席语录，藏文汉文都有，唱儿童团歌，组织娃娃们教着呢，我就跟着，铲墙铲的平平的，刷上标语。写标语的好像是青海民族学院的老师，书法好得很，我感觉很好，就天天跟着，他们说什么，我就干什么。最后，那里面有一个姓陈的人跟我们家的人说，当时我父亲不在，是给我们家的姨姨啊几个女的说的，姓陈的带工作组每次都来说，娃娃要上学去呢，不能这么待着，娃娃有一定的基础，好着呢。他们是用藏语说的，说了好多次后，有一天来了个人说，你到县上去，今天你拿着行李让哥哥送一下，你带着馍馍就行了，走吧。工作组就把我们送到县城，才知道各地来了好多学生，大概有 40 多个，把我们拉到一个地方，那时候才知道，噢，是海南民族师范学校。才知道我要上学。

问：学校是怎样的情况？

答：是个中等师范学校。公家管吃住，每月还有 2 元零花钱。还发衣服，冬装夏装都有。吃饭时 10 人一桌，我们都坐下抢肉吃。

问：当时有没有专业？

答：还是藏语文，还学毛主席语录，背"老三篇"，先用汉语背，再用藏语背，然后讨论。上学时毛主席语录一人两本，汉语一本，藏文一本，老师也讲。

问：老师是藏族还是汉族？

答：藏族多一些，也有汉族老师，他们给我们上政治课。

问：那时您的汉语水平怎么样？

答：汉语差不多，在村子里就汉藏杂居着呢，1966 年时，县城下放了七八家汉族到我们村子，他们都是开商店、开铺子的所谓资本家。有一家姓赵的是卖中药的。娃娃们都开始玩开了，开始互相听不懂，最后都说通了。1958 年时，河南也迁移了好多人家到我们那里，我们村有四五家，其中一家住就住在我们家，我们房子宽敞。那是政府迁的，最后有些回去了，现在还是一两家。汉藏接触的比较多，所以上这个海南民族师范学校时，汉语也差不多了。

问：当时除了学藏语，学政治，还学什么？

答：好像就是这两门吧，音乐也有，体育课也有。劳动多得很，下午就是劳动。开会啊，劳动啊是很平常的事情。

问：劳动都做什么？

答：挖防空洞，到农民家割麦子，春天时种麦子、拔草，到农村去，一个班一个班都下去，不远，当天回来。早饭在学校吃，中午饭学校有专人带着，下午坐车回来。

问：在海南民族师范学校上了几年？

答：上了 4 年，到 1971 年时分到贵德县一个叫常木乡的村当小学老师。主要教藏语文、汉语文，还有一个常识课。这个乡村小学就我一个老师。从幼儿园到五年级，每个年级三五个学生。

问：当时政府有没有人规定说您要上什么课，有没有人来检查您的教学？

答：当时有呢，县教育局，乡上还有一个教育干所，巡回检查各个学校，当时常牧乡招了 8 个老师，然后在乡上集中学习了一个星期，让后分配下去。

问：当时教材是汉文的吗？

答：当时教材是藏文的，藏语文，汉语文都有呢，还有个政治常识，还有数学。

问：当时没有给他们教音乐什么的？

答：大家一块儿唱歌，我们当时唱的都是毛主席语录歌，老百姓们都会唱，学生们也都会唱。

问：您在那儿教了几年学？

答：我当时在那儿教了 3 年多，我当时是县上的一个标兵，后来他们都来学习、观摩呢。

问：您 1971～1974 年是在县上对吧，这之后您又去的哪儿？

答：1974 年我都上民族大学了。

问：是什么原因使您到民族大学来了？

答：我有一次去县上，政治部有个老师，当时说西北民院要一个人呢，我们把你推荐一下，那个时候都是推荐的，当时对我说在这个山沟沟里干什么，让我走出这个山沟沟，就这样去了。当时政治部姓刘的老师把我带到西北民大在县招待所的住处，到了之后去找了一下负责招生的老师，找到之后给招生的老师说你把这个娃娃收了，这个娃娃绝对没有问题，当时登记了一下名字，然后考试，他问我会什么，我说我会毛主席语录，就让我读了一段毛主席语录，先是让我用藏语读了一段，然后后让我用汉语读了一遍，最后就是让我把这个写下来，写完了交了之后就招上了，这是 1974 年的事情。

问：来这儿学的什么专业？

答：来这儿学的还是藏语专业。我小学、初中、高中、大学都是学的藏语专业。

问：当时也没有专业划分是不是？

答：划着呢，我当时是藏语言文学专业。

问：1974 年学校还在办着呢吗？

答：办着呢，刚恢复，73 级招了一个班，74 级招了四个班。

问：大概有多少学生？

答：将近 100 个学生。

问：当时都开设了什么专业？

答：藏语言文学专业，蒙语言文学专业，然后是干训部，医疗系，当时医疗系招了许多藏族学生，有个七八十个学生，我们当时叫语文系。

问：当时有没有预科？

答：当时有预科，大部分都是甘南的学生。我当时大学上了 3 年，那个时候学校对教学很重视，现在想起来，当时学校领导都来我们班查看，系主任、班主任都经常到班里查看，非常重视。开设的课程有藏语言评议文学，汉语言文学，政治课，现代汉语，语言学概论，文学概论等，当时老师们给我们上课非常认真，我们当时的条件也非常好，还有暖气，那时候暖气很热，上课老是打瞌睡，条件很好。

问：可见当时对教育还是相当的重视。

答：民国时期，青海省对教育相当重视，在甘肃、青海共开办了40多所小学，仅在我生活的当地就有4所，当地老百姓传统观念是"想当官就上学"，而且这些学校教授的是汉语、算术、数学、打算盘。

问：大学时期，除了学习，还干什么？

答：大学期间是开门办学，每年去牧区实习一次，有一次是全班去青海教材编写组实习了一个月，主要是翻译中小学教材，由汉语翻译成藏语，包括《语文》《数学》《周恩来传》《雷锋日记》，这些书的具体用途虽不知道，但是后来出书上有我们的名字。

答：大部分都回去了，回青海、甘肃。我们这留了3个，分别是高院长、耿正书记和我。大部分人各回各县，后来又慢慢上来了，像甘南的尤大刚，从夏河县干到甘南藏族自治州，然后干到人大常委会主任。还有一个叫卓玛加（音），从夏河县到州工商局，到州政协，又再到这。像王柱太（音）从夏河到兰州大学，基本上都是搞行政，当时缺这样的人，国家培养的也是这样的人。

问：您在大学期间，课外有没有文娱活动，搞一些文艺节目像学生自己组织的文艺社团之类的？

答：我们上学的时候，有个宣传队，和我们一起来的一个同学叫坎本先（音），是搞舞蹈的，还有一个从玉树来的姑娘，也是搞舞蹈的，他们两人在当地是搞舞蹈的，工农兵学员上学的时候，一个县推荐了一个，当时学校相当支持，给宣传队拨了些钱，他们就买了些服装，排了些歌舞，像《拉萨城》《欢乐的草原》《挤奶歌》等，现在还在表演。当时坎本先是队长兼班主任，负责组织学生之类的一些工作，年龄比我大，当时我20多岁，他30多，穿着皮袄，感觉非常帅。前几天他到兰州，我们聚会时问他现在能不能给我们跳个舞，他当场就噼里啪啦跳起来了，喜欢吹笛子、拉二胡。退休以后，加入到西双版纳的老干部中间。

问：大学期间有没有给您留下印象特别深刻的课外活动？

答：给我留下深刻印象的活动是篮球，学校专门修了一个灯光球场，很新鲜，很气派。当时各院、各年级天天有比赛，天天打篮球，晚上打到11点，灯一直开着，给我印象很深，我就感慨，学校多富裕啊，我们在农村的灯泡暗暗地，都亮不起来，天天点煤油灯，吃完肉的骨头收集起来卖掉，卖得的钱灌一壶煤油回来点灯，感觉学校修了一个灯光球场，很是奢侈，觉得这么富裕的地方不待，还要去哪儿待呢？

问：当时班上各个年龄阶段同学的学习情况如何？

答：我们分了尖子班和一般班，尖子班是从三个班里挑出来的，有 20 人，是藏语言文学专业 74 级的学生，从第二年的时候开始挑选的，有些学生的藏语程度较好，不想听那个老师的课，许多人一直反复提意见，学校就从每个班里挑了 3～5 个人，合成了一个共 20 个人的尖子班。

受访人：夏吾才让，教授。1963 年出生于青海黄南藏族自治州尖扎县一个牧民家庭；1970～1975 年就读于尖扎县的昂拉乡小学；1975～1982 年就读于黄南藏族自治州民族师范学校（初中、高中），在黄南藏族自治州州府所在地；1982～1983 年在黄南藏族自治州第一民族中学当了一年老师，用藏语教授数学；1983～1986 年通过成人高考，考到了原青海教育学院（现并入青海师范大学）三年制数学专业；1986～至今任教于西北民族大学数学与计算机科学学院。

问：请您简单介绍一下您的小学经历，以及父母对教育的态度等。

答：我们那时候不太规范，有时候可能上一年以后可能就不上了，断一两年，后面又上。上课的时候老师比较严，自己又非常喜欢上学，小时候有这样的梦想，就积极上学，星期天主要是玩，没有什么学习压力，当然，我们也是在一个比较艰苦的地方上学，设施、凳子、教材，是比较艰苦的，老师上课的话，黑板上写板书，是启发式的、讨论式的、合作式的这样的一个教学方式。

我们上学期间，是比较愉快的，没有学习上的压力。平时的作业，在课堂上就完成了，寒假暑假有一些作业要在家里完成。

父母的话，也比较严，我是家中的老大，他们对我要求格外的严，我要起示范带头作用。小时候，父母说的比较多吧，没有其他方面，就是读书、背书，背的比较多，小时候，尤其是藏文的诗歌背得多。小学时候，数学是用藏语来上的，汉语没上过，从初中开始才上汉语。

学习嘛，比较刻苦，勤奋学习，就是感觉老是阅卷、批改作业，当时老师的评语吧，就是甲乙丙丁，相当于优秀、良好、合格、不合格，得到一个甲，特别高兴，也是对老父母的报答，（因为）这个里面还有他们的付出，小学的情况就是这样的。

然后，我们可能十几岁的时候上初中和高中，初中和高中都是在黄南藏族自治州民族师范学校上的，那时我们的藏文水平是相当高的，基础比较牢固；

汉文，也学得比较刻苦，也是刚刚接触的这些东西，然后也注意到藏文化和汉文化的一些关系，交融、交流这个方面考虑的也比较多些。

问：您小学就读的学校大概有多少学生？

答：不到 100 个。

问：学生和老师的构成呢？

答：学生老师都是藏族的，没有汉族。

问：老师，当时有没有上过师范学校之类的？

答：没上，都不是正规学校毕业的。但是他们的藏文水平相当高。

问：如果讲数学的话？

答：藏族传统数学可能还知道一点，但是当代数学基础还是比较薄弱的。这是以后的看法，当时觉得讲得很好。

问：当时开设了哪些课程？

答：藏语文、数学，其他的体育课、画画课，都是用藏语上课。

问：授课过程中，有没有涉及传统文化等知识？

答：课程本身就涉及着呢，数学里面有一些，藏文（课）里面讲的都是一些文化。有一些教材，可能是五省区（藏、青、川、甘、滇）协编的青海通用的一个教材，内容都是与藏族息息相关的，不是翻译的汉文教材。

汉语方面，没有正规的教材，汉语的拼音、简单的一些汉文，学过，是由藏族老师讲的，他的水平也是非常有限的。

问：当时，班上男女生比例怎么样？

答：男生多，3∶1 吧。

问：小学，有没有人辍学？

答：基本上都读下来了，这是我们的任务嘛，学习，父母对我们的期望、长辈对我们的期望、老师对我们的期望，我们藏族非常尊重老师、长辈，老师是第一位的，老师是上席（宴请时座次位于最尊贵的位置），下来是父母，传统文化有这样的一个概念、意识，老师说怎么做就怎么做，德范嘛，教育比较重视，不管是家庭教育还是学校教育，一般学校里面不用讲这些，学生小时候就知道。喜欢读书，我们这些藏族先生们在他们的著作里面，他们平时的教授当中，都讲这些东西：要学知识，就要刻苦的学，勤奋的学，这样才能有收获。

问：当时，有没有音乐课？

答：有，还有乐器，教我们男女合唱、独唱，什么都有，唱的也好。藏族人民本身有这个方面的天赋，会走路的时候就会跳舞，会说话的时候就会唱歌。

问：中小学有没有开设英语？

答：那时候没有，高中简单的上了一年，就光写 ABCD 这些，还有简单的一些问候：good afternoon、good morning。

问：那时候通过普通高考上大学的人多吗？

答：不多，主要是上中师，中师毕业以后就有工作。大家都喜欢工作，拿工资，这样就能减轻父母的生活压力。一部分人中师毕业以后考大学，考的学校还是比较好的，当时考的人少，各个大学的招生名额也比较多。

受访人：格日吉老师

问：您是哪里人？哪一年出生？

答：1963 年生于青海同仁县。

问：您父母从事什么职业？

答：父母是藏族农民。

问：父母对教育的看法？

答：我们家族是一个书香门第，我叔叔是寺院里的和尚，他的知识特别渊博，在那里是所有人的老师，就像大师一样，所以我家里对教育非常重视，我家里 5 个孩子，所有的孩子都上学了，我是家里的老大。

问：几个男孩几个女孩？

答：3 个男孩两个女孩，两个男孩现在在国外。其实那时候在生产队，要挣工分，别人家的女孩子都给家里挣工分，我就没有，我一直在上学，我们上的是寄宿制学校，从周一上学到周六，周日帮帮家里忙再回学校。除小学外都是寄宿制。父母也没有歧视女孩。我父亲不懂汉文，但是藏文说得非常好。

问：您上学前都说的藏语？

答：是的，我们小学三四年级的时候就开设了汉语课开始学汉语，但是那时候的汉语课特别简单，像共产党万岁、好好学习天天向上之类的。

问：小学有没有算数？

答：有，只有这两门课，授课制度很简单。

问：老师呢？

答：老师都是藏族，年轻人。当时教的特别认真，我们学校在一个教室有两个年级，一个班上课一个班做作业。

问：学校有几个年级？

答：一到三年级在这个学校，四到五年级在另一个学校。这个小学在州小学，汉族和藏族学生一起上学，分开授课，老师用藏语给藏文班上课，用汉语给汉语班上课，还有一些其他课程，像音乐课，当时教《红灯记》，我还是主角。

问：都用什么语言教授这些副科？

答：都用汉语教，歌曲、舞蹈都是。

问：您在哪一年上的小学？

答：1971 年上的。

问：初中呢？

答：初中和高中连着在民族师范学校上的，毕业后分配工作。

问：您那个学校的情况是怎样的？

答：民族师范学校的教学很严格，教得特别好，藏族老师水平特别高，我们的数学用藏语上。高中的物理老师是从南方来的，他上课用汉语上，但他会说藏语，讲课特别清楚。运用的双语教育方式，教材也是藏文的，全藏文的。学校的规模很大，初一、初二有三四个班，高中各一个班。

问：高中分文理？

答：我们班没分，其他班分为藏、汉、数学班。不高考。

问：初中升高中有考试吗？

答：有考试但是不淘汰人，要不要上高中是要看年龄的，年龄小的不易上班就去读高中了。我们班有六七个人上高中。

问：有没有师范课程？

答：教育、心理都有。都用汉语上课，老师都是藏族老师，只会说藏语不会藏文。

问：你什么时候开始用汉语交流？

答：我家在县上，所以汉语很小就说得很好了

问：您在中小学教育中，学习理科有没有什么困难？

答：高中时候我们老师用藏文上课，我觉得可以，对数学几何感兴趣，我们班整体的学习都好。

问：再讲讲民族师范学校的事。

答：我们那时候还发衣服和被褥，也不用交学费。

问：之后呢？

答：我于 1981 年毕业后，在中学当了两年的老师，之后到了现在的青海师范大学学数学，是通过专门的成人考试考到这个学校的。上了 3 年。当时学校以培养师资为重点，是双语数学教育。

问：学生人数情况？

答：都是有工作的老师，人数不记得了。

问：学习的课程和老师的情况？

答：老师教得很好。只有三四个藏族，其他都是汉族。我们入学考的高中的课程，从小就没有学英语。

问：奖学金有吗？

答：只有三好学生和优秀团员什么的。

问：全职上学？

答：工作放弃了。

问：那时候的学习对教学有何影响？

答：影响特别大，当时作业特别多，老师教的也特别扎实。我们学习很刻苦，当时没有时间玩。我们班有几个特别爱学习的孩子，都特别认真。

问：开设的课程？

答：高等代数、数学分析、概率统计、天文历算、物理、藏文等，藏文是一个佛爷开的，教的特别深。

问：您那时候对双语教学的理解如何？

答：我那时对双语教学没有什么概念，就学习了。

问：您大学的老师有没有做科研的？

答：有。

问：学生课余都干什么？

答：有周末晚会，跳舞唱歌什么的。

1949 年新中国成立后，教育事业的奠基工程也拉开了序幕。1949～1957 年，中国共产党在高等教育领域进行了接管、改造旧大学及创建社会主义新型高等教育的实践。

受访人：华侃，男，汉族。1934 年 8 月出生于江苏苏州市。西北民族大学藏语言文化学院教授。

问：能谈谈您的个人经历吗？

答：我小学在苏州上的，中学在无锡上的，高中毕业之后，北京大学有几位老专家是研究日语、阿拉伯语、梵文的，我们在高中时听到过他们的名字，他们在国内都很有名，如研究印度学、梵语的季羡林。他在德国学了 10 年梵语，专门研究印度学、文学、语言、哲学，因为很崇拜他，所以我就考的北京大学，北京大学也录取了，那为什么后面又到了中央民族学院呢？1952 年刚好全国高等学校专业调剂，那个时候叫专业调剂，那么，被北京大学录取的汉族学生并到中央民族学院去了，中央民族学院有藏语、蒙语、维语，所以就并到中央民族学院了。

问：北京大学学习语言的这些人都到中央民族学院去了？

答：北京大学东语系招的学生，总共有 120 人，我记得很清楚，我们都并到中央民族学院了。

问：为什么要这样做？

答：那个就叫做院系调整。

问：全国的院系调整？

答：全国。

问：就是一些学校录取的学生再重新分配一次？

答：就某些专业的，原来北京大学的到中央民族学院，原来中山大学的到北京大学的都有，中山大学原来有个语言专业，它都并到北京大学了，就这情况。中山大学有个叫王力的，不知道你们听到过没？

问：哦！对，汉语？

答：王力原来是中山大学的，因为院系调整，被调到北京大学了。有的合并了，实际上并不好，有些特色都没有了，中山大学有中山大学的特色，北京大学有北京大学的特色。东语系统招录取的 120 个国内的汉族学生并到中央民族学院了，也有一部分留在那儿的华侨，华侨好像可以参加国内大学的考试，如印度尼西亚来的，缅甸来的考上东语系的，最后就留到东语系了。到了中央民族学院，国家民族事务委员会的领导们给我们上课，做报告，讲民族工作的重要性，给我们做专业的思想动员报告，并安抚我们。还给我们做了几个月的思想安抚工作，最后我们思想才安定下来，但还是有个别安定不下来，但是我们大部分都安定下来了，我自己都想清楚了，既然入了这个门，那就好好学，下功夫地好好学。总的来说，我们那时的专家也多，还有北京大学有关的教师也并到中央民族学院了。

问：部分北京大学的教师也过来了？

答：北京大学一些研究藏语、蒙语的都过来了，现在回想起来，这些教师就是有水平。

问：当时中央民族学院刚刚开始成建？

答：刚刚成建，当时我们叫中央民族学院语文系，我们是本科第一届，1952 年，统考进来的。以前有没有呢？也有，主要是为了和平解放西藏的需要，各个大学里面招了一点，各个大学里面抽调了一点，

问：那个时候教师的组成里有一部分是北大藏语系的。

答：那个时候不叫社会科学院，叫科学院，科学院里面有语言研究所，语言研究所里面有一部分专家，是专门研究少数民族语言的，他们给我们上课，北京大学的一些老师也给我们上课，个别的也调到中央民族学院了，他们有研究藏语的、蒙语的，研究朝鲜语的也有。一看人不够了，就开始去民族地区招人去了。最后把我们 120 个人分成了几个班，十四五个人一个班，除北京大学来的一些老教授之外，还请了一些当地的民族老师。

问：当地的是指的哪个民族的？

答：就是民族地区的，藏族地区、蒙古族地区的民族老师等，这些老师没有教学经验，可是口语很地道，但是他们需要学一年语言学才能给我们上课（这些老师是在我们来之前就已经在学校了）。

问：华老师我想问您一个问题，就是这个选择民族地区招进来的老师的条件，你刚刚也谈到了三个方面，一是口语要标准，二是要地道，三是要对他的语言要有代表性，请问，这个代表性指的是什么？

答：就是相当于普通话，比如说，人口要多一点，不能是几百个人这样的。

问：你们学的藏语代表的是？

答：我们学的藏语是甘南夏河的藏语。夏河藏语有代表性，属于半农半牧的藏语，而且这个地方有个大的寺院，寺院本来也是个文化比较集中的地方，所以这个地区具有一定的代表性。

问：你们藏语分班的时候有没有按什么安多语系，拉萨语系分？

答：我们分了两个班，一个是拉萨班，另一个是安多班，这是方言的问题，不是语系的问题。我是被分在了安多班，给我们上课的老师是夏河的，我们十几个人专业课才3个老师，老师鼓励我们多跟藏族同学交朋友，学习语言，但是学校藏族学生很少。我们学习知识学了两年，第三年让我们去甘南实习，实习过程中与当地藏族建立了良好的关系，我们也热爱我们的专业了。我们先到的西北民族学院实习，住了两三个月，实习的内容有两个：一个是听干训部的藏族学员的课程（干训部的学员都是藏区来的基层干部），从而提高我们的听力能力；另一个是听语文系的课程，语文系主要是学书面语还有语法等。两三个月之后我们就到夏河实习，先在县城里实习了两三个月，同学都被分到法院、小学，我被分到了政协。两三个月后分到了农村，分到当地老乡家里，跟老乡同吃、同住、同劳动，一个人一个村（分配实习），这期间，我们与其他同学一两个月都见不着面，在农村我们学到了地道的方言，并与当地老乡建立了深厚的感情，语言能力得到了很大提高，也更热爱自己的专业了（1954年就来到西北民族学院，1955年去了夏河实习，1955年秋天就回去了），回去之后在中央民族大学学习了三个月，最后一个学期我们做了一个语言调查，刚好全国进行语言普查，全国民族地区的语言调查的任务就落在了我们头上，以语言的识别为重要内容。我们在北京学习了三个月，然后就下来了，这是1956年的事，我们参加了语言训练班，北京大学的，社会科学院的专家们给我们讲课，当时差不多有1 000人，各个民族的都有。语言调查完了之后，我们又回去进行总结，写语言调查报告（1956年其实毕业了，1957年进行语言调查）。1957年国庆节之后（最后一个国庆节是在北京过的），我被分到西北民族学院。20世纪50～60年代，汉族重视藏语言学习，那时我也参加学校的教学。70年代以后藏族学藏语言的学生也有了，但是藏语文的基础不太好。真正基础好的要到80年代了，所以80年代开始我们学校留了一些年轻老师。汉族学生"文革"之后就不招收了，只招收藏族学生。

1952年国家选派了一些在语言上具有代表性，发音很地道的当地民族地区的教师进行为期一年的语言学课程培训，然后再给我们上课。当时学藏语的分了两个班，一个是拉萨语班，一个是安多语班。每个班只有十五六人。光藏语文就有三个专业老师来教。

感悟：通过实习，增进了民族感情，对所学的专业更有信心。同时藏语能力迅速提高。

1955 年夏秋之际，我回到中央民族学院继续学业。1956 年下半年毕业之际，正好赶上国家进行民族语言调查。便参与其中。1957 年 10 月后，分配至西北民族学院工作。主要讲授"汉藏语概论""普通语言学""藏语方言概要""语言调查和研究"等课程。培养出了一大批藏语人才。

"文化大革命"开始后，学校停办。我被下放至甘南藏族自治州做老师。3 年后即 1973 年，西北民族学院恢复办学，继而回院任教。所招学生为工农兵学员。

1977 年国家恢复高考后，正式招收具有高中学历的藏族学生。于是有了正规意义上的藏族本科生。之后，一步步走向正规直至现在。

现在校的藏语教师基本上是 20 世纪 70～80 年代的本校毕业生，逐渐形成了一支稳固的教师队伍。

## 三、双语教学

1951 年，经政务院批准的《关于第一次全国民族教育会议的报告》指出，少数民族学校，应使用本民族语文教学；同时鼓励少数民族根据需要自愿学习汉语文。这是我国双语教学的最早表述。1959 年，中国共产党西藏工作委员会在《关于文教工作方面的几个问题的决议》中指出，藏汉文的比例，小学不作硬性规定，学校仍以藏语文为必修课，汉语文课在公办小学中进行试验，条件成熟时再另行计划。

1961 年，中共西藏工委宣传部在《关于当前学校工作的意见》中要求：公立中小学的汉族教师应在 1～2 年内能用藏文讲授本门学科，藏族教师也应努力学习汉语文。

双语教学虽然在我国民族教育中占有十分重要的地位，但是双语教学研究起步较晚，还是十分薄弱的环节，双语教学实践还缺乏系统理论指导，双语教学成效有待提高。

新中国成立以后，党和政府制定了一系列法律法规和方针政策，为双语教学提供了政策依据。《中华人民共和国宪法》第四条规定："各民族都有使用和发展自己语言文字的自由。"《中华人民共和国教育法》第十二条规定："少数民族学生为主的学校及其他教育机构，可以使用本民族或者当地民族通用的语言文字进行教学。"《民族区域自治法》第三十七条规定："招收少数民族学生为主的学校（班级）和其他教育机构，有条件的应当采用少数民族文字的课本，并用少数民族语言讲课；根据情况从小学低年级或者高年级起开设汉语文课程，推广全国通用的普通话和规范汉字。"

# 第四节　20世纪50～60年代裕固族的教育发展

1950年11月24日，新中国建设急需大量的民族干部，《培养少数民族干部试行方案》出台。宗旨是"以开办政治学校与政治训练班，培养普通干部为主，迫切需要的专业与技术干部为辅"。相继成立了一批民族院校，逐步整理或设立少数民族的中学、高等学校。当时在甘肃兰州，成立了我国第一所民族院校——西北民族学院（即现在西北民族大学）。各地区的民族干部及部分民族教师及知识分子得以接受更高的教育。

受访人：安子俊，裕固族，西北民族大学退休职工。

安子俊：1951年秋天的时候，我的一个同班同学回肃南替西北民族学院招生（此人家境较好，他读完了初小、高小和初中，当时算是文化程度较高的人，他大概于1951年春天来到西北民族学院，后半年被学校委派回乡招生），由于之前认识，他首先就想到了我，当时，在我们乡招了我和另一个同学两人。当时，学校是以干部培训为主，主要为民族地区培养干部，另外，开设了几个专业，有政治系、语文系（蒙古、藏、维吾尔等），还有个司法系办了两期就停了。大部分培养层次较低，基本相当于现在的专科。1951年秋到校后，先是上了3年预科，相当于中学速成班，后分到政治系学习，直到1957年毕业，毕业后就留校了。

受访人：兰咏梅，女，裕固族。现任西北民族大学医学院副院长。她在谈及国家对民族教育的好政策时，流露出欣喜感怀的神情。

兰咏梅：我父亲也是受到了这个民族教育政策的恩惠。我父亲三几年出生，但直到20世纪50年代才初中毕业。但在当时也算是文化很高了，一毕业就参加工作。那时西北民族学院刚建立，成立了少数民族"干训班"，就把我父亲送到那儿学习了两年。这让他的观念发生了翻天覆地的变化。回到县城工作后，时常教导我们要懂得感恩。

此一时期的小学至大学的费用都是国家承担，减轻了家庭负担。

安子俊：上大学时，什么都是国家发的，来学校的时候不用带任何东西，吃的、衣服、鞋、被褥都是供给制。各高等院校也在发展壮大。西北民族学院也进入了快速发展时期。

安子俊：1952～1956 年，学校基础建设大发展，建设了图书馆、大礼堂等，现在都还在用。1956～1965 年，开始从以干部培训为主向综合性大学转变，这是学校发展的一个大的转折点。同时，经过建设，校园环境非常优美，几乎可以和兰州军区相媲美。

可见，在 20 世纪 50 年代初，依靠国家政策的支持，少数民族教育得到了飞速的发展，大量的有知识的少数民族从当地走了出来，接受了更高一级的教育，使他们的思想和能力都有了很大的提高，为国家的建设培养了有生力量。

# 第三章

# 重新起步时期的少数民族教育发展

## 第一节　重新起步时期的维吾尔族民族教育发展

　　"文化大革命"时期新疆的教育可分为两个阶段：第一阶段1966～1970年，新疆的教育事业遭到严重破坏，教育投入严重不足；第二阶段1971～1976年，此阶段民族师资、教育质量等方面都严重后退，中、高校人才断层现象严重，国家和自治区采取了一些措施，新疆的民族教育在业余教育、普及五年小学教育、培养师资、编写民文教材等方面有了一定的发展。

　　这一时期有一个特殊现象，就是翻译出版过程中并用两种维吾尔文字。1964年10月30日，国务院批准了新疆维吾尔自治区第三届人民代表大会第一次会议讨论通过的《维吾尔新文字方案》和《哈萨克新文字方案》。1965年1月1日，新疆维吾尔自治区主席赛福鼎·艾则孜以主席令颁布《维吾尔新文字方案》《哈萨克新文字方案》并在全区实施。这标志着全面推行新文字工作正式开始。同年1月7日《新疆日报》发表了题为《热烈祝贺维吾尔和哈萨克新文字的推行》社论，并刊登了赛福鼎·艾则孜《发扬彻底革命精神，为完成维、哈新文字的推行任务而奋斗》一文。在一年多时间里，3万余名宣传员开展了"维、哈新文字宣传月"活动。同年4月25日，自治区文改会会同新疆日报社、新疆青年出版社、新疆人民广播电台、自治区党委办公厅翻译室和人委办公厅翻译室就报刊和出版物中统一使用部分名词术语的问题进行讨论，并取得一致意见。1965年7月至1966年6月先后创办了《新疆文字改革》杂志和《新文字报》，不久都停办。1966年4月，自治区文改会编纂的《维吾尔新文字简易正字法》由新疆人民出版社出版。同年9月，因为"文化大革命"的冲击，机构撤销，工作停顿。到了1971年1月，自治区党委发出《关于大力开展维、哈文字学习的通知》。全疆各地包括北京与维吾尔文工作相关的机构再一次掀起了推行维吾尔、哈萨克新文字的高潮。民族出版社和新疆人民出版社用新文字出版了《毛泽东选集》《毛主席语录》《毛主席诗词》等维吾尔、哈萨克文版本。1980 年 12月 2 日，自治区民语委呈文自治区人民政府《关于完全恢复维、哈老文字，逐步停止使用新文字的报告》。1982 年 9 月 13 日，自治区第五届人民代表大会常务委员会通过《关于全面使用维吾尔文、哈萨克文老文字的报告》；同年 11 月11 日，自治区人民政府做出《关于全面使用维吾尔、哈萨克老文字的决定》。维吾尔、哈萨克新文字推行工作就此停止。

所谓维吾尔新文字，是以拉丁字母为基础的维吾尔文，从 1956 年开始酝酿算起，在近 30 年的时间里，这一文字改革运动，给我们的文化教育造成了很大影响，使经济、出版业和学校文化课教育等方面都遭受了巨大损失，如 1982 年之前毕业的一大批学生成了"识字的文盲"。用新文字出版的《毛泽东选集》《水浒全传》《克孜勒山下》《死魂灵》等大批中外书籍变成了"死书"。

1972 年 2 月，新疆维吾尔自治区政府决定，从当年全区秋季起汉文中小学教材全部使用北京人民出版社出版的教材，民文教材除《语文》《语法》《汉语》三种教材自编外，其他各科教材与汉文教材同步按照北京市人民出版社出版的教材版本翻译出版。1973 年 12 月，自治区党委根据新疆教育的发展和新疆多文种教材的出版实际，批准恢复新疆教育出版社的建制，直属自治区教育委员会。1973 年新疆教育出版社恢复建制，编制 110 人，标志着教材编译工作正式恢复。翻译教学、研究和双语辞书编纂方面虽然没有很大成果，但也做了一些工作。比如，1973 年，中央民族学院少数民族语言文学系维吾尔语文教研室由哈米提铁木尔先生牵头编写了《翻译概论》和《翻译方法》等教材；在新词术语研究、词语收集方面该教研室也做了很多工作，编纂了《汉维词典》共四册（内部资料），在此基础上，与新疆维吾尔自治区教育局、新疆维吾尔自治区文字改革委员会、民族出版社、新疆大学、新疆人民出版社等多家单位联合试编了出版了《汉维词典》（试编本，新疆人民出版社，1974 年 12 月版）中型版对照词典，供工农兵、革命干部、革命知识分子和翻译工作者使用。这是新中国成立以来第一部汉文和维吾尔文的对照词典，所收单字，包括异体、繁体字在内，共 7800字左右，收词（包括当词用的单字）、词组、成语等，共计 47 000 条，用以拉丁字母为基础的新维吾尔文字印刷出版。1976 年 2 月，民族出版社维吾尔文编译室编辑出版了《汉维对照词汇》，这是一本内部参考资料。该词汇是民族出版社维吾尔文编译室根据 1971 年以来翻译出版的《共产党宣言》和《国家与革命》等马列 14 篇著作选编汇集而成的。其中还收录了这些著作所见人名和地名，用以阿拉伯字母为基础的老文字印刷出版。

# 一、教育政策

## （一）十一届三中全会后至 20 世纪 80 年代中期的民族教育政策

1978 年末，党的十一届三中全会召开，转变了思想，社会各项事业开始了恢复和发展，这几年中，关于民族教育政策主要是恢复和再调整的时期，是一个承前启后的时期。

### 1. 民族教育方针政策的恢复和发展

1980 年 10 月 9 日，教育部、国家民族事务委员会《关于加强民族教育工作的意见》提出，少数民族教育要认真贯彻"调整、改革、整顿、提高"的方针，并且在尽快恢复和进行必要调整的基础上，积极稳步地加以发展。1981 年 2 月，中央召开第三次全国民族教育工作会议。会议在对 30 年民族教育历史经验进行总结的基础上，提出当前和今后一个时期民族教育的中心任务是继续清除"左"的影响，在调整中稳步发展。通过调整，使民族教育的发展规模和速度逐步同我国的社会主义现代化建设相适应，同国家的经济实力和群众的负担能力相适应，为少数民族地区四化建设培养出更多合格的建设人才。1981 年 11 月 2 日，新疆召开了第二次民族教育工作会议，提出"新疆的教育要以少数民族教育为重点，要采取优先照顾的政策，对少数民族教育进行重点扶持"的方针。

### 2. 免费义务教育的实施

1980 年 12 月 3 日，中共中央、国务院颁发了《关于普及小学教育的若干决定》提出，针对少数民族地区义务教育落后的状况，国家对少数民族地区的教育事业应给予大力扶持，对文化教育十分落后的一些少数民族，更须采取一些特殊措施，最贫困的地区要由国家包下来，实行免费教育。这是"文化大革命"后新疆实施部分地区完全免费义务教育的开始。

为照顾少数民族教育的特点，自治区及各地州先后恢复和创办了一批单一的少数民族中小学校，并从每年的教育基建、边境教育和民族教育三项经费中拿出大量的经费，用于改善办学条件。到 1985 年年底，新疆有单一的少数民族小学 4919 所，民汉合校 486 所，在校学生 1 164 268 人。有单一的少数民族中学 850 所，民汉合校 88 所，在校学生 316 381 人。特别是单一的少数民族中学增加得很快。为提高民族学校的教育教学质量，改革开放后，自治区恢复和重新确定了一批包括民族中学在内的重点中学。

西北民族大学阿里木老师是 1981 年开始上的民族小学，就在他入读的那一年，单一的少数民族学校刚刚在当地成立，他回顾了当时自己中小学受教育时的情况。

问：您是哪一年出生的，出生在哪里？

答：我是 1974 年出生的，出生地是喀什浩罕乡，现在可以说已经属于喀什市了。

问：您小时候一直学的是维吾尔语吗？

答：小时候我一直接受的是母语教育，汉语不怎么好。

问：小学是哪一年上的？

答：小学是 1981 年上的，在喀什疏附县沙依巴克乡上的。

问：在小学的时候都是维吾尔语教学，有没有汉族老师？

答：没有汉族老师，当时也没有汉语课，我们也不会说汉语，我们周围汉族同志也很少，因为 20 世纪 70 年代我们喀什很少能看到汉族同志。

问：从小学到高中您一直没有汉语课？

答：不是，到了初中之后，我们就开汉语课，但是断断续续的，有时候没有老师，汉语课就自己玩，有老师就上，因为那个时候对汉语不是很重视，主要是缺汉语老师，这汉语老师当时也是维吾尔族老师，所以我们的汉语教育开始的比较晚，可以说是上高中的时候才比较规范。

问：初中也是在农村上的吗？

答：我的小学跟初中是在农村上的，高中在县里上的。

问：初中当时上课正规吗？

答：上课时正规的，汉语课都很缺老师，好一点的老师马上调走，当时懂汉语的老师前途特别好，他们先当老师，后面又当翻译，然后再当官，他们的前途是这样的。那个时候我们当地的汉族同志也会说维吾尔语，因为当时汉族同志很少，所以他们不得不学维吾尔语。

问：小学的时候主要有一些什么课程？

答：首先我们上识字班，学母语，记字母表，一年级差不多就学完了。我们刚开始的时候学的是拉丁文，1981 年我们维吾尔文不是现在的维吾尔文，当时学的是新文字，过了一年之后我们学的是旧文字。

问：当时除了母语还有哪些课程？

答：除了母语还有数学、维吾尔文学，都是维吾尔文的，好像就这两门，到了后来就有唱歌、体育、画画等课程。

问：音乐教一些什么，维吾尔语歌曲吗？

答：都是维吾尔语歌曲，当时国歌也是用维吾尔语唱的，因为我们当时的教育都是用维吾尔语，当时小学上了 5 年。

问：您是哪一年上的初中？

答：1986 年上的初中，当时也没有什么压力，我很喜欢那个时候的教育。

问：初中的时候老师的教学水平、学校规模是什么样的？

答：学校的规模不是很大，小学在村里上的，初中是在乡里上的，当时我们小学还有自己种田的地方，还有果园，那个时候的老师特别认真，上课很严肃，与现在根本不一样，现在的老师跟以前的老师不能比，因为我也当过老师，我们每个学期每个班必须劳动一周左右，我们去农场干活，收割庄稼。

问：您觉得这些劳动给您带来的影响是什么？

答：那时我们集体参加劳动，懂得了粮食来之不易，应该珍惜粮食，让我们懂得了劳动不容易等这些道理。

### 3. 高考招生优惠政策

新时期在高等教育招生方面，新疆对少数民族学生实行的是"降低分数线，比例录取"的优惠政策，在全国重点高校举办新疆班。1976 年自治区党委在《关于 1976 年高等学校招生工作的指示报告》中提出，大专院校招生时，认真落实党的民族政策，自治区所属高校招收少数民族学生要达到 60%，送往其他省区的少数民族学生不能少于 50%。1980 年 10 月 9 日，教育部、国家民委印发《关于加强民族教育工作的意见》中也提出："高考招生，应对少数民族学生实行择优录取和规定比例录取，其比例应不低于少数民族人口比例。"第一次提出了"比例录取"的优惠政策。新疆规定少数民族学生录取比例不低于 50%。这项政策一直持续到现在，对新疆少数民族高等教育的发展、培养少数民族人才起了十分重要的作用。

在此期间，国家和自治区又相继出台了一些细化了的对少数民族考生的优惠政策。例如，1981 年 7 月教育部、国家民委发布《关于高等学校招生是否按少数民族人口比例录取少数民族学生问题的复函》要求：根据不同情况，坚持德智体全面考核、择优录取的原则与适当照顾相结合的精神，逐步做到高等学校录取少数民族学生的人数不低于少数民族人口的比例。再如，《自治区教育厅关于 1981 年招生工作中的补充规定》中规定：对用民族文字考试的 11 个少数民族，即维吾尔、哈萨克、蒙古、柯尔克孜、塔吉克、锡伯、乌孜别克、塔塔尔、达斡尔、藏、俄罗斯族的考生在录取时降低分数线或分数段。对参加统考的其他少数民族考生，在与汉族考生相同的条件下，优先录取。首次确定了对民考民、民考汉的新疆 11 个少数民族的考生为照顾录取重点对象的政策。此外，1977 年恢复高考后，经中央批准，新疆少数民族实行单独命题考试、单独划分数线录取的政策。1980 年，根据少数民族考生高考降低录取分数线后在内地高校学习困难的情况，教育部下达了《关于 1980 年部分全国重点高等学校试办少数民族班的通知》，在部分全国重点高等学校试办少数民族班作为发展少数民族教育而采取的一项特殊措施。

现任西北民族大学维吾尔语言文学学院书记的玛依努尔教师正是通过少数民族考生优惠政策上的大学。她回顾了当时高考的情况。

问：您考试的时候有没有民考民或者民考汉之说？

答：我是民考民，当时我不知道民考汉是什么，当时五中是民汉合校，有汉族学生也有维吾尔族学生在一个中学学习。1980 年的时候把五中所有的汉族学生整个迁移到伊宁市第九中学，留下来的都是维吾尔族学生，民考汉的学生都跟汉族学生到九中去上学。当时年龄也小，对民考汉、民考民的认识也不是很多，到了大学之后才对民考汉、民考民有了更深的认识。

问：您当时高考加分了吗？

答：我当时高考没有加分，因为我们是民考民，当时只有民考汉高考才加分。

问：当时专业报考有限制吗？

答：我们当时没有限制，因为我们当时比例也比较高（如 17∶1 或者 18∶1），不像现在，报考的人多。我们当时一个班能考上大学的人很少，而且我们那时候上大学都是免费的。我们一个月的生活费是 28 元的饭票，一个月给我 4 张洗澡票 4 个洗头膏，男生还给 4 张理发票，每个月还给我们 3 元现金，买学习用品用的。

问：您当时有没有预科？

答：我没有预科，大学念了 4 年，1985 年入校，1989 年毕业留校任教至今。

### 4. 恢复高校民族预科教育

新疆高校民族预科教育始于 20 世纪 50 年代，从 1959 年起，本、专科民族班在预科学习一年汉语后再进入专业学习。十一届三中全会以后，民族预科教育被重新提上议事日程。20 世纪 80 年代初、中期，新疆各高校相继成立专门管理预科教育的教学单位——预科部，90 年代初改为汉语教学研究部，简称"汉教部"1984 年 12 月，自治区教育厅制定了《关于加快发展民族高等教育，努力提高教育质量的意见》，其内容之一就是认真总结预科汉语教学经验、提高汉语教学水平。

### 5. 增强教师队伍建设

1980 年 10 月 8 日，教育部、国家民委在《关于加强民族教育工作的意见》中提出："各自治区和各少数民族较多的省，一定要建立并办好一批民族师范院校，这些民族师范院校均应主要招收少数民族学生和少数有志为少数民族教育服务的汉族学生"，"一般的师范学院和师范学校，也应设民族师范班，招收少数民族学生入学。"为了解决少数民族边境地区师资问题，国家划出专项资金和指标将大批少数民族边境地区民办教师转为公办教师。1979 年 8 月 7 日，新疆维吾尔自治区人民政府批转国家教育部《关于 1979 年教育部门补充教师等问题的请示报告》，1980 年新疆边境县的 1.4 万名民办教师和非边境县的 7000 名民办教师转为公办教师。同年 10 月 8 日，教育部、国家民委在《关于加强民族教育工作的意见》中提出："在三至五年内，逐步安排劳动指标，把经过考核合格的民办教师转为公办教师。使少数民族地区的公办教师达到 70% 以上。少数民族地区根据实际需要，教职工编制应适当增加。"

受访人之一：西北民族大学阿里木副教授。

问：小学的时候学校的规模，教学情况及老师的情况是什么样的？

答：现在想起来，小学就五六个班，每个年级就一两个班，老师有 10 来个。

问：他们有没有上过正规的师范学校或者是大学毕业？

答：给小学上课的老师大部分都是中专毕业的，因为那个时候中专毕业也很不错。我妈妈当时也是小学老师，她是高中毕业就当老师，那个时候老师就是那样子的，初中毕业后选最优秀的学生，然后参加个培训当老师，还有的初中毕业后上中专学校再当老师，中学的有一些老师是大学毕业的，如新疆大学、喀什师范学院、和田专科等。内地的几乎没有，就这么个情况。

1984 年 5 月 14 日，新疆维吾尔自治区人民政府批转自治区教育厅《关于加速发展民族高等教育、努力提高教育质量的意见》的通知，针对全区高校民族师资数量少、骨干教师少、质量需要大力提高的状况，提出了具体措施：从本科毕业生中选择品学兼优者充实师资队伍，经过一定的教学实践，再送其他省区高校进修，或者一边参加教学工作、一边随研究生听课，积极培养民族研究生，毕业后分配到高校任教。对讲师以上的民族教师连续 3 年满工作任务的，要有计划地给他们安排 1 年的时间进修提高或学术研究。要采取特殊措施培养学术带头人，可选派水平较高的中年骨干教师参加高校研究生班听课，或派往学术水平较高的高校和研究所跟随专家参与教学和科研活动，同时也要抓紧在职进修提高，对学有专长而且学术上有发展前途的民族教师，一般不要调动或委以行政工作，并要改善他们的工作条件和生活条件。

### 6. 加强民族学校汉语教学

根据教学需要，新疆维吾尔自治区成立以来各少数民族中学一直开设汉语课，少数民族学生升入高等学校后，须先读预科学习 1～2 年汉语后再进入本科接受专业学习。1977 年新疆维吾尔自治区新的教学计划要求从小学三年级起至高中毕业开设汉语课。1978 年 6 月，新疆维吾尔自治区教育局颁布了《关于加强民族学校汉语教学的意见》。1982 年 4 月，新疆维吾尔自治区教育厅下发《关于加强民族中小学汉语教学的几点意见》，提出了 10 年内汉语基本过关的目标。新疆维吾尔自治区党委在 1984 年 1 月 9 日下发《中共新疆维吾尔自治区委员会印发巴岱同志〈对加强民族学校汉语教学的建议〉的通知》中指出："在少数民族学生中加强汉语教学，实现'民汉兼通'，对发展我区民族教育，提高少数民族人民群众的科学文化水平，促进我区社会主义建设事业的发展，巩固和发展各民族大团结，有着重要的意义。"为此，1984 年 12 月 28 日，新疆维吾尔自治区教育厅下发了《关于贯彻自治区党委（84）3 号文件的几点意见》，提出 7 条贯彻实施意见："确定我区中小学从小学三年级开设汉语课，直到高中毕业。这个计划从 1985 年秋季开始实行。采取有力措施，建设一支合格教师队伍。加强教材建设。加强组织领导，做到层层有人抓。在自治区教育厅普教处设立汉语教学研究室，全日制民族中小学要建立健全汉语教研组。"

受访人：阿布都外力·克热木，男，维吾尔族。现为西北民族大学维吾尔语言文学学院院长、教授、民族文学博士研究生导师。1974 年 9 月出生于新疆吐鲁番地区托克逊县。

问：汉语课是什么情况？

答：当时汉语是课外课，一周就一两次，教的也慢，我们从三年级开始学的汉语，但到五年级小学毕业还没有学完韵母、拼音什么的。到初中时稍微快一些，有教材，课本是汉维两种文字，主要是翻译。

问：高中也是民族学校？

答：是的，当时叫托克逊县民族高中学校。到我时改成了三年制。这个时候学校也没有汉族老师。民考汉老师上的汉语课，水平也不错。他是新疆师范大学地理专业毕业，因为是民考汉，汉语很好，所以就当了我们的汉语老师。抓的也紧。我很遗憾，学汉语时没有遇到发音好的老师，到现在发音，音调等都不太好，改不过来了。

问：那您这个汉语是怎么学的，您从小是在民族学校上的学，汉语课在您那时也不是很多。

答：对，我们当时课时不是很多，一周就两次，大学的时候我们有一年预科，但是那种预科跟我们西北民族大学的预科是不一样的，我们还是按年级，就是我们原来的班级一个班给我们派一个老师集中讲课。他就是听力，口语，阅读，精读很厚的教材两本教材，这个也是从基础开始讲的（零基础），语音、语法、词汇、句法等重新讲，慢慢的，课文的量就大了，还有一些辅助课本让我们自己阅读，就这样上了一年。我大学很多专业的课本都是维吾尔文的教材，给我们上课的老师基本上都是维吾尔族老师并且用维语给我们讲课，不过还有一些文学专业是汉族老师讲，一周一次，所以学习专业的时候汉语的量不是很大。

### （二）20 世纪 80 年代中期至 20 世纪 90 年代末期的民族教育政策

#### 1. 民族教育政策在体制改革阶段的新发展

1992 年 3 月，国家教委和国家民委联合召开第四次全国民族教育工作会议，总结交流了十一届三中全会以来民族教育工作的经验，明确了今后民族教育改革和发展的方针和任务，印发了《关于加强民族教育工作若干问题的意见》。这次会议的胜利召开，为新疆民族教育的发展创造了有利的政策环境。中共中央、国务院于 1993 年 2 月 13 日印发《中国教育改革和发展纲要》，提出发展少数民族教育的相关政策："重视和扶持少数民族教育事业。中央和地方要逐步增加少数民族教育经费。对有特殊困难的少数民族地区，要采取倾斜政策和措施。在国家安排的少数民族地区各项补助费及其他扶贫资金中，要划出一定比例的经费，用于发展民族教育。对志愿到边疆少数民族地区工作的大中专毕业生的待遇各地要制定优惠政策。认真组织和落实内地省、市对民族地区的对口支援。各民族地区要积极探索适合当地实际的发展民族教育的路线。"随后，新疆维吾尔自治区党委、人民政府于 1995 年 1 月 27 日，制定和颁布了《关于贯彻实施〈中国教育改革和发展纲要〉的意见》，对发展自治区少数民族教育做出了明确规定，指出"坚持把发展少数民族教育事业作为自治区教育工作的重点。在教育投资、师资培训、教材建设、教育科研等方面，对少数民族教育继续采取倾斜政策"。

虽然从政策方面保证了学校教材、教育质量、师资等水平的提高，但是在一些边远的地区，无论是在师资水平上，还是在教育质量上都不尽如人意，还没有完全达到标准。我们也采访了一位现今在西北民族大学工作的教师阿里木同志，他 1974 年出生于新疆喀什浩罕乡，他回顾了高中阶段的教育情况。

问：您上高中是什么时候？

答：上高中是 1989 年，高中是在县上上的。

问：上高中有升学考试吗？

答：没有升学考试，当时我们是想上学就能上。

问：全县就一所高中吗？

答：全县有好几所，离县城较远的乡里也有中学。

问：您所读的高中叫什么名字？

答：疏附县高级中学，学校只有高中。

问：高中的学习情况，老师的教学情况是什么样的？

答：我们县最优秀的老师都在我们学校，因为我们学校是县唯一一个高级中学，完全独立的一所高中，不像其他学校，小学初中都是在一起的，我们学校的老师60%都是大学本科。

问：当时班上的男女生比例怎么样？

答：我们维吾尔族女孩上学的比例也很高，可以说一半一半吧，有时候女孩的比例还要高些，因为以前人的观念和现在的人的观念不一样，以前女孩基本上就是在家里，当时家里想女孩毕竟是外面的人，不是自己家的，以前就是这么个观念，上学的女孩也不是很多。后来就不一样了，观念变了，女孩也应该上大学，应该给她们提供更好的教育、条件和平台。

问：当时高中开始的课程和现在有什么区别？

答：区别不大，但是教材变了，课程的门类和当时是一样的。

问：当时用的教材是汉语的还是维语的？

答：全部是维语。

## 2. 高考招生照顾政策

1984年5月颁布的《中华人民共和国民族区域自治法》第65条规定："高等学校和中等专业学校招收新生的时候，对少数民族考生适当放宽录取标准和条件。"标志着高校招生对少数民族考生优惠政策已通过国家立法的形式固定下来。1986年4月26日，新疆维吾尔自治区人民政府批转《新疆维吾尔自治区1986年普通高等学校、中等专业学校招生补充规定》的通知，规定："对参加汉文统考的维吾尔、哈萨克、蒙古、柯尔克孜、塔吉克、锡伯、乌孜别克、塔塔尔、达斡尔、藏、俄罗斯族等11个民族的考生在录取时适当降低控制分数线，比汉族考生低100分。父母有一方是汉族的，享受降低30分的照顾。对回族考生，在预选和录取时，照顾一个分数段。对参加汉文统考的其他少数民族考生，在与汉族考生同等条件下优先录取。同时，注意选拔人口较少的少数民族考生，保证少数民族学生录取比例与人口比例相适应。"

20世纪90年代以后，随着新疆民族教育质量的逐步提高，少数民族高考部分学科又重新采用全国统一命题，逐步过渡。与此同时，招生政策稍有调整，对上述11个少数民族考生在录取时，父母双方均为上述民族者加70分，父母一方为上述规定的少数民族者加10分。针对少数民族考生理科成绩较低的现象，新疆维吾尔自治区人民政府决定从1999年开始实行普通高校录取少数民族新生数理化单科限分措施，以保证考生的质量。这些优惠政策的实施，使新疆少数民族高考升学率相应得到了较大的提高，以2000年为例，全区的高考招生录取率达到 74.2%，为全国最高。

我们所采访到的阿里木老师也是同期考上大学的，他对当时上大学的情况进行了回顾。

问：您是哪一年上的大学？

答：1992 年上的大学，上的是新疆喀什师范学院。那个时候那是新疆最好的学校。选这个学校的原因是一是学校好，二是就在自己家跟前，看父母方便。当时我的文科是全校最好的。

问：当时您学的什么专业？

答：当时汉语是最热门的专业，所以我选的是汉语言专业。

问：高考前有没有预选？

答：没有，都能考。

问：当时考上大学的有多少？

答：20% 吧。也有考的是大专、中专。能考上一所学校就很好了。

问：大学收费吗？

答：不收费，还有生活费，父母没有压力，奖助学金很少，主要是学校都发了生活补助。当时每个月打卡上 60 元。还有每周父母给我 5~10 元。这样足够用了。

问：当时上预科了吗？

答：没有，因为我学的汉语言专业，学汉语不必要预科。预科就是学汉语，其他专业的要学预科。

问：当时生源是什么样的？

答：主要来自新疆，主要是南疆。也有河南、四川的，他们跑到新疆来参加高考，因为录取分数低。

问：您加分了吗？

答：没有，加分是民考汉的事情，民考民没有加分。民考汉加 80 分。我们全部使用维文高考的，就一门汉语。当时，我们汉语学的晚，老师水平低，本科时、研究生、博士时都在学汉语，下了很大功夫才学上来。我上大学时，汉语说不出来，汉族老师的话也听不懂。带来很大的麻烦。

问：学的汉语言专业，有没有维文的课程？

答：当然有，古代维吾尔语、察合台文等。

问：有没有英语？

答：没有。我自学的英语。

问：您大学时老师及学习怎样？

答：老师的教学能力很强，好多北京师范大学的。到现在我有时候还用他们的方法来给我的学生上课。

问：当时老师们有没有科研压力？

答：我上大学时不知道什么是科研，只知道这个老师上课上的好。项目我上博士时才知道，因为我的导师没有项目，没有课题。那个时候科研几乎没有。但教出来的学生当老师上课是最好的。

问：有考试吗？

答：有，老师认真辅导。老师想的不是荣誉，是怎样教好。

问：您什么时候毕业？

答：1996 年毕业，因为当年考研没有考上。

问：您当时为什么要考研究生？

答：我学得很不够，我的想法是考上大学应该学很多东西，不满足，想换个环境学新的东西。高中时我的文科是最优秀的，去喀什师范学院是我父母的愿望，我高考的成绩全县最好，本来可以去全国任何一所能录取少数民族的大学。但是很遗憾。

问：您毕业（大学）之后，去那儿教什么？

答：主要是教汉语（县一中），然后县上办了一个实验学校（初中），我学了一点英语，也教英语，好像教了两年英语，教了 4 年汉语。

问：当时，全县都开英语课吗？

答：就这一所实验中学开设，那是 2002、2003 年的事。第一次分配到了农村，我的初中母校，待了半年吧，然后县上高级中学需要汉语老师，他们看上我，因为我一毕业，县上就开一个培训班，因为我学过英语，也学过汉语，当时那个学校的校长也知道我的情况，哎，这个小伙子还不错，（后来，县一中学需要汉语老师）他马上就联系我，问我能不能来县一中，我说可以。后来，那个实验中学成立之后，校长也跟我联系：你能不能给我们教英语，我现在找不到英语老师，我说可以，又那边待了两年。我可以说是从基层（一步一步走到今天），对我个人发展，对我现在的研究，可以说是作用很大。

问：您是哪一年考上硕士研究生的？

答：是 2002 年，因为我 1996 年工作，6 年在农村和县上带几门课，我一直在努力，但是，我们的英语底子很差，因为我们没有系统的受过英语教育，我们吃了很大的亏，后来我 2002 年就考上了新疆大学，学维吾尔语专业。

### 3. 教师队伍建设

1987 年 9 月，新疆维吾尔自治区党委、人民政府印发《关于当前我区教育工作中几个主要问题的决定》中强调："今后要在资金、师资培养和设备补充以及在职少数民族师资的培训等方面作重点安排。""决定"中针对新疆民族中小学缺乏合格汉语教师的实际，提出："要进一步扩大高等师范院校和中等师范学校的招生名额，并最好从汉族高中毕业生或汉语授课学校的民族高中毕业生中招生。为了解决一些地区急需汉语教师的问题，今年从干部自然减员指标中调剂 500 个，招收'民考汉'的高中毕业生，经过培训，从现在起，用三年左右的时间，首先把所有民族中学和乡中心学校以上的小学的汉语教师基本配备好，然后再用三年左右的时间，把乡以下民族小学的汉语教师配齐，并使现有汉语教师中的绝大多数受到培训。"

阿布都外力·克热木老师对上学期间教师队伍的建设进行了回顾。

问：上学时老师们的情况怎样？

答：小学和初中时，当时我们那儿有一个吐鲁番师范学校，初中毕业直接可以通过考试进入这个学校，3 年后毕业就教学了。当时我们学校 60% 以上都是这类老师，还有一些是民办老师，他们都是小学毕业的水平。大学生几乎没有。高中时普遍是大学毕业的老师了。我记得我的班主任是喀什师范学院物理专业毕业的，汉语老师是新疆师范大学地理专业毕业的，还有中央民族大学，西北民族大学的都有。个别的老师是专科，如和田师范高等专科、昌吉师范高等专科毕业的老师等。师资比高中的好一些。

问：初中时有没有一个老师教好几门课？

答：有。当时维吾尔语课程就分为现代维吾尔语、语文（文学）、语法当时叫文法课，还有文学阅读课这四种统称维语课，还有一个课是书法，当时还有正字法，也就是怎么写好字的课。这都是一个老师教。

问：当时有没有学语文的又教数学这种反差特别大的老师？

答：这种很少。但二三个老师就承担了我们这个小学的教学任务。所以我们见到的也就是那么几个面孔。也有老师给好几个年级上课，如我的语文老师上给一年级上课，也要给五年级上课。

### 4. 双语教学

1987 年 7 月，新疆维吾尔自治区党委、政府召开的教育工作会议决定要进一步加强民族中小学双语教学工作，并把这项工作作为发展少数民族教育，提高民族教育质量的一项战略措施。同年 9 月，新疆维吾尔自治区教委印发了《关于进一步加强民族中小学汉语教学工作的几项措施》，制定了具体措施办法。从 1988 年起，新疆维吾尔自治区高等师范院校汉语专业（包括普通高校代培师资班）每年招生不少于 300 人，中等师范学校汉语专业每年招生不少于 700 人。力争 1990 年以前配齐县镇以上的民族中小学的合格教师，1995 年以前配齐农牧区民族中小学的合格汉语教师。制定中小学汉语教师培训规划，实行自治区、地、县三级分工负责。1987 年 9 月 16 日，在新疆维吾尔自治区党委、政府印发的《关于当前我区教育工作中几个主要问题的决定》中强调："县以上城镇的绝大多数少数民族中学，力争实现 1995 年前后的高中毕业生能够在听、说、读、写等方面基本达到'民汉兼通'的程度。"

新疆维吾尔自治区十分重视民族中学双语实验工作，1996 年 2 月 21 日新疆维吾尔自治区人民政府办公厅下发了《转发自治区教委〈关于进一步做好民族中学部分学科汉语授课'民汉兼通'工作几点意见〉的通知》，对双语授课实验工作提出了具体要求。之后，新疆维吾尔自治区教委于 1997 年 7 月下发了《关于印发〈新疆维吾尔自治区少数民族中学双语授课实验方案（试行）〉的通知》，对实验目标、实验形式与规模、实验班的基本条件、实验班的管理、实验班的教材与教学语言、实验班的课程计划、实验班的考试与升学、实验经费做出了具体规定。

### 5. 实施"内地高校支援新疆协作计划"

为加快少数民族高层次人才培养步伐，自 1989 年开始，新疆与内地百余所高校开展了协作计划。教育部、国家民委和新疆维吾尔自治区人民政府于 1989～1999 年先后召开四次内地高校支援新疆协作会议，实施了四期内地高校支援新疆协作计划，国务院有关部委和兄弟省市所属百余所高校（含预科培养学校）承担了这项任务。

### 6. 两大教育法颁布

1986 年 4 月 12 日第六届全国人民代表大会第四次会议通过了《中华人民共和国义务教育法》，其中对与少数民族义务教育有关的条款做出了相应规定。1988 年 5 月，新疆维吾尔自治区人大通过了《新疆维吾尔自治区义务教育实施办法》，详细解释了《中华人民共和国义务教育法》的有关条文，增加了适合新疆少数民族教育的相应条款，使《中华人民共和国义务教育法》在新疆的实施有了具体细则。

1995 年 3 月 18 日第八届全国人民代表大会第三次会议通过了《中华人民共和国教育法》，规定："中华人民共和国公民，有受教育的权利和义务，公民不分民族、种族、性别、职业、财产状况、宗教信仰，依法享有平等的受教育机会"，"国家根据各少数民族的特点和需要，帮助各少数民族地区发展事业教育。国家扶持边远贫困地区发展事业教育"，"汉语言文字为学校及其他教育机构的基本教学语言文字。少数民族学生为主的学校及其他教育机构，可以使用本民族通用的语言文字进行教学"，"国家实行教育与宗教分离。任何组织和个人不得利用宗教进行妨碍国家教育制度的活动。"这些条款的提出体现了党和国家对民族教育的支持与帮助。

## 二、教育现状

### （一）20 世纪 80～90 年代双语教育

1980 年新疆维吾尔自治区教育厅开始组织编写第一部《中小学汉语教学大纲》，并着手重新编写小学至初中的 7 册汉语教科书。

1982 年 9 月，正式印发了统一的《中小学汉语教学大纲》是新疆维吾尔自治区对汉语教学和教材编写最早的规范性文件，具有非常重要的地位。

1982 年 3 月，新疆维吾尔自治区教育厅召开中小学汉语教学座谈会，新疆维吾尔自治区副主席巴岱提出把民汉兼通作为汉语教学的方针，争取 10 年内过汉语关。"民汉兼通"即少数民族学生高中毕业时掌握 2500～3000 个汉字、4500～5000 个词汇，听说读写译全面发展，达到汉族学生初中二年级的语文水平，升入高校后直接接受汉语授课。这是新疆维吾尔自治区首次提出民汉兼通的十年奋斗目标，并对民汉兼通的基本内涵做出明确阐释。5 月，新疆维吾尔自治区教育厅规定从当年起，少数民族考生高考加试汉语并逐年提高计分比例成为汉语教学重要的指挥棒。① 12 月，新疆维吾尔自治区副主席巴岱以个人名义向自治区党委提交的《关于加强民族学校汉语教学的建议》指出：在全日制民族学校中要把"民汉兼通"作为汉语教学的基本方针；全面规划，分期分批在中小学开好汉语课，即 1985 年以前县镇以上民族中小学一律从小学四年级开设汉语课，1990 年以后县镇以下民族中小学全部从小学四年级开设汉语课，要求新疆维吾尔自治区教育厅解决培养和培训汉语教师的问题。"建议"首次提出汉语教学按城乡分类实施的发展规划，首次提出要建立汉语教学研究机构，是新疆汉语教学一个重要的转折点。

1982 年 9 月从小学一至三年级停止使用以拉丁字母拼音的新文字课本，改出版以阿拉伯文字母拼音的老文字课本。

现任西北民族大学维吾尔语言文学学院书记的玛依努尔老师就经历了新老文字的变革。

玛依努尔：我觉得没有任何影响，成长经历上我出生于一个很平常的家庭，通过自己的努力，认真学习，一步一步走到今天，我觉得没有任何影响。我上学的时候用的是新文字，考试的时候也是用新文字，还有就是，那个年代文盲很多。我当时记录什么东西都是用新文字做记录，因为我当时学的就是新文字，有点像英文，很多人看了之后，就问我怎么用英文做记录，到了 1985 年我第二次参加考试时，可以用新文字也可以用老文字。

1984 年 1 月，新疆维吾尔自治区党委批转了巴岱同志《关于加强民族学校汉语教学的建议》，指出实现"民汉兼通"对发展新疆的民族教育、提高少数民族群众的科学文化水平、促进社会主义建设事业的发展、巩固和发展各民族的大团结有着重要意义，是培养少数民族建设人才的大事这是首次把汉语教学的政治意义提到各民族大团结的高度，并与培养少数民族建设人才联系起来。

1985~1987 年，新疆维吾尔自治区教育厅组织新疆大学李祥瑞教授主持新编维吾尔、哈萨克、蒙古和柯尔克孜四种文字的中小学汉语课本这套汉语教材，每学年一册，从小学三年级起至高中毕业共 10 册，新疆民族中小学汉语教学第一次有了从小学、初中到高中整体设计相互衔接的汉语教材，曾在民族中小学

---

① 1982 年高考汉语 50 分，1988 年增至 100 分，1997 年增至 150 分至今。

使用长达 18 年。这套教材的编写指导思想受当时的语法翻译法影响较大，注重民汉翻译对比教学，这与当时大多数汉语教师的教学水平是相适应的。

1987 年 7 月，铁木尔·达瓦买提主席在自治区教育工作会议上指出，要把加强和改革民族学校汉语教学工作作为发展民族教育提高民族素质和开发振兴新疆的一项战略措施来抓，第一次将汉语教学提到了战略地位的高度。9 月，新疆维吾尔自治区教委为解决汉语教学的师资问题，印发了《关于进一步加强民族中小学汉语教学工作的几项措施》，对汉语师资队伍建设提出了具体措施，力争在 1990 年和 1995 年以前分别配齐城镇和农牧区民族中小学的合格汉语教师，这再次为日后汉语教师的培养只重数量不重质量埋下了隐患。

1991 年 4 月，新疆维吾尔自治区教委选定伊宁市一中、哈密地区一中等 10 所民族中学作为自治区"民汉兼通"的试点学校，这是新疆维吾尔自治区开办最早的民汉兼通实验学校，其目的是在校园内通过多种途径加强汉语教学。

1992 年，新疆维吾尔自治区人民政府提出在少数民族中学实施数理化等部分学科汉语授课的双语授课实验设想在新疆维吾尔自治区教委的统一安排下，维吾尔族、哈萨克族、蒙古族部分中学先后开始进行双语教学实验，即在自治区民族中学教学计划框架下，数学、物理化学三门课（后来加英语，共为四门）用汉语授课，其余的课程用民语授课，新疆少数民族双语教育正式步入实验改革阶段。

其主要模式有库尔勒市第八小学试行的汉语、维吾尔语同步教学实验（汉语课从一年级起用统编汉语文教材）；哈密市小学一二年级汉语口语训练实验；博乐市蒙汉语混合教学实验；克拉玛依市第五小学浸入式（immersion）双语教学实验；少数民族中学部分课程汉语授课等多种形式的实验。其中，少数民族中学部分课程汉语授课实验规模最大，且一直呈加速发展态势。

1993 年 10 月，新疆维吾尔自治区教委组织召开首次民族学生部分学科汉语授课实验研讨会，以此为转折点，新疆维吾尔自治区的汉语教学开始逐步向双语教学过渡。

1996 年 2 月，新疆维吾尔自治区人民政府办公厅下发《转发自治区教委关于进一步做好民族中学部分学科汉语授课民汉兼通工作的几点意见的通知》，明确提出双语实验的目的："加快民汉兼通的步伐，尽快提高少数民族学生的汉语水平和理科成绩，保证每年向内地院校选送足够数量的少数民族合格生源。"同时，充分肯定这项实验是有利于提高新疆民族教育质量，加速培养高水平高层次少数民族各类人才的有效措施，希望各地本着统筹考虑、合理布局、加强管理、保证质量的原则，结合各地实际，积极创造条件，使这项实验得到进一步推广。

1996 年 6 月，中国汉语水平考试（HSK）引入新疆，使少数民族汉语水平有了较科学的评价标准，极大地推动了新疆的汉语教学工作。HSK 的推行将直接教学法、现代化多媒体教学手段引入少数民族汉语教学中，大大增强了汉语教学效果。

1999 年 9 月，国务院办公厅转发了《国家教育部计委财政部和国家民委关于加强少数民族地区人才培养工作的意见》，提出在部分经济较发达的城市开办内地新疆高中班，并从十个方面具体规定了办班的各项政策。

这一阶段，少数民族汉语学科经历了选修科目、副科目、主科目、考试科目、高考科目等几个发展过程，汉语教学的重要性不断得到加强，双语教学的重点从初创阶段的注重少数民族母语教学的重要性逐步过渡到强调少数民族汉语教学的重要性。母语授课加授汉语的传统双语教育模式基本普及开来。

### （二）20 世纪 80～90 年代教材建设

党的十一届三中全会以后各种文字教材的编译出版工作得以全面恢复，维吾尔文教材除地方自编的维吾尔文、语文、语法、汉语、民族政策和民族团结教育、中小学音乐、美术课及其大纲和教学参考书外，其他各科课本、大纲、教学参考书全部翻译人民教育出版社的统编课本和大纲。

1979 年开始编译出版各科教学参考书。1983 年课本和大纲出齐，1985 年各科教学参考书出齐。1985 年维吾尔族中小学和中等师范学校教材又全部恢复以阿拉伯字母拼音的老文字教材的编译出版。1984 年开始对维吾尔族中小学的教科书、大纲和教学参考书用老文字修订出版，1986 年出齐。

1949 年前，新疆只有一所高等院校，到目前已发展到 20 多所高等院校，每所高等院校都有维吾尔族学生，不少学校对少数民族学生用维吾尔语授课，其教材都是各学校自编自译，油印供教学使用。党的十一届三中全会以后，各校强烈要求编译出版维吾尔文大学教材。

阿布都外力·克热木老师对当时教材的建设进行了回顾。

问：当时教材内容设置上是否合理？

答：当时都是维文教材，都是在汉文教材基础上翻译过来的。也存在一些问题，比如说表述上，有一些名词或专业术语不是特别到位。当时我们维吾尔语中好多专业术语都是从俄语中借过来的，虽然拼写是维文，但意思我们不懂。这种专业术语对我们的学习带来了很大困难。特别是给理工科的学生带来很大障碍，文科很少存在这个问题。

问：当时老师那么少，但你们二年级都能阅读复杂的文章，这是什么原因呢？

答：我觉得有三个原因，第一个原因是教材编得好，很细，如维语就分为现代维吾尔语、语文（文学）、语法当时说文法课，还有文学阅读课等，这种体系比较好一些，有针对性，不像现在都混在一起了。第二个原因是当时班级也就 31 个学生，老师一个个地叫起来阅读，有机会练。教学方法很好，不集中在某几个学生身上。第三个原因是我们生长在乡村，基层的语言更丰富一些，更地道一些，比城里保留的更传统一些，爷爷奶奶给我们讲故事，当时我们也没电视，晚上我们就听故事，后来我学的民间文学也有这个因素，我很小的时候就知道关于阿凡提的许多故事。很多故事反反复复地听，刻骨铭心。

问：当时历史都学什么内容？

答：主要是中国史和世界史，翻译的是汉语的教材。但是比较简单，普及式的讲。

1982 年 12 月经新疆维吾尔自治区人民政府批准，在新疆人民教育出版社正式成立大学教材编译室，并正式编译出版大学教材。维吾尔文大学自编教材出版了 12 种书；翻译出版的文、理科教材 40 多种，基本上解决了大学基础课和个别专业课的急需。新疆教育出版社编译出版了大学《历史专业汉语》和《现代体育专业汉语》。累计出版大学教材 150 多种，计 135 万册。新疆人民教育出版社、新疆大学出版社、新疆人民出版社、新疆科学技术卫生出版社等出版了相当数量的大、中专教材。1978 年以来，除编译出版上述大、中、小学和中等师范学校的维吾尔文课本、大纲和教学参考书外，还编译出版了工农职工业余学校的《语文》《算术》，农牧民《扫盲课本》《汉语读本》；中等专业学校、职业学校的各类专业教材 300 多种，180 多万册。

1985～1987 年，新编维吾尔文中小学汉语课本 1～10 册，以适应新调整的中小学汉语教学计划。

20 世纪 90 年代初，高校又开始使用全国统编教材《基础汉语》。

1998～1999 年新疆维吾尔自治区教委重新组织编写了中小学《汉语》1～10册。这是为进一步加强汉语教学、加快"民汉兼通"的步伐、适应考试制度逐步向 HSK 靠拢。

我们再来看看阿布都外力·克热木院长所经历的教育情况，通过他的口述，对 20 世纪 80～90 年代的教育做一了解。

（1）1974 年 9 月出生于新疆吐鲁番地区托克逊县。

（2）1981 年 9 月至 1989 年 6 月初中毕业。

（3）1989 年 9 月至 1992 年 7 月在托克逊县就读高中。

（4）1992 年 7 月参加高考，考入新疆大学。1992 年 9 月至 1993 年 7 月上预科班。1993～1997 年于新疆大学维吾尔族语言文学专业读本科，获文学学士学位。

（5）1997～2000 年于新疆大学中国现当代文学硕士点读硕士并获得文学硕士学位。同年至西北民族学院工作。

（6）2001～2004 年于中国社会科学院研究生院读博士并获文学博士学位。

阿布都外力·克热木是上大学经历过预科教育的，在预科阶段的主要任务就是学习汉语。如今他在学术上的造诣非常深，那么，我们来看看他的教育成长经历到底如何。

问：您上小学时是什么情况？

答：我上学一直到高中都是在纯维吾尔语学校。当时学校条件艰苦，设备比较落后，比较差。我们学校还有自留地，属于学校，给老师们提供补贴，种一些棉花、红枣、葡萄。我们劳动课就干这些。

问：当时老师们的水平怎样？

答：当时我们维吾尔的教育比较好，我们二年级都能阅读一些复杂的文章。现在的孩子到五年级还不能完全阅读自己母语的文章。

问：中小学是免费的吗？

答：是的，好像到初中收学杂费，一个学期 5 元钱。

问：小学初中阶段老师和学生全部是维吾尔族？

答：是的，全部是维吾尔族。也有个别回族，也学维语。

问：小学和初中男女生比例怎样？

答：记不清楚了，我们班女生偏多一些。

问：高中有文理科？

答：有，高三分开的，我选的文科。

问：当时有英语课吗？

答：没有，汉语就是我们的第二语言。高考你们考英语，我们是考的汉语。

问：中小学有没有留下深刻印象的老师？

答：初中阶段和老师的关系特别融洽，高中时和老师就疏远了，因为他们忙。中学时，有一个老师很好，他也爱好文学。当时我写文章，有的发表在《新疆少年报》，他都帮我修改，鼎力帮助我。他们做人的方式、教育的方式确实给我留下了很深的印象。

问：高考是什么情况？

答：当时我们还有一个情况，有一个学校组织的预选考试，一般是五月中旬左右，按高考模拟考试，考上了才能参加高考。当时我们通过预选的有54个学生，占70%。但考上本科的就5人。其他的大专、中专有一些。我上大学时班里就25个人，后来又增加了6个收费的名额。当时是1992年，我们是按计划录取的，不交学费，但从我们开始要交住宿费了，一年是500元。那6个人好像要交1000多的学费。

问：当时是20世纪90年代了，1992年的时候还有会考吗？

答：有，95级开始会考，每个年级就考一次，哪一年我不知道了，你们可以查查资料。

问：您当时大学填报志愿的时候中文是您自己选择的吗

答：自己选择的，因为我喜欢文学，所以选择了文学专业，但是我后悔了，我理科成绩比文科成绩好，我物理化学经常考90多分，我的班主任特别生气，说我怎么跑到文科去了，大学还选择了文学专业，但是后来我上了文学专业以后没有了文学创造了，因为学文学的理论学的越深以后，自己的东西就看不上了，我就把很多东西烧掉了，现在想起来太幼稚了，但是我看其他学物理化学专业的学生也有一些当诗人的，再后来我当了文学批评家，就开始评论别人写的东西，因为这也是一种启示和启发，当初选择的专业未必是好，因为这个专业越来越深以后，觉得自己写的东西越来越不好，达不到更好的标准。

问：您的外语一直学的是俄语吗？

答：研究生的时候我自学了英语，考博士时候考的英语，我现在的英语还比俄语好一些，因为我来兰州之后俄语就丢掉了，不过口语还好，我们学校有个俄罗斯的外教，我经常与她用俄语聊天，还有就是我们学校经常从德国、日本、土耳其来一些访问学者，他们都说英语，所以我现在英语说得多一些，再就是我读博期间英文的材料多一些，爱迪生的一句话对我的影响很深（百分之九十九的汗水加百分之一的天赋），就是这句话对我的影响很深。还有就是，我同学呼呼大睡的时候我每天早起就开始背汉语和英语，所以这也算是一个经历了。

问：人还是要有追求。

答：所以我有一个追求和梦想，大学前两年还是有点迷茫，后来找到了属于自己的学习方法并确立了目标。博士期间我学的英语主要是理论，学的是口头传统理论，是民间文学、民俗学领域里的美国人和德国人的理论。

问：您当时学理科是用什么样的学习方法？

答：学习理科期间，我的化学和物理很好，因为化学跟物理很多东西都是我们自己动手做的，所以对这两科比较感兴趣。放学回家以后，跟几个同学一起做一些实验，像制作手工电话，我当时对这种操作的课程特别感兴趣。

问：那时候你们理科的教材是把汉语的翻译成维语，翻译过来的教材一些术语上有困难吗？

答：我们理解上是有困难，但是物理后面的实验课有图片，一些简单的黑白图片，一些示范。化学也是，教材里讲的烟火等这些东西平时在我们农村都用着呢，还有就是香皂、肥皂，这些化工的东西都有，所以学起来不会太困难。但数学我们就是硬着头皮子学，它没有让我特别感兴趣的，特别是高中的数学，更让人讨厌，前边的算数还好一些，后来开始慢慢就是代数，还有几何等让人很讨厌。

那当时，老师用维语讲，翻译过来的术语学生不懂的话，他怎么再解释？几何、物理、地理都有一些图片、制图，老师还要拿尺子画一些，他是形象地讲，枯燥地讲我们当然听不懂。

## 第二节　重新起步时期蒙古族的教育发展

"文化大革命"时期的蒙古族教育也和当时的教育情况一样，正遭受着空前的打击，学校也都停课闹革命，20 世纪 50～60 年代发展起来的教育此时已走了倒退路。一批批学生的教育生涯就此结束，上山下乡、插队知青、基层锻炼等成了那时学生们的出路。蒙古族学者唐吉思教授大学即将毕业时遭遇了"文化大革命"，他在谈起这段时期的教育时也深深的惋惜着。

问：毕业时正好是 1966 年，当时什么情况？

答："文化大革命"开始了，也没分配，也没发毕业证，1966～1968 年，吃住都在学校，学校管。招生已经停了。大一到大三的学生也停课了。1967 年末的时候，毕业证发了，才开始分配。当时"造反派"的学生分配的比较好一点，"保守派"的学生分配的差一点，基本都分配到基层了，我也是保守派，就把我分配到了青海。

问：分配到青海哪里？

答：青海海西州（青海省海西蒙古族藏族哈萨克族自治州），先到基层去干农活。半年后，当地"划分阶级成分小组"成立，把我安排到小组里，去牧区划分哪些人是地主，哪些人是富农等。

问：然后呢？

答：1969 年的下半年我又回到学校，叫海西民族师范学校，中专。什么都教。偶尔搞批斗会，夸夸其谈，不过多参与。

问：您在那所学校待了多少年？

答：有 10 年吧。到 1978 年我考上研究生为止。

问：这 10 年教学是什么情况？

答：基本上正常，但下乡劳动是常有的。有一段时间停了，后来好了。

问：他们毕业后都去哪儿了？

答：分配工作的。学生自己先报，再分配。有老师、工人、干部。

问：当时您对民族教育的理解？

答：有一些，因为我们是海西民族师范学校，蒙古族、藏族、哈萨克族等都有，民族政策基本恢复了。

对于重新起步的蒙古族教育，受访人才布西格是这样讲述的：

问：当时小学情况怎么样？

答：小学一开始挺好的，学生也多，一百多，老师也是十几个，都是蒙古族。"文化大革命"一来就乱套了。学生越来越少了。

问：上课时是蒙古语授课吗？

答：是啊，当时我们那只有一户汉族人家，到三年级时才有两户。

问：小学教材呢？

答：教材也是蒙文，内蒙古出版社出版的。老师们大多是当时海西民族师范学校毕业的。最老的一个老师是20世纪50年代从青海民族学院蒙文班毕业的。

问：当时小学教学质量如何？

答：一开始还是挺不错的。学生多，老师多。当时是寄宿制学校，从一年级开始寄宿。"文化大革命"开始后，学校做饭的大师傅跑了，老师们得自己做饭。老师们之间也互相斗。到四年级时，我连上学的权利都没有了，不让我上学。但越这样，我越想上。再后来，连课本也没有了，整天就学习毛主席语录，还有小画册，连环画（八个样板戏）。但这个更好，一面是汉文的，一面是蒙文的，是内蒙古出版社出版的，整天背，这样，读得多了，汉文、蒙文都能看懂了。再后来找到一本破旧的新华字典，20世纪50年代出版的，就剩中间部分了，但它帮了我大忙，天天看。四年级当时是最高的年级，就剩下两个学生，一个是我。全校只有16个学生，住宿的也只有两个学生，其中一个是我。

问：之后呢？

答：在学校待了5年，四年级毕业了。这就算小学毕业了。我和那个同学商量了一下，说不上了，因为他15岁了，当时我13岁了。夏天一放假，我们把行李收起来，准备回去当牧民。七月初吧，正准备第二天要回家呢，结果从海西州来了一个人，我后来才知道，那是海西民族师范学校的老师，当时是71年，学校恢复了，要招生，所以来到我们公社小学。老师就把我们四年级的两个，三年级的4个共6个人组织起来考试一下，结果我和他都考上了，后来才知道，那是所中专学校，我们小学四年级就能直接上，太激动了。

问：当时是怎么考试的？

答：考试也简单，招生老师首先考的我，他问你会不会背诵毛主席语录，我说会呀，他说你会多少，我说全部会，都是蒙文的，他不相信，就让我背，我就从第1页背到第20页时，他说行了行了，你语文及格了。考数学，加减乘除什么的，也过关了。就这样考上了。主要是背毛主席语录太厉害了（笑）。

才布西格通过他的亲身经历给讲述我们了那时的"马背学校"。

问：您 1975 年毕业？

答：对，1975 年 7 月初毕业的。分配到我出生的查干公社，当马背小学的老师。当时我 17 岁，但是是正规的人民教师。拿国家工资，哎呀风光得很。

问：这个时候开始教书了？

答：是，骑上马，带上我的那个小黑板，开始到牧民家里去。还有一点，刚分配时，我和一个老师有一个任务，就是从公社最近的大队到最远的大队统计有多少学龄儿童。整个公社的，要一个不落的统计。这个难，不能骑马，不能骑自行车，一个一个地找。草原上，老远一户人家，有时候几个山沟才有一户人家，有时候还找不到。我们走了 7 天 7 夜，把这个公社的全部统计完成了。把数字交给了校长，他对我们的工作很满意。同时也吃惊得很，这么多的儿童没有上学。公社领导也才发现原来失学儿童这么多，他们又交给我们一个任务，教书的同时动员家长把孩子送到学校读书。

问：当时教书是个什么情况？

答：当时我骑上马，带上小黑板，这户牧民家住两三天，把这周围的孩子集中起来教，之后，又到另一户人家住个一两天，再教。在蒙古包外面上课。有的地方有二三户人家上课，有的地方干脆只有一户人家上课。有时候只有一两个学生也给上两三天课。

问：您吃住呢？

答：我有工资，公家给粮票，给钱。我住谁家里，有个伙食标准，我走的时候，就在桌子上放上二斤粮票、两块八毛钱就行了。这样吃住就不发愁了。

问：这之后呢？

答：就这样，当了一年多的马背小学老师，就把我调到公社的寄宿制小学当老师了。

问：您当马背小学老师时，所教的当地家长及小孩对这个教育怎么看？

答：这个吗，也没什么观念，但这是政府支持的事情，因为马背小学是"文化大革命"中出现的新鲜事物，上面很支持，不管他们是真的愿意也罢，还是上面的原因，反正我去的时候，都在家里等我，没有什么旷课迟到的。

问：当时您教什么？

答：呵呵，这两个年龄小的上蒙古语文，那两个年龄大一点的上汉语文。这边最小的两个上数学，就这么三门课，很简单。

问：有教材吗？

答：有教材，公社小学拿来的。

问：当地对教育的理解？

答：观念还是有问题。有的女孩儿大了，他们就说快结婚了，不用上课了。还有的认为是政治任务，也就是一时的。我教的有五六岁的，十五六岁的，最大的和我同岁。有三个姑娘是 17 岁。有一次我正在上课呢，有一个生产队长骑着马过来叫走了一个姑娘，我一问才知道要去结婚了。还有就是冬天风雪大得很，有一个学生丢了，找了两天，在一个山洞找到了，那一次把我吓坏了。

1976 年，历时 10 年的"文化大革命"结束，教育界开展拨乱反正的整顿工作，给蒙古民族教育事业带来了生机和希望。民族教育重新受到党和政府的重视，蒙古族学校得以恢复，用母语教学的教师们重返讲台，新的师范院校毕业生陆续充实到教师队伍中。20 世纪 70 年代末，内蒙古边境牧区，通过考试将大批民办教师转为公办教师，一次性解决了多年沉积的民办教师待遇问题。20 世纪 80 年代初，开始落实以寄宿制为主和助学金为主的公办学校的"两主一公"政策，多渠道筹措资金扩建或重建苏木学校，取消了嘎查小学。从而，蒙古民族教育步入了发展的正轨。学校的经费基本上得到落实，办学条件得到了很大的改善，牧民送孩子读书的积极性空前高涨。

这一时期是内蒙古自治区蒙古民族教育历史上最好的发展阶段。内蒙古自治区政府把民族教育作为整个教育事业的重要组成部分，专门设置了包括蒙古族学校的民族中小学建制，保证了民族学校在传授科学文化知识的同时，能够充分发挥其传承和繁荣民族优秀传统文化的作用和功能。在内蒙古自治区"优先重点"发展民族教育的方针指导下，形成了"两主一公"的办学模式，从而，全区的民族的教育事业在困难和曲折中得到了稳步的发展，逐步形成完善的办学体系，形成自身的办学特色。

"文化大革命"结束后，恢复了高考，才布西格谈到这里的时候激动不已。

问：到了 1976 年是什么情况？

答：1976 年 9 月份我被调到公社寄宿制小学，当时我们公社小学里也有初中班。到了 1977 年 9 月时给初中上课，上蒙古语。

问：这个时候应该好一些了吧？"文化大革命"结束了

答："文化大革命"虽结束了，但情况也好不了多少，"文化大革命"的政治味道还依然存在。到了 1977 年 11 月份的时候，高考恢复了，是 11 月中旬考试的。在平时，这几年我们一块来的老师聊天的时候，都有上大学的愿望。但 1977 年 11 月报名的时候，找不到人，报名日期只有 2～3 天，而且要到县上去报名，我在公社小学，离得近知道消息，其他远在牧区，收不到信息，也没电话、电报，报不了名，怎么办，我向公社借了一匹马，整整一天一夜，24 个小时，找那些老师们，把这个消息一个一个的送到了。最后，我们 8 个人参加考试，6 个人考上了。

问：考的内容是蒙古语？

答：是的，蒙古语、汉语、政治、数学、历史五科。

问：考试地点是在县里吗？

答：是的，县里。大家都以为我会蒙文考得好，但我汉语考得最好，看小人书看的。考试时我看过鸦片战争的小人书，我知道这个事，考试正好有，呵呵，就考高了，考到中央民族大学去了。

问：家里及身边人对你考上大学怎么看？

答：噢，高兴得很，以前也有上大学的，是工农兵大学，推荐。像这种真正考上大学的没有，所以上上下下都很高兴。不得了，是我们公社第一个。

1976～1980 年，小学教育进行调整学校布局，撤销"戴帽子初中班"（在小学基础上增设初中），整顿教师队伍，抓课堂教学，在乌兰花二小搞小学语文集中识字实验。1980 年，在乌兰花镇新建了第四小学。当年，全旗有小学 538 所，在校学生 28 887 人，教职工 2076 人，其中在校学龄儿童 23 152 人，入学率为 96.7％。

## 一、教育政策

党的十一届三中全会以后，全党实现了工作重点的重大转移。在党和政府的关怀和重视下，在盟委、盟行署（指呼伦贝尔盟，下同）的正确领导下，民族教育在我盟社会主义现代化建设中的战略地位和作用日益突出。经过各级党委、政府和各族人民的共同努力奋斗，民族教育工作取得了明显的成绩。

1980 年 5 月 26 日，省教育局（指黑龙江省，下同）下发黑教民字〔1980〕77 号文件《关于改进蒙古语文教学的意见》。同年，省教育局又下发了《关于民办教师内招考试的通知》，要求："蒙古族中、小学校蒙古语文教师参加民办内招考试，其蒙古语文成绩 100％计入总分，然后择优录取"。

1984 年 5 月 30 日，省教育厅下发黑教民字〔1984〕98 号文件《关于在我省蒙古族中、小学逐步推行用蒙语授课的决定》，决定："从一九八四年暑期招收的小学一年级开始，在杜蒙自治县、肇源、泰来的少数民族中、小学推行蒙语授课试点"。

1986 年 1 月 3 日，省教育厅下发黑教民字〔1986〕10 号文件《全省蒙古族小学蒙语授课工作会议纪要》，强调："进一步加强对蒙语授课工作的领导"。同年 3 月 20 日，黑龙江省教委办公室下发黑教委办字〔1986〕9 号文件《关于一九八六年初、高中毕业生工作有关问题的通知的补充通知》（1986 年 3 月 20 日印发）强调："凡是报考民师（包括送往海拉尔蒙师的考生）蒙生班的蒙古族考生一定要进行面试和口试，送往海拉尔蒙师培养的 10 名蒙古族师范生，录取时要注意蒙文、蒙语水平。"

1987 年 5 月 25 日，省招考办下发黑招办字〔1987〕26 号文件《关于在高校录取工作中对蒙古、达斡尔等六个少数民族考生进行照顾的通知》。"通知"规定："根据 1987 年第一次省长办公会议决定和国家教委有关招生文件精神，从今年起省属高等院校在录取工作中对蒙古、达斡尔、鄂温克、鄂伦春、赫哲、柯尔克孜等六个少数民族作如下照顾：一、省属本科院校在该校最低录取分数线下照顾 20 分；二、专科学校、短大、电大在全省最低控制分数线下照顾 20 分。"[①]

1988 年 10 月 11 日，省教委下发《关于全省蒙古等六个少数民族小学学前班管理办法的暂行规定》和《黑龙江省蒙古族等六个民族学前一年教育纲要》。"规定"和"纲要"同时强调："蒙古族蒙语授课小学学前班必须用蒙语进行教育活动。"1988 年 10 月 16 日，省第七届人民代表大会常务委员会第五次会议颁布实施了《黑龙江省杜尔伯特蒙古族自治县自治条例》。

1991 年 4 月 27 日，省第七届人大常委会第二十次会议颁布实施了《杜尔伯特蒙古族自治县蒙古语文工作条例》。

1997 年 12 月 16 日，省第八届人民代表大会常务委员会第三十一次会议颁

---

① 黑龙江省地方志编纂委员会．黑龙江省民族工作手册．黑龙江：黑龙江朝鲜民族出版社，1987：357.

布实施了《黑龙江省民族教育条例》。

## 二、学校教育

新中国成立后，特别是党的十一届三中全会以来，哲里木盟的民族教育才真正走上健康发展的道路。40 多年来，哲里木盟的民族教育事业，在党的领导和党的民族政策光辉照耀下，从启蒙教育的民族幼儿园、初等教育的蒙古族小学、中等教育的蒙古族普通中学、职业学校、师范学校，到高等教育的民族师院、蒙医学院、畜牧学院、教育学院和广播电视大学，还有各类成人教育学校，都以前所未有的速度得到蓬勃发展，形成了适应哲里木盟经济建设和民族特点的比较完整的教育体系，为哲里木盟四化建设培养了大批少数民族人才。

受访人才布西格谈到在大学时受教育的情况。

问：上大学是什么情况？

答：大学里，好多人都比我强，有懂文学的，有懂各种语言的，书都多得很。有一个懂马列著作的，说的话在第几页都知道。还有一个，说话像诗歌一样。哎呀，越来越害怕。还有封面很旧的外国的牛皮精装书的一个 30 多岁的人，我都不认识，一问是西里尔文，还有一个用日文写诗的呢。哎呀，心理压力太大，想回去，又不甘心。我蒙文好，后来，上课时，有个老先生出了一个题目，写一首蒙文诗，正好我以前笔记本上写过一首蒙文诗，我记得呢，结果，全班评比，写得最好的是我。啊呀，这下有点信心了，心理压力小了。但普通话还是上不去，日语也不行，不过毕业时，毕业论文写的还是挺好的。就这样毕业了，分到西北民族学院。国家统一分配，问我时，我说我想当老师。一开始把我分到甘肃省民委，我不干，就又分到西北民族学院的研究所，我也不干，就分到当时的少语系了，一直到现在。

问：你在中央民族大学感触最深的是什么？

答：哎呀，感触最深的是碰到几个好老师。有一个是蒙古现代文学的老师，听他的课，没有不理解的。还有一个蒙古古代文学的老师，现在还在中央民族大学，博士生导师。再有民间文学老师，博士生导师。还有第一个班主任，鄂温克族第一代副教授，一年后去世了，严得很。碰上几个好老师，就知道怎么做学问，怎么做人了，那个时候就知道了。

20 世纪 80 年代，内蒙古自治区教育兴旺，已达到创办教育以来的最高峰。

当时教育投入充足，80%以上的教室、学生宿舍由国家统一建造，82.6%的牧民子女能够住校学习，学校设施相对完善，民众对教育充满了希望。1989年，各类普通学校在校学生总数为44.67万人，达到创办教育以来的最高纪录。

民族幼儿教育从无到有发展迅速。目前自治区共有民族幼儿园11所，占自治区幼儿园总数的16.2%；少数民族儿童入园入班人数2.8万人，占自治区儿童入园入班总数的47%。

小学教育达到普及。自治区现有少数民族小学1202所，在校生15.9万人，占自治区小学在校生总数的48.4%。民族小学升学率为87.9%，比自治区小学升学率高6.5%。

民族中学稳步发展。自治区现有少数民族普通初中113所，普通高中17所。民族初中在校生5.6万人，占自治区初中在校生总数的46.4%；民族高中在校生1.3万人，占自治区高中生总数的52%。民族初中和民族高中的升学率分别达到39.7%和17%。

民族中等职业技术教育也有较快的发展。自治区现有普通中专4所，其中少数民族在校生1200人，占在校生总数的42%；民族职业中学10所，在校生0.3万人。奈曼旗八仙筒蒙古族职业高中曾获得国家教委表彰奖励，并被认定为省级重点职业高中。

《中共中央关于教育体制改革的决定》颁布以后，实行了"地方负责，分级办学，分级管理"的新体制，有效地调动了各级党委、政府及社会和人民群众的办学积极性，大大加快了普及初等教育的进程，1990年自治区民族地区全部普及了初等教育。在此基础上，九年义务教育开始有计划、分阶段地实施。

1990年自治区盟市旗县共办蒙古族幼儿园108所，入园幼儿71 522人；蒙古族小学2399所，学生380 622人；中学265所，学生80 384人；蒙古语授课的中专38所，学生11 305人；设蒙古语授课专业班级的高等学校7所，学生7775人。蒙古语授课比例分别为：小学占60%，初中占58.5%，高中占59.53%。同解放初期比较，区内蒙古族在校小学生增加了7.6倍，在校中学生增加了199.4倍，在校大学生达7800多人；全区各级各类学校少数民族教职工人数约占20%，比解放初期增加了43倍。以内蒙古自治区为例，在高等学校中，1990年蒙古族教师1910人，其中教授29人，副教授190人。

## 三、双语教学

1974 年 1 月 9 日，国务院批准了内蒙古自治区革命委员会的请示，同意内蒙古和黑龙江、吉林、辽宁、甘肃、宁夏、新疆、青海八省、自治区成立蒙古语文工作协作小组。1975 年 5 月 6～13 日，内蒙古、黑龙江、吉林、辽宁、甘肃、宁夏、新疆、青海等省区有关部门的领导在呼和浩特市召开了八省区蒙古语文工作协作会议，我省（指黑龙江省，下同）陈云林副省长等同志参加会议。会上成立了"八省区蒙古语文工作协作小组"（以下简称八协）。我省作为成员省参加了八省区蒙古语文工作协作小组，并承担完成了八协所交给的各项任务。30 多年来，我省的蒙古语文工作在省委、省政府的重视关怀下，在八省区蒙古语文工作协作小组的积极指导下，积极参与了以蒙古语文工作协作为主要内容的教育科技、文化艺术、广播影视、古籍整理、图书期刊等多方面的协作活动，有力地推动了我省蒙古族教育和蒙古语文工作的开展，并取得了可喜的成绩。这里最为突出的是教育协作。自 1981 年开始，我省与内蒙古以互换招生的形式，为内蒙古培养蒙古族各类本科人才 732 人。内蒙古为我省培养蒙古族各级各类人才 1115 人。其中，本科 732 人，大专 68 人，中师 84 人，中专 119 人，进修 12 人。1987 年，为加强八省区蒙古族中学间的交流与协作，推进教育教学与学校管理工作的信息共享，提高蒙古族学校的办学质量，实现蒙古族教育和谐发展成立了全国八省区蒙古族中学校长联谊会，2008 年 9 月在吉林省前郭尔罗斯蒙古族自治县召开了第 21 届年会。

在恢复我省蒙古族教育教学的过程中，我省各级党委政府及各级有关部门，认真总结我省蒙古族教育的经验，深刻反思我省蒙古族教育所走过的路程，对照内蒙古、吉林、辽宁等兄弟省区的办学经验，指出："粉碎'四人帮'以后，特别是三中全会以来，由于落实党的民族政策和民族语文政策，我省的蒙古语文教学得到恢复和发展。但是由于沿用'文化大革命'前'汉语授课，加授蒙语文'的做法，学生蒙语文的提高受到限制，蒙古语文很难过关。为了更好地提高我省蒙古族中小学生蒙古语文水平，应改变'汉语授课，加授蒙语文'的做法，逐步创造条件推行'蒙语授课，加授汉语文'，以便在中学毕业的时候能够达到'蒙、汉兼通'的要求。"基于这一思想，省教育厅于 1984 年 5 月 30 日下发黑教民字〔1984〕98 号文件《关于在我省蒙古族中、小学逐步推行用蒙语授课的决定》，决定："从一九八四年暑期招收的小学一年级开始，在杜蒙自治县、肇源、泰来的少数民族中、小学中推行蒙语授课试点。"并称："这是我省蒙古族教育的一次重大改革。"按照文件要求，杜尔伯特、肇源两县从 1984 年暑期开始在部分蒙古族小学一年级用蒙语授课，直到 1996 年 9 月，我省初步形成了从幼儿园、小学、初中、高中到中等师范学校的蒙古族"蒙语授课，加授汉语文"的教育教学体系。这一教育教学体系的形成和确立，为我省蒙古族教育的发展带来了无限生机与活力，极大地促进了我省蒙古族教育的发展。

唐吉思教授在 1982 年上完研究生后，又回到了青海。他也谈到了当时的原因。

问：研究生毕业后怎么又回了海西？

答：老婆孩子都有了。当时毕业时好多单位要我，但家在青海，家属工作不好解决，我先回到海西，当时也单纯，当时青海人事厅的干部人事二处的一个处长对我说，你都研究生了，再回到基层不是大材小用吗，现在有两个单位，一个是青海社科院，一个是青海民族学院，你挑一个，最后，想来想去，我就到青海民族学院去了。

## 四、个人教育

对这一时期的个人教育，才布西格从自己的受教育经历、对一位教师怎样培养学生和对子女的教育中有这样一些体会。

问：这几十年搞教育，您对民族教育有何理解？

答：民族教育发展还是快的，别的不知道，蒙古族教育发展快，但又要多学一门语言，还是有压力。

问：您对自己的评价？

答：五五分开，好多事情做了，但也有事情做不了。我承担了课堂以外的工作，蒙语学院最忙的就是我了。好多奖项的获得都是我指导的，给学生出书我也有两三次，该给学生出书了，很多钱都是我出的。培养学生的实际能力，全面发展，八省区的"八骏杯"大赛，西北民族大学影响最大。是我指导的。

问：您认为怎么样培养学生？

答：还是培养学生的实际能力吧，动脑子、动笔杆子、实际操作能力。不讲空的东西。我讲的是文学理论，不是念几句就完了。要看课堂外，提高学生实际能力，学生个人成就感提高，就会有积极性了，有方向了，这样也就有了信心。如果作品要是能发表，他就更加有兴趣，也就学的好了。我觉得有的学生有厌学情绪都是被逼出来的，不能强迫他学这学那。

问：您对子女的教育和父辈对您的教育有什么不同？

答：哎呀，这个区别太大了。现在没办法，做什么都靠钱，好像钱多了教育就好，不花钱就受不了很好的教育一样。我就一个儿子，花了不少钱，两次出国接受教育，没有钱怎么出去上学，第一次去的新西兰，第二次去的英国剑桥。家里的钱都花在他身上了。学是学了很多东西，但能不能用上，现在还没有看出来。现在都是几万十几万二十几万的给呢，我那个时候给的最多的就是7元钱，现在看来，还不如当时7元钱的水平。不过也没办法，大家都这样。

问：您对子女的期望？

答：我给他写过一封家书，主要是要求他对民族，对这个社会做点贡献，要求不高，人么，社会动物，对社会负点责任，对三方家庭都要负责。给社会，给民族留点东西。

问：您对子女有没有民族文化或传承的教育？

答：这个上面做得很不够，孩子在兰州出生长大，没有这个环境和条件。孩子只有这个民族情感，别的再没有啥。从小在汉族学校里，学的知识也都一样。不过他自己也学了一点蒙文，会写一些，会说一点。对民族没有理性认识，但有一些感性认识。

问：您在受教育的过程中有没有接受本民族的文化教育？

答：那肯定有呀，生长的地方就是民族教育的大课堂。学会走路的时候就会骑马了，学会说话的时候就会哼两句民歌了。我爸爸妈妈虽然只会写自己的名字，但他们的话语往往很有哲理。妈妈常说的，翻译成汉语的大意就是"知识这个东西，有一种光芒，能看到地球的另一面"，用蒙语说是非常好听的一句话。爸爸也说了，"知识在身上像耳朵一样轻，感觉不到，但是拿下来用却像大海一样深"。日常生活中都在接受这种熏陶。

问：您的孩子在国外的这种求学经历，他的这种教育是不是对民族，或者是三语能力都会更强一些？

答：他的外语好，普通话好，但他蒙语不行。

问：像你们很多人都把子女送到国外求学，是一种什么样的想法或者是想让孩子更加国际化吗？

答：多，很多人都把孩子送到国外。我认为这里的原因，一是蒙古族历来重视知识，重视知识分子，重视教育，这种思想根深蒂固。二是我们自身都是老师，更应该好好教育孩子，有压力。

问：您觉得民族教育该如何发展？

答：现在世界一体化了，在这种背景下，民族教育是个挑战。民族教育必须要有民族的东西。世界一体化后，不管是哪个民族的，民族的东西越来越少。按道理来说应该百花齐放，文化的多元化才能对世界文明起到作用。应该多一些民族的东西，民族教育才能得到发展。不然就像"文化大革命"时的一刀切，千人一面，千篇一律，这样不行。

## 第三节　重新起步时期藏族的教育发展

重新起步时期西藏的学校教育如同全国的情况一样，处于非正常状态。首先是1966～1970年连续四年大学和中专学校不能招生，1970年又撤销了西藏民族学院（位于陕西咸阳）和自治区师范学校。当时各类学校的招生人数锐减（中学招生从1966年的265人减到1969年的52人），中专教职员流失情况严重（从1964年的659人减少到1969年的5人）。1970年以后又不顾西藏实际条件，提出在5年内达到"县县有中学，区区有完小，队队有民小，普及小学教育"的不切实际的要求。"1971年4月到1976年10月，公办小学从85所发展到513所，民办小学从1845所发展到6131所，普通中学从6所发展到43所，中专从1所发展到23所，高等院校由1所发展到4所。各类学校在校生共24万余人。虽然学校数量增加很多，但多数有名无实。"这和当时其他地区大专院校"工农兵学员上管改"的潮流一样，违反了教育发展的科学精神和客观规律，实际上干扰了现代学校教育在西藏的正常发展。

"文化大革命"时期对于当时的许多人都产生了深远的影响，但值得一提的是，上山下乡的政治运动对于偏远少数民族地区却也曾产生过一些积极的影响。

受访人：杨士宏，教授，西北民族大学学报编辑部总编辑。

问：杨老师您好，请问您出生于哪一年？

答：我出生于1957年，正是"大跃进"的时候。

问：您是出生在什么地方？

答：老家甘南卓尼，在"文革"时期来讲，可以说是出生在非劳动人民家庭。家庭成分比较高，改革开放以后，不讲非劳动人民或劳动人民之类了，所以说算是出生在农民家庭。

问：您父母当时从事什么职业？

答：父亲，在当地来讲可以算是知识分子，因为民族地区，小学六年级毕业可以说就算先生了，我父亲在我们村上当时算是学历最高的，高中生。1962年因为成分的原因没有参加工作，就回家劳动了。母亲是家庭妇女。

问：家里当时是从事什么？

答：农业生产，我们那时还是半农半牧区。

问：当时是已经定居了吗？

答：我们有历史记载从卓尼土司开始大部分是定居的。因为卓尼是半农半牧区的因素，所以定居最少有 600 多年的历史了。比较长。

问：您小学在哪儿就读？

答：就在我们村上的小学，他们的学校是民国初年我太爷建立的私塾型学校，后改为国民时期的民族小学。民国时期有民族学校，就是蒙藏委员会在甘南卓尼临潭县设立了两所民族学校，一所是我们家那所学校，一所是临潭回族的民族小学。

问：当时您上的是民族小学？

答：当时我们上学时"文化大革命"快开始了，不存在民族地区、民族小学的概念了，因为民族教育的概念不是很清楚，到现在，受教育的主体是少数民族就可以说是民族教育，对不对。要看受教育的人是谁。在民族地区的教育，不管中小学，都应该算是民族学校。因为他的受教育主体是少数民族，应该是这样一个关系。

问：您还记得您是哪一年上的小学吗？

答：1966 年，"文化大革命"刚开始，当时小学念的不是很好，好像留了两三年的级。到 8 岁左右才升的二年级。当时停课闹革命嘛，没有好好上课。

问：那时候还是春季制的教育吗？

答：春季制。我记得上小学六年级春季开学时戴了红领巾，戴了一两天被红卫兵袖章代替了。

问：那个小学规模大不大？

答：当时那个学校是卓尼管辖，周围都属于临潭，是现在的丹藏小学。我们那像孤岛一样，离卓尼县有20多千米。我们又是个自然村。但我们学校办得好，因为有一定的历史积淀，它是由私塾发展起来的。有传承，有培养了好多人。培养的人里有大学生、教授、县级干部。所以说临潭人也好，卓尼的人也好，都在那儿上学，甚至有十几个村子以外的人都在我们那儿上学。我上学时有七八十人，从一年级到初中二年级，当时是七年制学制。

问：当时上小学有女生吗？

答：有女生，我们班上坚持下来的有4个，两男两女。考高中时3个淘汰了，只有我上了高中。

问：当时学校里都是少数民族同学吗？

答：现在我说不上，从真正意义上来说，我们少数民族有一半，但我们卓尼有这么一种情况，当时改革开放，少数民族在受教育等各方面有些优惠政策，第四次人口普查时，好多不是藏族的也报成藏族，所以我也说不上我当时的同学是藏族还是汉族。

问：当时有藏语授课吗？

答：都是汉语，我们那里汉化程度很高。

问：老师都是汉族人吗？

答：有汉族也有藏族，多数都是从外地过来的。

问：当时在家说不说藏语？

答：我在家不说藏语，爷爷奶奶说。我们那现在讲藏语的可能都是七八十岁的老人了。他们坐在太阳下自己聊自己的事，年轻人都听不懂。

问：当时老师的整体教学水平怎么样？

答：当时教学水平很好，因为那时我们老家非常偏僻，信息十分闭塞，我们老师给我们讲了很多东西。首先，老师很敬业；其次，老师的基础非常扎实。

问：他们上过师范学校吗？

答：有的是新中国成立前上过，可能是师范学校。我们当时对老师非常尊重，也不问这些，不是很了解。有些可能新中国成立以后去西北师范大学进修过。我记得我们老师讲毛泽东的《蝶恋花·答李淑一》那首词讲得非常好。我在大学也碰见过那样的老师，做一个文章能给学生带来激情的老师，讲好了理解特别深。

问：有没有对你之后的工作、学习产生特别大影响的事？

答：影响特别大的是一件很小的事。不是对工作、学习，是对做人上影响比较大。我们老师给我们讲：1935 年，中国工农红军路过他们的村学，晚上要宿营，借他们的教室、破油碗。晚上突然有军事行动，都走了。早上校长老师去看，他们把教室打扫得非常干净，连破油碗都擦得非常干净。当时给他们留下了很深的印象。所以我现在，出门住酒店，走时都会把房间打扫干净。虽然事情很小，但影响很大。

问：当时父母对您的教育如何？重视程度之类？

答：父母对我的教育挺重视的，因为我母亲是一个农村妇女，不识字，但是她也是出生在一个在我们那来说是一个书香门第。大家的孩子不一定上学，但是她的一个家庭影响，经过几辈人的积累。影响是很高的，首先就是做人上。我的父亲当时可以说是知识分子，但"文化大革命"开始之后，凡是分子，都要拉着斗一斗，都是批判的对象。父亲给我最大的影响，就是做人，为人处世，交朋友非常重要。他的一个选择，在一定的环境中，一定要有自己的辨别能力，有自己的主见和想法。他说了一句话是：久居厕而不知其臭，所以说不要再坏的环境中，或其他环境中怎样，好的环境中，体谅他，感恩他。比如说一个好人，对你有恩情的人，感恩他。那么在不好的环境中你要有警觉的心。不要说久居厕而不知其臭。

问：您小学时住校吗？

答：小学是村学，它就在村上，很近，不用住校。

问：当时他（杨老师太爷）是做什么的？

答：他是卓尼的最后一任土司。改土归流，封建制度彻底被推翻，建立了民主制度，建立了乡公所，他就到了一个乡上。新中国成立以后，他是临潭县副主席、政协常委、省民委的委员。他没有受罪，1962 年就去世了，没来得及被批斗。

问：这种家庭背景对您有什么影响？

答：一个是在当时特定社会环境下，有压力，但压力也是我的动力，是我一生最丰富的一些资本。从我记得爷爷奶奶太爷都在批斗当中生活，在我的记忆当中，这样的日子过了十年，我就不理解他们为什么对地主那么恨。每次批斗，他们就问太爷你是不是"大斗进小斗出"，太爷只能说："就是的。"他们白天批斗被绳子捆起来，我问疼不疼，他说："不疼，舒服的很。"就是这样的，他不能给我们的心灵上带来创伤。我在学校的时候，没有任何爱好。就算打乒乓球的一个台子也不敢和同学们争抢，只要打架就会被骂是地主子女，非常伤心。所以说我不唱不跳不打，没有任何爱好就这样过来了。

问：当时您自卑过吗？

答：自卑倒不自卑，但是对地主不理解，对社会价值不理解，认识有一个过程。在那样一种环境中乖乖做人就行了，夹着尾巴做人。

问：小学和中学开设的课程跟咱们现在一样吗？

答：完全不一样，小学的课程，我记得还没受"文化大革命"影响之前，第一本教材我至今记得很清楚，从第1课可以背到第12课。当时的教材完全是给学生灌输一种生活经验，不像现在。它是很科学，没有什么政治思想、政治理论的东西，如学语文要多读多写，学数学就要多算多练习就行了。村东有铁路，村西有车站，站旁有村庄，就这样一些简单的课文。说明了什么？比如说，房前屋后，种瓜种豆，种瓜得瓜，种豆得豆。反映了一个因果关系。勤奋了就可以获得更好的回报。还比如说，过年的时候，穿衣要爱惜，"妈妈给小军缝棉衣"。我们农村的孩子，都是缝缝补补的，它都是把日常生活需要的都融入到教材中，不像现在把简单的问题复杂化了。所以从现在来看从小背四书五经是正确的，不需要你理解，背好了就不忘。但是它随着年龄的增长，慢慢就理解了。语文主要学的是毛主席语录，还有在其著作里面选的一些文章，包括《湖南农民运动考察报告》是民族性社会学最经典的田野报告。所以我们那时候，学业没高低之分，就是为了需要。理科开的就是数学、物理、化学，英语，学了一个星期，因河南的马振扶事件，之后就撤销了。还有一个原因是一个女孩儿考试不及格就跳水坝自杀了，就不学英语了。再一个就是张铁生的白卷事件，所以我们就没上。化学实际上就是农业基础课，教这些课的老师，都是大学毕业生，我们那时候遇到的老师都比较好，大部分都是北京大学、清华大学的高材生。是知识分子下放，就来到了我们这是。我们的数学老师参加过南京长江大桥的设计，那都是非常好的。还有一个英语老师1986年调到中科院去了。反正后来好老师都走了，但是我们上学时他们都在。老师们都非常敬业非常好。现在都是"小鸡抱小鸡"。尤其我们毕业以后，我的一些前后级同学都是卓尼的，他们有的上了师范，有的上了进修学校，他们就是高中生给小学生初中生当老师，初中生给小学生当老师。这样的循环使得我们家乡的教育受到了很大的影响。这两年，这个周期已经过了，我听说不错。临潭的人跑到我们卓尼来上学，好多农村人把子女送到县城上学，管理质量看样子已经慢慢提升了，但是存在很大的问题，也就是农村教育配置闲置的问题。过去我们大量的扩建，大量的投入，几个村一个村学，现在孩子却都送出来了，都不愿意在农村上学，事实上，因为在农村上学有很多问题。老师都愿意调在自己家门口，六天时间，星期一12点来，星期五是12点走，两头一除学生没时间学习，再加上喝点酒一个礼拜的授课时间很少。所以说农村的群众也有自己的选择，过去是动员你上学，现在是主动受教育，现在的群众有了自己的需求。包括现在的新农村建设，跟国家的政策是互动的。我们过去说新农村建设是单方面的，现在群众自己也想，追求量、追求热、追求卫生，建筑材料也发生了很大的变化——木头的换成铝合金的，玻璃代替了纸张，非常好。

问：你们上中小学的时候，学费是怎么收的？

答：没学费，中小学就五角钱的学费，一学期交五角钱也不知道干吗用。我这一次回家，见了36年未见的同学，现在在卓尼县，我打了个电话找到他，36年未见，见了不敢认了，头发都花白了。我问了一下，他上学的时候，一星期给七八元钱的补助，当时是1973年考高中、我机遇很好，邓小平同志二次复出，恢复了原来的教育路线，当时叫"旧教育路线回潮"，上了一段时间，是政治化的教学管理。上了一段时间又开始"批林批孔"，但是任何事情都有两面，有利必有弊。我们从小没有接触过古文，因为都是上毛主席语录，唱歌唱的语录歌，学习课文都是毛主席语录。但因为"批林批孔"接触了很多文言文。

问：您高中在哪儿上的？

答：高中在卓尼县城上了一半，高中学制是两年，我上了一年半，当时考虑到家庭成分高，回家不行，回家放羊，羊若被狼吃了，也是阶级斗争。所以转学到合作一中，在合作一中上了三个月，就毕业了。

问：你初中和高中的时候有没有开设音、体、美的课程？

答：有啊，我音、体、美都不行，音乐是不会唱歌，体育是我身体素质不行。

问：当时这些课程里面包含民族元素吗？

答：民族元素没有，那时候不能有民族元素，都是革命歌曲。但是提到民族元素，我们那边从小唱民歌、花儿等。我们从小就是在那个环境下长大的，不提民族元素。

问：高中课程受世界影响大吗？

答：比如说教育，英语就学了个疑问句、26 个字母"第一个字母要大写"，记得印象最深的就这一句话，再就没学过。大学学的是藏语专业，当时我们学习的东西没那么多，见识没那么广，信息就更少了。但却从各个方面历练了我们的意志，我们对困难和挫折的抵抗能力要比你们强。首先是没有吃的，"巧妇难为无米之炊"——什么都会做，但是什么都没有。8 个人一间房子，通铺；中午毡一卷，三块砖支起一口锅，烟熏火燎做饭吃。那时候没有寄宿制，国家没有补助。高中在合作一中上了 3 个月，毕业以后就当民办教师去了。在夏河当了 2 年老师，把卓尼的农村户口转到夏河，那时候户籍管理非常严格，很不容易，受到各种各样的制约。我记得我转户口的时候，申藏乡的一个干部说："你是不是不好好改造？"我就知道他不想让我走。我在夏河待了两年，我又跑去玛曲，因为夏河离甘南州政府很近，都是干部子女，领导子女在那儿插队，工作的比较多，招工招干竞争比较大，很困难，我就跑去玛曲待了七八个月。在玛曲参加了教师转正，后来转正了。在收音机里面偶尔听到恢复高考。应该说是机遇很好，1977 年冬天我参加了高考，我很幸运，总是会遇到好人帮助，当时一个乡的党委秘书，是我们的老乡——杰巴山人。本来是在玛曲乡服务不够 3 年不让考，因为玛曲是纯牧区。我们当时追求的就是吃饱肚子，在农区一年分 200 多斤青稞杂粮，没有办法生活。在玛曲起码一月能分到 28 斤粮，感觉像工作了一样。就像现在的公务员一样，可以住到房子，还可以参加生产队的分配的牛羊，生活可以自给。当时转正了就参加高考，我报考的是甘肃农业大学、工业大学。我就想着我当时成分高，可以学工学农，把技术含量、科学含量没有考虑进去，想着农业工业没人去，我成分高，就去试一试，但是我错了。我当时报的医务科，我喜欢学医学，在农村也常给人们针灸。但是因为缺医少药，也可以是一种混饭的手段。但是当时医学院要的是中专生，医学院没收我，就考到了少语系，学藏语。当时上学迟了一个月，因为黄河解冻了没有船。好不容易等了一艘船，一个月之后才到了学校，从玛曲到兰州要 3 天。1982 年冬天就毕业了。

问：您当时班上有几个民族的学生？

答：我们班当时有四个民族——汉、满、回、藏，我们都非常和谐。藏族同学多一点。现在我们是全国招生，南北文化互相交流。我们甘肃学文的学生往往比不上南方的学生，互相有竞争。但是我们班上回族有三四个，现在我们的常务副校长马景全就是其中一个。当时我们的大学教育真正是百废待兴，老师们非常勤奋，学生的求知欲望非常高。比如说，一本唐诗宋词买不到，老师就用笔刻在蜡版上，然后用辊子滚出来，现在在电影上可以看到；比如说，《保卫延安》这样的作品。我们的教材全是这样做出来的。老师刻一页给我们发一页，老师非常敬业。好的一点就是没有压力，不用担心就业。我们进校的第一天每人给发个碟子、大碗，刻着"西北民族学院"这几个字，我们农村来的困难一些的同学18元钱可以勉强吃饱肚子，节省10元钱，两个月节省下来的钱可以买一件地摊衣服。一件的确良衬衣12元钱，一双皮鞋20多元钱，都是真皮的。

问：您觉得当时的教学体制符合学生的发展吗？

答：这个与时代有关，当时的体制放到现在是不适合的，当时的体制适合当时的发展。我们当时中小学受得教育到这个城市来有个转换问题。从小学到大学，从农村到城市，包括适应生活的一些细节。在那个时代人们的起点就那么高。

问：当时各个民族的同学在受教育或交往过程中能否受到同等对待？

答：从新中国成立到"文化大革命"时期，民族自我认同感不强。有些事情，非常敏感。随着社会的发展，人们对自己了解的过程中可能会追求一种对身份的认同。自己利益的需求，包括政治上各方面的。我们那时候好像没这个感觉，大家都一样。我们跟汉族的差异就是布票比汉族多5尺①，因为我们穿的是长袍，现在我们慢慢地从文化的角度看，是有差异的，但心理上没有隔阂。

问：当时在学习上，是否认为教育方式不适合自己？

答：我们是有选择的，我们在农村社会有很多经验，你教得好，我好好学，有些老师比我们还年轻，没经验，我们理解。我们还是很尊重老师的，45分钟的课会认真听下来，不会让老师下不了台，因为他有一个知识积累的过程。我

---

① 1尺≈0.33米。

们要理解、宽容人。

问：您当时高考时有没有加分政策？

答：当时没有加分，我们第一届，没有加分的政策。当时没有复习材料，也没有辅导班。我骑着马从50多千米的地方到县城，寄宿在认识的人家里，复习。但我影响最深的是我一个回族的同学，我们俩都是民族大学老师。他在玛曲县尼玛电站当过工人。他就让我住在他那里，他白天上班，给我做饭，而且不让我偷懒，让我好好学习，我非常感谢他。老师适应我们，我们也适应老师。

问：当时县上有多少人考上大学？

答：我们卓尼县不知道，在玛曲县比例很大，本来当时玛曲县的高中毕业生就不多，从1958年建立学校开始到七几年，牧区的观念没赶上去，包括我们当时当民办教师时，求人家上学，你把小孩送来上学，就送你工分，人家还不愿意，过去是被动的，现在是主动的。毕业之后我就留在这儿没动过，30多年了。

# 一、教育政策

1976年以后，西藏各类学校开始逐步恢复正常的教学秩序，1977年第一次实行大中专学校统一招生考试。1980年中央西藏工作会议提出："逐步发展小学教育，扫除藏文文盲，藏汉各族学生都要学习藏文，尽快把民办小学改转公办小学，有计划地发展初、高中学校，编印藏文课本，提高教学质量"的指导方针。西藏的各级学校在这一精神下得到调整、充实和提高。小学数量从最高峰1978年的6819所调整到1985年的2315所，小学在校生从2.6万人调整到1.2万人，许多不合格的民办小学被撤销。中学数量从1978年的60所调整到1985年的56所，中专数量从1978年的28所降到1985年的14所。各类学校教职工数量相比之下只有小学和中专有少量减少，其他学校的教职工人数均保持增长，在师生比例渐趋合理的条件下，教学质量有所提高。

西藏教育事业的发展在这个时期有几点值得注意：①办学方针从"民办为主"改为"公办为主"，政府加强了对学校的领导和扶助；②教育经费明显增加，从1979年的2192万元增加到1985年的8600万元左右，明显改善了学校的教学条件；③招生实行"以少数民族为主"的方针，自治区内"高校招生，少数民族必须占50%以上；中专招生，少数民族必须占70%以上"；④对藏族学生实行免费教育；⑤加强藏语教学，大中专学校全部学生、中小学校的绝大部分藏族学生开设藏语文课，中小学实行汉、藏族学生分班教学。政府对各级学校吸收和培养藏族学生给予特别的重视，并制定了各项具体措施优待藏族学生。强调藏语教学和实行汉藏分班即是从这个时期开始的。

## 二、教育现状

在这一时期，西藏首先恢复了高校、中专招生考试制度，又陆续恢复了大、中、小学正常的教学秩序。高等院校教师职称的评定工作得到顺利开展。有1200多名民办教师先后转为公办教师，教职工普遍调整了工资，并初步恢复了教育工作者应有的社会地位。但是，在这一时期的最初几年，"左"的思想对西藏教育的影响仍很严重。表现在教育发展的规模上，不顾西藏实际，盲目追求数量发展的倾向十分突出。据统计，1976年西藏全区有小学6131所，这本来已经远远超过了西藏社会经济的承受能力，但1979年又进一步发展到6266所；1976年，西藏全区有中学35所，到1979年进一步发展到55所，1980年又发展到74所，到1981年增至79所。此外还有中等专业学校22所，技工学校8所，高等院校4所。很明显，这样一个教育事业的发展规模与当时西藏经济发展的承受力很不相称。

1978年12月召开的中共十一届三中全会，为西藏各项事业，尤其是教育事业的恢复和调整创造了条件。1981年2月，教育部与国家民委共同召开了全国第三次民族教育工作会议，总结了新中国成立以来民族教育工作的历史经验教训，研究了发展民族教育的政策。会议提出要根据少数民族地区的实际，采取多种形式，大力发展少数民族教育，重视普及小学教育和恢复师范教育。这一切为西藏教育的恢复和调整提供了重要的政策依据。特别是1980年3月，中共中央召开了西藏工作座谈会，提出了关于发展西藏教育的指导意见，即逐步发展小学教育，扫除藏文文盲，藏汉各族学生都要学习藏文；尽快把民办小学改制为公办学校，有计划地发展初高中学校；编印藏文课本，提高教学质量。在此前后新成立的西藏自治区教育厅组织力量多次深入基层调查研究，历经两年探索，于1981年底制定了关于西藏中小学、中专和高等教育三个调整方案，明确提出进一步清"左"和落实政策，并提出进行全面的调整改革，使西藏教育有一个互相配套的合理布局、可行的发展速度、合格的教学质量。方案还提出了新的办学方针，即实行以"公办学校为主、藏族学生为主、基础教育为主、寄宿制学校为主、助学金为主"的"五为主"办学方针。此外，方案还提出了调整教育机构，调整薄弱学校和专业，调整和整顿教师队伍等具体意见。三个调整方案分别以自治区人民政府和国家教育部名义批转下达。西藏大多数地市和学校采取相应措施，执行方案，经过几年努力，到1983年年底，基本上消除了教育战线上的"虚肿"现象，教育内部的比例关系得到调整。据1983年年底统计，全区小学已由1979年的6266所调整为2542所，普通中学由1981年的79所调整为55所，中等专业学校由1981年的24所调整为13所，技工学校由1980年的8所调整为1所，高等学校也有4所调整为3所。教育调整的结果虽然减少了学校的数量，但质量却比过去有了很大提高。这一时期西藏教育的又一重大变化，是中央和内地进一步加强了对西藏教育事业发展的扶持和援助。一是中央决定自1984年起，在其他19个兄弟省（直辖市）为西藏举办西藏班（校），以加速对西藏建设人才的培养；二是决定在西藏对部分重点中小学和边境沿线地区中小学实行"三包"（即包吃、包穿、包住）的改革试验，大大推动了西藏基础教育事业的发展。

1973年10月，西藏自治区教育局要求：有条件的农牧区学校要开设汉语课。有条件的城镇小学，要从一年级藏族新生班中实行先学汉语、后学藏语。同时，在"民族教育要向普通教育看齐""少数民族语言文字无用"等错误口号引导下，藏语文教学被严重削弱。"文化大革命"结束以后，随着"拨乱反正"的全面进行，作为藏族传统文化主要代表的藏族贵族和宗教精英重新获得社会地位，他们积极呼吁重视学习藏语文和藏族传统文化。1980年，中央第一次西藏工作座谈会提出"藏汉各族学生都要学习藏文"，开始强调藏语文和藏族传统文化学习。20世纪80年代后期，由于西藏自治区小学阶段主要采用藏语授课，汉语授课班级仅占全部小学班级的7%左右，初中阶段藏语授课没有同步发展，藏语授课初中班级占全部初中班级的5%不到，99%的藏族学生在采用藏语授课的小学毕业以后，必须通过一年预科学习，进入采用汉语授课的中学继续学业。

受访人夏吾才让教授回忆他的20世纪70年代末的高中生涯中接触到汉语的情况提及了这些现象。

问：当时高中开设什么课？

答：开的就是现在这些。

问：用藏语上还是用汉语？

答：用藏语，就是双语吧，藏语为主、汉语为辅的模式。

问：当时，有没有汉族老师？他们有没有专门上过师范学校？

答：初中以后就有了。大部分都上过师范，可能藏族老师一少部分上了。

问：当时教材是用什么语言？

答：藏语的、汉语的都有，藏语文、数学用藏语，当时数学老师是一个汉族老师，他非常有经验，可能在藏区待得时间长，藏语说得非常流利，写的也是藏文，偶尔，有些新名词的出现、一些新的概念出现以后，他用汉语表达一下，就这样，基本上用藏语。

问：那物理、化学呢？

答：可能每个班不一样，像我们班，化学用汉语，是汉族老师，教材也是汉语，但同一级的有些班级，藏族老师用藏语讲物理、化学，因为那时候老师基本上都是师范院校毕业的，如青海师范大学毕业的。

当时，中三（高三）以后，分了三个班，一个汉文班，一个藏文班，一个数学班，我们后面的就没有这样分了，藏文班主要加强藏文，汉文班主要加强汉文，数学的话加强数学，课程设置偏重这一方面。我们是考了几次试以后，按水平分班，我是藏文班，数学水平一般。藏语和汉语是一种语言，交流的一种工具。数学的思想、数学的语言，数学本身也是一种语言，工具语言、科技语言，那这个怎么要结合呢？这个数学专业要有功底、要有基础。数学，逻辑性很强的，数与数之间的关系、数与量之间的关系，要结合起来，要具备这样的一个教学能力和研究能力。

问：收费情况是什么样？

答：本子、教材都是学校发的，钢笔也发，初中和高中也在学校食堂免费吃饭。

1978年以来，改革开放实施，全国的社会、经济、教育、文化等都开始蓬勃发展，民族教育同样受到了国家的重视和政策的倾斜，许多藏族学生开始走出家乡，甚至走向世界。

受访人：英加布，教授，1972年出生于甘肃甘南藏族自治州碌曲县，1981年上小学至1989年初中毕业，1989年9月至1991年7月就读于碌曲县一中，1991年9月考入西北民族学院就读少语系藏语班，1995年6月毕业后留校任教至今。

问：您上小学前的情况是什么样的？

答：我1981年上的小学，当时是半定居的。当时我看到比我大的孩子在帐篷里拿着书，学习，我很惊奇和美慕。等我上小学时，学校是固定的，在村委会跟前，是由一个仓库改的。

问：家庭是什么情况？父母对教育的看法？

答：我上小学时，那时有了教育政策，如果不去上学，就要受到罚款，我是老大，就从我开始上，我们那时特别喜欢上学，可以和同龄人玩儿呀，学校里也有一些器材。父母对教育有什么回报类没有概念，当时社会刚放开，宗教也放开了，很多小孩儿都进寺院去了。也有不上的，在家里。我和一个弟弟上学了。当时没有教育投资、教育的效益这些说法，就说先上上看吧。

问：当时小学不收费吧，家里没什么负担吧？

答：这个我不是特别清楚，应该不收费，我们当时上学的人很少，村里面好像给一些资助，反正我上中学时，村里替我们交学费还是杂费，一个月发七八十元这样。

问：当时小学的情况？

答：我们是五年制，在村里面，我们是一个大村，好多学生都来。上学的时候人也特别多。上三四年级时人少了。

问：一个班有多少学生？

答：我上一年级时，班里同学的年龄十六七岁的也有，七八岁的也有，我是10岁左右。越上人越少，到小学毕业时就剩10个人了。考上初中的6人。

问：学汉语吗？

答：我们从小学三年级才开始学汉语拼音，汉语还没有接触到，一句话也不会说，开始是藏语老师教，我现在发音不好，就是那时我们没学声调，我们就是一个词一个词的背。是藏汉双语的教材，大家也都不会说。当时三年级到五年级用的是五省区的教材，针对藏文为主的学生，有藏文翻译，有汉语拼音，很好。是用藏语教汉语的。五年级时，汉语老师和数学老师是一个人，好像是上过西北民族学院的预科，讲的还可以。

问：初中在哪儿上的，是一个什么情况？

答：初中在县上藏族中学。去以后，又是一个大的环境，大的变动。我们的教材除藏语文是藏语外，其他的课程都是汉文版，纯正的汉文，没有藏语翻译。数学、地理、历史都是汉文。我们一下子就蒙住了。当时我们班 40 多人，都是藏族，只有七八个在县城上过学汉语较好外，其他的都不好。我小学也只学了拼音，只认识中国两个字，所以干脆听不懂，我们就不学了，课堂上捣乱，老师也不好好管，比如我们的地理课是一个体育老师上的，他是用汉语上的，我们根本不知道他在讲什么，一句也听不懂，历史也是，方言也重，都听不懂，不学。期末考试时，有复习提纲，当时我们连提纲两个字也不认识，问别人才知道这是考试内容，就死记硬背，抄写，就这样。数学还好一点，虽然是汉语，但能理解，也会解方程。我还参加过学校的数学竞赛，考得很好，得了个小地球仪的奖品。

初二上学期，物理、化学课都有了，又是汉语的，因为语言的障碍，又是啥都听不懂。但到了初二下学期，形势又变了。所有的课程全部变成了藏文的了，包括汉语课也是有藏文的。这下我们就高兴了，因为我们的藏文是很好的，这样，理解就对了，翻开教材，才知道地理是什么样的，历史是什么样的，像故事一样，都能理解。当时我们看藏文版的《西游记》（藏语叫《唐僧喇嘛传》）《水浒传》《格萨尔王传》什么的，都是藏文，都能理解。

上高中也都是藏文的，包括物理、化学。

问：高中什么情况？

答：上高中时，我们的汉语老师是个汉族人，女的。上初中时的汉语，我们听不懂时，老师就用藏语。

问：高中时，老师们都是藏族吗？包括物理，化学老师。

答：都是藏族，除了一个汉语老师。上初中时，老师随便教，也没水平。高中时就不一样了，我们的物理老师、化学老师，都在现在的青海师范大学培训过。当时我们的好多老师是合作师专的，但他们好多都在青海师范大学正规培训过。有些老师虽然是用汉语上物理、化学或数学课，但藏语很好。我们也看到，上课时，老师们拿的是汉语教案，但讲的是藏语。我们考试也都是藏文，比较好理解。藏语比汉语好理解多了。你比如说，当时汉文学课好的学生在转换成藏文课程后，就不如我们这些藏文好的学生了。高考时，藏文运用自如，很舒服。高中时印象深的老师是地理老师，汉语也说得好，知识很丰富。

问：高中有没有文理分科？

答：这个不太知道，我 1991 年参加高考的。没有预选考试，都能参加高考。我们是我们高中的第二届参加高考的学生，所以有复读生。学习好的都考中专去了。初中也是这样，初三考试，我是班里第四名，前三名都去上中专去了，我只好上高中了。

我考高中时，父母对这些一无所知，反正只知道我们在县城上学。我在兰州上大学时，家里人就问，你们一块上的，他们都工作着呢，拿工资了，你怎么还在上学呢，还那么远，怎么回事？他们没有这个概念。

问：高考是用藏文？高考的情况怎样？

答：除了汉语，都是藏语，好像是文科，当时班里参加高考的有 12 人，都考上了，有些是大学，有些是大专。当时来到西北民族学院的有五六个人。当时能报考的学校少。我们省能报的只有西北民族学院和合作师专，还有一个甘南卫校。

问：没有加分吗？

答：没有，我们按照现在来说是民考民，不加分。我的看法也是，民考民不应该加分，民考汉加分不加分就看政策了，现在和以前不一样了，前几天我刚把甘肃的高考卷子阅完，阅文综的，每年都在阅，现在的试卷和汉族高考试卷一样，只不过文字不一样，翻译过来的。提前翻译好的。题型一样，内容一样，难度也一样。当时我们考试好像是自己出题，刻写的卷子，和现在相比应该简单一些。

问：大学上预科了吗？

答：没有，就上 4 年，主修藏语。就一个班，没有西藏的学生，就甘青川。层次都不一样。

党的民族教育政策与民族教育的发展好像是和我们一块成长的，小学这样那样，初中这样那样，高中这样那样，都在摸索着呢，我们正好在里面。现在是稳定了，制度化了。

问：上大学时感觉怎样？

答：大学时明显地感到汉语特别差，尤其是书面语。词语不会用。政治课汉语论述题直接崩溃。班里有藏文特别好的，但汉语不好，有汉语好的，但藏文不好，也有汉语和藏语相等这些情况。好多课都用汉语讲，还有大学语文、大学古汉语，这些特别难，对我是个打击。所以我经常去图书馆学习，不会就问，背汉语字典什么的，开始看世界名著，看《悲惨世界》这样的著作，我把《悲惨世界》从第一个字到最后一个字全部写下来，然后查新华字典，问同学，就这样学，不知不觉，一年以后，突然发现看什么书都很简单了。经常有"我怎么会说了"这种感觉。我们的藏文水平已经很高了，所以有时候上藏文课时我们就看名著、小说什么的。在大学里我就把重点放到了汉语学习上，还有一个难的课程是英语课，我们从来没有学过英语，大一时必须要学，从零开始学。期末考试后，有很多人不及格，学生们就组织罢课，要求取消英语课，有些老师也支持，就这样，勉勉强强地学了两个学期，大二就没有英语了。我对英语比较感兴趣，当时班里六七个人就一直在学。大一时老师国际音标教得扎实，所以我们就会拼读，每天背单词，一直在学英语。毕业时考研，政治用汉语，背政治题，写论述题就不怕了。英语我一直在学，工作以后我也在学，考博士我就要用英语考，努力学。是藏语让我上了大学有了机会，又是汉语把我送到了研究生，我说，我一定要用英语取得博士，就这样。如果没有双语的话，我不会有今天。我经常给我的学生说，你们的藏语也一般般，汉语也一般般，英语更是一般般，怎么办啊。我认为学生大学毕业时，要会用汉语和藏语一块写文章，没有一个病句。

有些老师说我是双语教育的受惠者，我说不如说是受害者，因为至今我还没有走出这个困境。我们要与时俱进，尤其对一个大学老师来说，要懂三语，不能局限于某一个群体当中的语言。时代已经到这个地步了，环境已经到这个地步了，必须要会双语。每个时代的需求不一样，层次不一样，要求就更高了。藏汉都优秀的话，至少你比别人强。只有一种语言的优势是打不响的。

我们接受双语教育和现在不一样，我们五年级就会读藏文小说了，藏文特别扎实，作文没问题。后面的汉语学习、英语学习都是以藏文为核心的，在藏文这个坚固的基础上，如果不懂，可以和藏文比较，噢，这个语法是这样的，这个词是这个意思，以母语为核心，再学别的，因为一个很强了，以这个为坐标后，其他的语言慢慢提高。现在的学生虽然汉语高一些，但母语没有达到很高的层次，两个都没达到优秀，中等，这样，他的强势和优势就没有凸显出来，两个都要布局。我们只要布局汉语就行了，因为我们已经把藏语树立起来了。所以我对双语的意见就是先把一个语言形成坚固的基础以后，再去学别的语言，这样应该相对简单一些。

问：大学有没有收费？

答：大学有没有收费，我也不清楚，好像一百多吧。当时我们有饭卡，一个月打80或100这样的，一般都够，伙食也好。

问：当时老师在教学上花的时间多，还是在科研上花的时间多？

答：老师教学的投入大，和现在不一样。当时申请课题也难，老师也经常和学生交流，鼓励我们学习。我们也没发现老师们申请过项目，教材写着呢。我们现在能在教学上投入50%就不错了。

我当时毕业后留校在民族研究所，后又到中国科技大学培训一年，它是美国一个基金会资助培训藏区的高校老师，在那儿使我的英语得到了提高，那会儿才知道托福和雅思，于是疯狂的学英语，我把新概念背了。

当时有一个西部项目，做海外访问学者的。那时可以都报名，我报了，那是2004年。面试过了后，要过公共英语，2005年2～7月在西安外国语学院培训英语。魔鬼训练吧，过级压力大，通过后，2006～2007年我到瑞士苏黎世大学做访问学者。研究方向是民族社会学。

# 第四节　重新起步时期裕固族的教育发展

现在有成就的裕固族学者大都是20世纪60～70年代出生的。虽然处于动荡的岁月，但在裕固族地区，教育依然受到重视。

贺卫光：在20世纪70年代的时候有一个特殊的现象，就是边远山区或牧区的"马背小学"或"牛背小学"。马背小学就是解决牧区分散居住孩子的教育问题，就是这个沟里面有五六个学生、那个沟里面有五六个学生，老师是流动的，今天把这个沟里的学生集中起来，把几天的课上完，明天再到那个沟里去上课。马背小学在当时作为一个典型，得到了广泛的宣传。

兰咏梅：我7岁上小学之前，正是"文化大革命"后期，街上大字报挺多的，然后我大哥，比我长4岁，他特别喜欢认字，我记着他那时候就在街上认大字报，回来教给我们，然后家里挂的是毛主席的诗词，然后大哥哥、爸爸他们就教给我，看小画书和大字报却是我受教育的开始。

贺卫光：我是1973年3月份上小学一年级的，那时9岁多快10岁了。现在回想，小时候大概三年级以前都是自卑的，也就是自我评价不高，关键的一点就是自信心的树立，自信心是很重要的，再就是家庭、父母亲的重视。

在裕固族中，有这样一个家族，曾经出了5位大学生。这在20世纪70～80年代曾引起轰动，事迹蜚声海外，这就是钟氏家族。我们也有幸采访到了家中的老大钟福祖，男，1959年4月生，裕固族。党政管理副研究员。现为西北民族大学招生就业处处长，校友拓展中心主任。我们来看看钟福祖处长所经历的教育情况。

(1) 1959年4月出生于甘肃省肃南裕固族族自治县明花乡。

(2) 1969年上小学，至1975年小初毕业（七年制）。

(3) 1975～1977年在肃南一中就读高中（两年制）。

(4) 1977年12月参加第一届高考，考入西北民族学院。

(5) 1978年3月至1982年1月就读于西北民族学院汉语言文学专业。

(6) 1982年1月毕业后留校任教。

钟福祖处长小学至高考这一阶段的教育正好处于"文化大革命"时期，他见证了这一时期裕固族民族教育的情况。

问：家里情况您简单说一下。

答：我家是牧民，但已经定居了，都是裕固族，也没有文化。新中国成立后，我父亲通过牧区的识字班学习了一些汉字汉语。我母亲不懂汉语。我们从小讲裕固语。小学以后才慢慢学习汉语汉字。

问：父母对你们的教育观怎样？

答：我父亲本人呢，文化程度不高，但思想比较进步，他是新中国成立前和新中国成立同期牧场中最早加入中国共产党的牧民之一。他深知学习文化的重要性，受教育的重要意义。我父亲知道接受教育后对这个家族会带来好处。为什么呢，因为新中国成立前和新中国成立初期当地一些富家子弟通过上学后的出路就和没有上过学的人不同。上过学的人出路就好。我父亲就比较清晰地认识到孩子受教育的重要性。我的哥哥姐姐也上过学，因为家里人多，孩子也多，所以就断断续续地上过小学。然后劳动，供养我们上学。

可以这样说，我们是第一批系统的接受小学、初中、高中到参加高考的学生。这个经历和现在不一样。

我可以说是第一个参加高考，走出我们家乡，我们县接受高等教育的第一个裕固族，是为我们县争了光的，这之后，我的三个弟弟，一个妹妹都上了大学，家里出了5个大学生，这在20世纪80年代是很轰动的，都刊登在了《人民日报》（海外版）了。为我们县、家乡、家族了争光。

问：上小学时都用汉语吗？

答：先说一下，我那时上小学太晚了，因为那时候我们离学校远，太小了家里也不放心，我们自己也很困难，也很吃力，所以当时上学比较晚。我们当时有个牧读小学，每个村子里都有一个，只有一位老师，对相对集中的这些孩子们呢他就到学生家里来上课，老师是流动的，我在这个牧读小学上过两年学，应该说混到二年级了，然后去乡里正规的小学去上学，我说我就上三年级好了，他们说不行，之前两年不算，然后我又从一年级开始重新上，这样也耽搁了不是。

一二年级用双语，是汉语和裕固语，三年级以后用汉语。我们的老师是汉族，但他也讲裕固语，所以刚开始翻译教学。

问：上学也都是免费的？

问：您上初小时师资是什么情况？

答：很差，小学毕业教小学，初中毕业教初中。也有当时所谓的"工农兵大学生"，水平也不是太高，上高中时，有一些被打成"黑五类"的知识分子水平较高，白天上课，晚上批斗。当时我们那有一个张掖师范学校，从那毕业的老师给我们上课，教法也很刻板，现在回想下，他们的水平还是很差的。

问：肃南县很早就完成了"普九"教育目标？

答：随着改革开放以后，国家实行了义务教育，对这个教育加强以后，我们那教育的进步也是很快的。我们也进行了教育资源的整合，教育质量也逐步得到了提高。

问：上小学时男女生比例怎样？

答：还是男生多，重男轻女的观念还是有。那时对上学的意识还很薄弱，也没有义务教育，想去了就去，不想去了就在家劳动。

问：高中的时候男女生比例及民族构成怎样？

答：高中我们在县城，就一所中学，城市的孩子比较多。小学、初中乡村的孩子多，民族比例大。高中时女生比例较高，能达到1/3以上。少数民族占60％以上，这里不光包括裕固族，还有藏族、蒙古族、土族等。班里也是这样。

问：您是参加了第一届高考，您能说说当时的情况吗？

答：高考停了 10 年，邓小平同志提出"快出人才"，于是 1977 年 12 月恢复了高考。1978 年 6 月也是高考。这 10 年中，只有"工农兵大学生"。当时，我们也没有听说过什么是高考，只是听老师说，因为我们老师里也有"文化大革命"前参加过高考的。所以知道一点。当时已是 1977 年 10 月份了，我们要到 1978 年 1 月才毕业，但是允许参加高考。学校从两个班里选了 30 个学生，分成了一个文科班，一个理科班，各 15 人。当时我们也没有文理的概念。学校专门找了教室，集中为我们补课。除了课本，也没有复习资料，这找一点儿，那找一点儿。当时语文复习主要是写作，社会上的宣传是"开始新的长征"，天天背报纸，结果高考题就是"不到长城非好汉"，正好用上。

问：是什么让你选择了文科？

答：因为我们初中阶段就没有上过理科，我们农村也没有这类老师，什么物理、化学、生物，没有。就除了数学，我们也不知道啥是理科。高中阶段才有这些。英语少，一周就一节，也没有人学，因为以前都没学过，那年高考也没有考英语。

问：考上的人多吗？

答：当时全县除了我们 30 个学生，还有"文化大革命"10 年没有参加高考的人，他们有的是知识青年、工人、干部、老师，有的都有好几个孩子了，他们也可以参加高考。当时具体参加高考的人有多少，我不太知道，但也有几百人吧。那次全县考上大学的只有 7 人。我们这两个班考上的只有 4 人。文科 1 人（就是我）。理科 3 人（两个藏族，一个汉族）。高考试卷是百分制。

问：当时录取民汉有差别吗？

答：没有，都是一样的，从高分往低分排。当时是这样的，把录取名额分配到各县，县上就选，从高分往下排。不光要够分数，还要看德智体等其他条件，各方面都优秀才行，表现不好的，成绩再高也不行。我们 7 人还上了县委常委会讨论，层层推荐、报批，同意后，最后张榜公布。也没有录取通知书，层层电话通知，带什么东西，办什么手续等。那会学校也都发。

问：他们都考到什么学校？

答：西北民族学院来了 3 个，我在汉语系，其他 2 人在医学系，有一个是女生。还有一人在甘肃工业大学（也就是现在的兰州理工大学）。

当时，国家的民族教育政策始终是鼓励少数民族学生进入课堂学习的。在当时的甘肃肃南裕固族自治县，各方对教育的投入使得裕固族的民族教育得到持续发展。20世纪60～70年代的教育经历，是现今裕固族人最为重要的教育成长阶段。

20世纪70年代以来，裕固族教育也和其他民族的教育一样，乘着改革开放的东风，迎来了一片大好时光。教育的发展也蓬勃向上，民族教育步入了一个崭新的历程。这一时期，国家对少数民族教育的优惠政策进一步加大，上学都实行免费的教育。

钟福祖：是的，免费的。我从小学到大学都是免费的，很好，这也是我们一家子都能上学的原因。

兰咏梅：毕业的时候被录取到我们县上成立的民族中学，那是我的初中，它因为是个民族中学，可能国家政策（扶持吧），到那个学校后优惠的条件特别多，比如说，不但不交学费，而且反过来每个月还给你给8元还是10元钱的生活费，然后就让你到学校的食堂吃饭，不但全免费，而且每天早上能喝上牛奶，吃上面包，在那个年代很好了。

白文宏：我上小学基本没花过钱；上中学的时候（20世纪80年代）每个月发10元钱，当时肃南县8元钱就能买只羊；上高中时有12（13）元钱的生活费；上大学时，发服装费、伙食费等，我合计了一下，每个月拿46元钱，在当时是很高的。所以说，国家的民族政策真是好，如果没有这些政策，很多少数民族就会失去接受高等教育的机会。

在录取方面，也特别的照顾，使当时的裕固族学生接受了更好的教育。

贺卫光：考高中的时候考了全县第10名，前9名都是汉族孩子，少数民族里面我就是第一了，考高中成绩好，被推荐到中央民族大学附中。这些政策使裕固族走出来了一批人，如果没有这个政策，我也绝对走不出来，当时同班比我学习好的同学大多都只考了个中专，也就是现在普通的二本，我要在肃南县读书的话，中专都未必能考上。

兰咏梅：我的高中的同班同学，多少年来（从初中到高中）是肃南一中的第一名，他呢，学习非常好，也很聪明，结果呢，到了高中毕业，高考的时候，因为他是汉族，他没有享受到加分政策，考了一个大专。我享受到了加分政策，上了本科。

20世纪70年代末至80年代初，教育逐步走向正轨，民族教育也在经历着蜕变。通过高考进入更高层次的教育是每一位民族学子的追求。在恢复高考的第一次招生中，裕固族学生钟福祖就通过自己的努力，考上了当时的本科院校西北民族学院，成为裕固族里第一位通过高考进入本科学习的大学生。

问：你是什么时候上的大学？

答：我当时是西北民族大学第一个被评为讲师的裕固族，很荣幸我创造了几个第一，我从事的研究也主要是关于裕固族的，主要研究裕固族的语言、民间文学这一类，也发表过几篇论文，我也是我们裕固族比较早期的水平不高的学者之一吧，现在我们裕固族博士、硕士都有。我搜集的一篇民间故事叫《火种》，最早被收录到教育部指定的统编教材里，叫做《中国民间文学作品选》，这是高校民间文学必修课的基本教材，我的这个故事就收录到这个教材里面，因此这个影响还比较大。

问：你当时上大学是预科还是？

答：没有上过预科，当时也没有恢复预科，1979 年才开始恢复大学预科教育，"文化大革命"以前有预科，因为"文化大革命"，这期间高考停止了，预科教育也停止了。

问：也没有民族班这么一说？

答：当时也没有民族班、民族预科这个概念，到了 1979 年以后高考人数增多了，报考西北民族学院的人也多了，这时就出台了对少数民族高考加分、单独录取、恢复预科、恢复民族班等这些优惠的政策来解决少数民族上大学的愿望。

问：您当时上大学的课程与现在上大学的课程有什么不一样的？

答：这个差距很大，当时因为"文化大革命"的影响，大学的正常教学都搞乱了，除了搞政治斗争、政治运动，除了学习毛泽东选集、政治学习之外，正常的教育被打破了，大学也在逐步的恢复，大学应该有的那种教育方式才开始有，当时也没有教学大纲，教师们才开始研究该开设哪些课程，当时最大的问题是没有教材，都是教师们自己找来的，找回来之后就给每个学生刻，第二天就给我们上课，我们即将毕业那会儿，国家就开始大量的出版统编教材，给我们补发了很多教材，都是跟当时专业相关的。

问：当时班上学生构成及学生人数怎么样？

答：我们班当时是 35 个人，在班里我的年龄算是小的，班里有"文化大革命"以前的高中毕业生来参加高考考上的,有的同学孩子都上初中了;之前当过多年的高中老师,高考恢复后再参加高考上大学的同学也有,班里最大年龄的是 30 多岁,最小的是 20 多岁。西北民族大学当时主要是面向西北五省区招生的(陕西、甘肃、青海、宁夏、新疆),然后兼顾内蒙古和西藏,所以班里构成人员主要是这五个省区来的学生,有民办教师,有牧民,有农民,也有干部,当时我们班有五六个同学是带着工资来上学的,他们吃饭是在学校的教工灶吃,我们是在学生灶吃的,他们没有伙食票,吃饭是拿自己工资吃饭,所有的开销都是自己出,我们所有的开销是国家出。班里少数民族的比例也非常高,当时95% 都是少数民族学生,汉族只占 5%,班里和全校都是这样的,当时我们班里只有两个汉族,其他都是少数民族,有藏族、蒙古族、保安族、撒拉族、裕固族、东乡族、回族、土族等十几个少数民族。

问:您毕业那年学校少数民族的比例有没有什么变化?

答:那时候少数民族的比例还是比较高的,20 世纪 90 年代中后期,西北民族大学面向全国招生之后,少数民族的比例逐渐减少了,在那之前少数民族的比例始终在 90% 以上,现在基本保持在 60% 以上。当时给我们上课的老师都是大学本科毕业的,我们上学的时候全校才几百人,不到 1000 人。我们学校当时还是第一批批准招收研究生的单位,1978 年招了 4 个研究生,就是藏语文专业招了 4 个研究生,我们有时还去听听研究生的课,当时进步也比较快。

问:当时大学开设哪些课程?

答:恢复高考那年我们学校开设了汉语言文学、蒙古语言文学、藏语言文学、政治理论专业、临床医学专业,那一年就这 5 个专业。到了 1979 年以后又恢复了几个专业,比如说,国际贸易专业、历史专业、艺术类的各个专业(美术、舞蹈、声乐、器乐),以后就开始逐年增加了许多专业。

问:当时大学有没有老师搞科研项目?

答:当时学校没有科研这个概念,也没有老师做科研,学校当时也没有这个要求,老师们也不评职称,但是我们好多老师都是自己做科研什么的,也发表一些文章。

问:有没有奖助学金这些?

答:没有,只有困难补助,家庭困难的学生有困难补助,每年学校都会给每个班一到两个困难补助名额,那阵子困难学生也很多。

在最后，钟福祖处长对他的教育经历总结到：应该说我们当时赶上了好时候，生在新社会，长在红旗下，所以我还是比较幸运的。我们这代人都感激党恢复高考的这个政策，恢复高考脱颖而出了一大批人才。我毕业之后就留在了西北民族大学当老师，这一干就干了30几年，我的这一生就献给了民族教育，在西北民族大学生活工作以后，我们才知道，这个民族教育事业的责任要更大一些，使命要更光荣一些，因此我们也觉得无怨无悔，同时通过我们的工作来影响我们的家乡。

受访人之一的白文宏现是西北民族大学体育学院的书记。裕固族，1967年出生于肃南县明花乡（裕固族人口集中，属牧区，在县城西部）。10岁才上小学，可以说，他的教育经历都集中在20世纪80～90年代。我们有必要来看看他当时受教育的状况。

## （一）小学上学情况

刚开始在村小，当时不到20个学生，共三个年级。四年级起，我开始到乡小学就读，并住校，五年级又转到了县公安小学，该小学是当时甘肃省的示范小学。乡小学的基本物资保障由各村分担，如这个村供牛肉，那个村供羊肉，另一个村供学校冬天取暖的煤炭。

问：您上学前使用什么语言？上学后又用什么语言？

答：上学前说裕固语。上学后老师用汉语授课。

问：请介绍一下您就读的学校的硬件情况？

答：我读书时，学校的硬件条件非常好，直到现在，肃南最好的建筑不是政府办公大楼，而是学校。

问：请您介绍一下当时的教师情况？

答：村小，学校只有一个老师，是本村人，各门课都由他一个人教。中学时，师资较好。

问：当时开设哪些课程？

答：开设语文、数学。

问：教学情况如何？

答：因为只有一个老师，所以，老师一般是先教完这个年级，再去教另一个年级。老师经常布置背书任务，背不会就挨板子。每学期也会有考试。

问：教学语言是什么？

答：由于教师几乎都是汉族，所以，全是汉语。

## （二）初中上学情况

当时，县里成立了一所民族中学，设在县里，初衷是选拔并为当地培养精英人才。

（1）招生：选拔较为严格，除成绩优秀外，还要经过乡常委会审核通过。

（2）当时是县辖区，区管乡，我那个区有三个乡，我是乡上唯一被招录的。

## （三）高中

就读于兰州一中民族班，我是这个民族班的第二届学生，数学学得较好，高考考了满分，但英语较薄弱，高考考了 38 分。

## （四）大学上学情况

1988 年考入大学，在陕西师范大学思想政治教育专业就读。但要经过一年的预科，也就是说大学我读了 5 年。

（1）学习方面：英语有困难，那时陕西师范大学的英语已经有口语、泛读、精读等四门，我是分在慢班，虽然非常努力，经常上自习"加餐"，但每次英语都勉强及格，最高考过 67 分。

（2）我毕业那一年是陕西师范大学第一次实行本科论文答辩制。而且刚好又抽到政教系，系里又抽了我们 89 级一班，经过一学期的紧张准备，我的论文最后被评为优秀等级。

问：整个上学过程，您有没有觉得自己要比别人更努力才能赶上或超过其他同学？

答：那肯定的，给自己施加压力，到高二时，我的成绩基本和平行班（民族班以外的班级）的学生持平。但是，大学时，不管怎么努力，我的成绩在全班 43 人中始终排 30 名左右，我和其他学生在中小学的学习资源和环境不一样，到大学后，我需要花 3 个小时学的东西，别人可能 30 分钟就够了。我认为造成这种结果的原因是少数民族大学生接受的教育和汉族孩子有差异。

问：上学过程中，您的自我评价如何？有没有自卑过？

答：我从来不自卑，因为我努力了，我付出了，我有收获，你有你评判的标准，我有我评判的标准。虽然成绩略低，但我还是班干部，除了成绩，同学们还有另外的标准来评判你这个人。

问：在大学里如何评判一个人？

答：看你的专业成绩好不好，专业思想稳定不稳定，尤其是一、二年级非常重要，这是形成"六观"（价值观、人生观、世界观、国家观、民族观、宗教观）的重要阶段。我现在也给我的学生讲，绝对不能荒废一、二年级，荒废了就等于大学四年就荒废了。

问：当时有没有助学金之类的？

问：从初中开始，您就领国家的补助？

答：对，现在的肃南也是这样，其他地方是九年义务教育，我们肃南做得更好，学生从一年级开始就带工资上学，为啥呢，因为住宿是免费的，吃的是免费的，然后每个月还有交通补贴，每个月都打到学生卡里面。资金来源，除了国家政策，我们肃南县财政每年都专门拨款。

同样也是在20世纪80年代末读大学的贺卫光老师，和我们谈到当时的大学教育与现在的大学教育的区别。

那时的高等教育跟现在的高等教育差别比较大，当时我们没有就业压力，都包分配的，一门心思读书，所以读的书多，看的东西也多，能够满足兴趣，想看哪方面的书都可以，现在的大学生不一样的地方就在于他们面对巨大的就业压力，功利性比较强，一切为就业考虑，与就业无关的感觉学了也白学，全为了解决就业考虑。

一直到20世纪80年代末，教育还都是免费的，但随着教育的发展，到了20世纪90年代初，教育又有了新的变化。在采访西北民族大学管理学院副书记安玉红（女，裕固族）时，她就提到了收费。

问：您上学时学校收费吗？

答：当时上学都收费。

问：您上大学是什么时候？

答：我上大学是1992年，而且当时上的是西北民族学院预科，预科上完上后是汉语言文学专业，总共上了5年，毕业后就留校了。

问：您上大学时学校收费吗？

答：收费，1993 年高校就开始收费了，当时交的学费是 400 元，就从我们这一届开始收费的，之前学校是不收费的，1993 年我们都是发饭票，每个月吃饭的饭票都够。

同期的兰咏梅副院长也经历了教育改革。

问：您上大学还是免费吗？

答：是的，到第三年好像收 100 多元，但不是学费，好像是书本费什么的。有奖助学金，但名额少。

问：当时老师在教学和科研方面怎样？

答：科研没有，那时评价体系和现在不一样。那时上课重要，下功夫上好课。就是一个纯粹的老师。我个人觉得那时老师的教学水平要比现在的老师高。教药理的老师很严，这很好，也讲得好。老师们师德也高。

问：那您大学有没有参加过社团、学生会什么的？

答：都没有，业余的那种。

1993 年开始双向选择了，我 1994 年毕业时就开始了双向选择。当时在我们学校体育馆里就像现在的人才交流会一样，各个县的医院来招。我不想去县里。刚好甘肃武警医院来招人，我就报名，最后被招上了。

# 第四章

# 21 世纪以来的少数民族教育发展

## 第一节　21 世纪以来的维吾尔族教育发展

### 一、教育政策

#### （一）民族教育政策在西部大开发战略指导下的新发展

2002 年 8 月国务院做出了《关于深化改革加快发展民族教育的决定》，提出了一系列加快民族教育发展的政策措施。为贯彻这一决定，促进民族教育事业的改革与发展，新疆维吾尔自治区于 2003 年 5 月下发了《贯彻国务院关于深化改革加快发展民族教育的决定的意见》（以下简称《意见》），提出了新时期新疆民族教育工作的指导思想、目标任务、基本原则和发展民族教育工作的一系列措施。提出要全面落实基本普及九年义务教育、基本扫除青壮年文盲（以下简称"两基"）在民族教育"重中之重"的地位，促进各类教育协调发展。不断深化教育改革，优化教育结构，合理配置资源，积极推动管理体制和办学体制改革，加快教育教学和办学模式改革，以加强汉语教学为突破口，努力提高民族教育教学质量和管理水平。《意见》对当前乃至今后很长时间的新疆民族教育的各个方面作出了总体规划和指导，为新疆的民族教育指明了发展方向。该意见成为这一时期指导新疆民族教育及民族教育政策工作的重要文件。

#### （二）基础教育

1. "两基"工作

跨入 21 世纪，随着《国务院关于基础教育改革发展的决定》《国务院办公厅关于完善农村义务教育管理体制的通知》及《自治区党委、自治区人民政府关于基础教育改革发展的决定》颁布实施，全区"两基"工作又有了新的进展。2001年10月，新疆维吾尔自治区教育厅制定了《新疆维吾尔自治区教育事业发展"十五"计划和2015年规划方案》，提出"2010年，全面实现'普九'的目标，在占人口95％的地区普及九年义务教育"。2003年，新疆维吾尔自治区根据《国家西部地区"两基"攻坚计划（2004—2007)》，结合新疆的实际情况，对"两基"规划进行了调整，确定了2004～2007年用5年左右的时间使未"普九"的28个县（市）全部实现"普九"的任务，同时，抓好已经实现"两基"的县（市）的巩固提高工作。截至2008年年底，全区已有93个县（市、区）基本普及了九年义务教育，"两基"人口覆盖率达到99.8％。2007年，新疆获得国家授予的西部地区"两基"攻坚成就奖，基本实现了"基本普及九年义务教育、基本扫除青壮年文盲"的目标。2009年9月，新疆"两基"达到了规定的标准，通过了国家教育督导团的督导检查。

### 2. 举办内地新疆高中班

1999年9月30日，国务院办公厅转发了教育部等部门《关于进一步加强少数民族地区人才培养工作意见的通知》及教育部下发了《关于内地有关城市开办新疆高中班的实施意见》。2000年4月，教育部在北京召开会议，部署内地有关城市开办新疆高中班工作，确定在北京、上海、天津、大连、青岛、南京、无锡、苏州、杭州、宁波、广州、深圳12个东部发达城市举办内地新疆高中班，办学方式主要采取异地办班、寄宿制管理，实行定点、包干负责制。

为了用好国家的这项优惠政策，新疆维吾尔自治区人民政府制定了《新疆维吾尔自治区关于在内地部分经济发达城市开办新疆高中班实施方案》（试行），成立了"内地新疆高中班工作领导小组"。"内地新疆高中班"按照"面向全区，机会均等，德智体全面考核，公平竞争，公正选拔择优录取"的原则，面向全区招收初中应届毕业生。在招生计划中，少数民族学生占90％，汉族学生占10％，农牧民子女占招生总数的80％以上。各少数民族的招生比例，原则上在少数民族招生计划内按各少数民族人口比例确定，特别对发展滞后地区的少数民族学生、女生在同等条件下按标准优先录取。

受访人：阿不都外力，现工作于新疆一所职业院校，他曾经就是一名"内地新疆高中班"的学子。

问：你哪一年出生？

答：我 1986 年出生在吐鲁番的一个乡村。

问：你是哪一年考上的"内地新疆高中班"？

答：我是 2003 年考上的。是在天津二中读的。

问：当时"内地新疆高中班"是什么情况？

答：我们要上四年，不像普通高中只上三年。第一年主要是补习文化课，也就是打基础，课程也都和现在一样，数理化、英语什么的，老师教得很好。之后三年就分到各个班，和他们一起上课。

问：吃住什么的都好吧？

答：都不错，反正全免费的嘛。

问：高考是怎样的？

答：是单独填报志愿，我觉得有专门的院校和分数线吧，好像是专门录取，反正填报的学校是挺多的，分数线对我们应该有照顾。反正大部分都能考上大学。

2002 年 4 月 19 日，教育部、国家计委、财政部为贯彻落实《国家科技教育领导小组关于印发国家科技教育领导小组第九次会议纪要的通知》中"继续扩大并办好内地西藏班、新疆高中班"的精神，联合下发了《关于扩大内地新疆高中班招生规模的通知》，决定从 2002 年起，扩大"内地新疆高中班"学校的招生规模。

3. 举办区内初中班、高中班

2004 年，新疆参照"内地新疆高中班"办学模式，在乌鲁木齐、克拉玛依、石河子、奎屯、昌吉、哈密、库尔勒、阿克苏 8 个城市开办了区内初中班，以缩小边远贫困地区教育发展水平的差距，让广大农牧区和边远贫困地区的青少年也享受到高质量的基础教育，并为"内地新疆高中班"提供高质量的生源。首批招生 1000 人，主要招收农牧区乡镇村小学和贫困、边境县市小学应届毕业生，其中少数民族学生占 90%。学校采用全日制、寄宿制教学模式，统一使用汉语授课。为办好区内初中班，新疆维吾尔自治区一次性投入基建补贴 112 亿元，并及时下拨区内初中班经常性费用。从 2006 年起，按每个学生每年 5000 元经费标准核拨区内初中班经常性费用，同时，按 1∶8 的班师比例核定教职工编制。区内初中班招生坚持向农牧民子女倾斜，农牧民子女录取比例逐年提高，区内初中班农牧民子女录取比例 2008 年、2009 年连续两年达到 90％。

### 4. 义务教育实施"两免一补"政策

在党中央、国务院的关怀和大力支持下，新疆从 2003 年秋季开始在全国率先实施对贫困家庭学生的"两免一补"政策，即免费提供教科书、免收学杂费和对寄宿贫困学生提供生活费补助。2005 年 12 月，新疆维吾尔自治区人民政府办公厅下发了《关于对全区义务教育阶段贫困家庭学生实行"两免一补"政策的通知》，由中央财政每年补贴 1.4 亿元，新疆维吾尔自治区投入 5000 万元，对边远贫困地区 56 个县的 205 万名义务教育阶段贫困学生实施"两免一补"政策，教材费补助标准为小学生每学年 55 元，初中生每学年 100 元，基本上解决了贫困家庭子女因经济困难上不起学的问题，有效地控制了辍学率。

为继续做好对贫困家庭学生的资助工作，新疆维吾尔自治区人民政府决定在继续完善 56 个县"两免一补"政策的基础上，从 2005 年春季学期开始，对全区困难家庭子女实行义务教育阶段"两免一补"政策。全区农村中小学学生免除了学杂费和课本费，86％的农牧区寄宿中小学生享受生活补助，农牧区学校办学状况发生巨大变化。这一政策的颁布是国家和自治区政府在对弱势群体进行帮助方面的又一重大举措，它的实施对新疆"两基"工作的按期完成产生了巨大的推动作用。

### 5. 调整中小学布局，实行民汉合校

2004 年 4 月 19 日，新疆维吾尔自治区政府下发了《关于自治区中小学校点布局规划指导意见》，对区内学校布局结构、办学效益和规模提出了指导意见。该意见在中小学布局方面提出了六个统一："坚持就近入学和规模化办学的统一；坚持民汉合校和推进双语教学的统一；坚持走好走读学校和发展寄宿学校的统一；坚持城乡统筹和兵地融合发展的统一；坚持整体规划和分步实施的统一；坚持先规划调整和后投资建设的统一。"同时，提出："中小学校布局调整工作实行以县（市）为主统筹管理的体制。"

其实在 20 世纪 80 年代，学校就是民汉合校，但是后来又进行了拆分，如今又要推进民汉合校了。

玛依努尔：我是民考民，当时我不知道民考汉是什么。当时伊宁五中是民汉合校，有汉族学生也有维吾尔族学生，1980 年的时候把伊宁五中所有的汉族学生整体迁移到伊宁九中，留下来的都是维吾尔族学生。民考汉的学生都跟汉

族学生到伊宁九中去上学了，这样，就分开了。我当时年龄也小，对民考汉、民考民的认识不是很多，到了大学之后才对民考汉、民考民有了更深的认识。

(三) 少数民族人才的培养、培训

1. 继续实施"内地高校支援新疆协作计划"

1999年9月18日，教育部、国家民委和新疆维吾尔自治区人民政府在乌鲁木齐召开"内地高校支援新疆第四次协作会议"。教育部、国家民委制定下发了《2001—2005年内地高校支援新疆培养少数民族本专科生第四期五年规划》，5年从新疆招收5000余名少数民族学生，由国务院有关部、委（局、公司）和河南省等所属的有关高校办班培养，这是国家指令性定向招生计划。同时，教育部、国家民委联合下发了《2001—2005年关于落实内地高校支援新疆培养少数民族本专科生2001—2005年招生规划的通知》，明确了内地高校为新疆举办民族班的任务。要求强化政府行为，贯彻长期坚持、不断完善的方针，实行定点、包干责任制的原则，确保招生计划任务的落实。同时，要求继续完善内地高校新疆民族班招生、管理和分配制度。招生工作要采取公平竞争，择优选拔，严格把关，保证生源质量。加强管理，确保培养质量。

2003年10月18~21日，教育部、国家民委、新疆维吾尔自治区人民政府等有关部委和清华大学、北京大学等100多所高校的200多名代表，在乌鲁木齐召开"内地高校支援新疆第五次协作会议"，讨论制定了《内地高校支援新疆第五次协作招生规划》，确定了2006~2010年内地高等学校支援新疆培养少数民族本科生招生计划，5年共计招收10 000人。其中，国家民委所属民族院校每年还招收500名少数民族预科生。

2. 少数民族高层次骨干人才培养

2005年10月，国家正式启动"少数民族高层次骨干人才培养计划"，重点在西藏、新疆等西部12个省市、自治区、直辖市和新疆生产建设兵团定向招收并培养大批硕士生和博士生。为此，教育部制定了《培养少数民族高层次骨干人才计划的实施方案》，新疆也制定了相关实施意见，就新疆少数民族高层次人才培养的指导思想和目标要求、招生范围、招生计划，以及经费、报考条件、培养任务、考试和录取、教学工作、职责和管理等方面做出了明确规定。招生工作实行"定向招生、定向培养、定向就业"和采取"自愿报考、统一考试、适当降分、单独统一划线"的原则。学生毕业以后，全部回定向地区和单位就业，硕士服务期限为5年，博士为8年。[①]

阿里木老师正是在2005年研究生毕业的。他从1996年就开始考研究生，在采访中，他说道，如果早一点有这个政策的话，我就可以早点入学了。用了6年的时间终于在2002年考上了研究生。下面我们看一下在21世纪研究生的教育状况到底如何。

问：您是哪一年考上硕士研究生的？

答：是2002年，因为我1996年工作，6年在农村和县上带几门课，我一直在努力，但是，我们的英语底子很低，因为我们没有系统的受英语教育嘛，我们吃了很大的亏，后来我2002年考上新疆大学，学维吾尔语专业。

问：当时，研究生考试都考了哪些课程？

答：语言学纲要、现代汉语、现代维吾尔语、英语、政治。英语50分、政治56分、专业课80分以上，跟汉族学生差不多。因为那个时候没有优惠加分，现在的骨干呀，那个时候没有，民族线都没有，汉族学生多少我们也多少。本科生很羡慕我们研究生的，但我们压力大，还有新疆大学的要求挺高的，英语四级、六级必须过关，还有汉语的HSK必须过关，还要发表论文，那个时候不知道研究（科研）是个什么东西，汉语能力也不行。我先前的导师是维吾尔族，后来他去世了，就换成了汉族老师，课程和汉族学生一块听，我的毕业论文也用汉文写，所以，3年内，我一边学汉语，一边学英语，一边学专业，研究生阶段就是我最辛苦的阶段，压力挺大的，再加上我的年龄大，那个时候我已经28岁，还有父母的压力、社会的压力，每次回家父母就说，你28岁了，该结婚了。但是那么多压力，没时间想结婚的事。

问：当时英语要求达到多少分？

答：40分，那个时候没有扩招呢，我两次少了两分就考不上。第一次去北京，校长很鼓励我。我在北京待了3个月，学了古代汉语、英语，参加了很多培训班，压力特别大，因为学校这么支持我，我一定得考上。

问：是当时有朋友在那还是？

答：没有，什么都没有，我只能跟那边的教授写信，他就马上回信了：你考研的话我就鼓励，我给你安排，什么都安排，然后，我去了以后，吃饭、住宿，什么都安排，我运气挺好的。可以说，我得到了很多朋友、很多兄弟的帮助，现在，我一直跟他们都有联系。

问：读硕士研究生的时候，您就辞职了？

答：没辞职，那边的领导对我还是挺好的，我想辞职的时候，（他说：）我们鼓励你，因为第一次有在职老师考上研究生，教育局长也跟我说：你先去，签个协议，回来不回来是自己的事情，我当时说我可能会考博、出国等，不能保证一定回来，所以，你们的工资我不能再领，他说可以（领），你生活上肯定需要钱。他们的支持，说实话，我很感谢，每一次他们需要我去讲座，我就很乐意去，因为我得到了他们很多的鼓励和帮助。

问：当时上研究生有没有学费？有没有补助？

答：没有学费，我是公费，补助是 350 元还是 200 元，但我档案关系没转，不能领。

问：奖助学金有没有？

答：奖学金有，但我没有。因为我的压力挺大的，我们必须过四级、六级，但是汉族学生都已经过了，他们的精力已经在专业上了，一来，他们就发表论文，一来，他们六级过了。我第三次才考过，因为，我的英语底子弱，然后四级就每次 56 分、58 分（当时百分制）。所以，英语的教育对我带来的压力挺大的。

### 3. 高校民族预科教育

进入 21 世纪，新疆高校民族预科教育进入了一个新的历史时期，主要表现在五个方面：一是预科教育模式多样。从学制上分，有一年制和两年制的；从培养对象来分，有为本校培养预科生的，有为内地高校培养预科生的。二是教材的选用多样化。三是课程设置日趋合理。四是预科管理体制各不相同，有的高校成立了预科部（或汉教部、语言部），有的高校把预科教育归入某个系管理。五是积极推行 HSK，以 HSK 为中心，全面进行教学改革。现在已普遍实行了 MHK（民族汉语考试）。

国家在湖南等 17 个省、自治区和国务院 6 个部委所属的 81 所普通高等学校中举办了少数民族预科班，每年招生 7200 余人。其中约 2000 人在中央部委所属的高等学校中学习（在教育部直属高等学校中学习的有 500 人）。国家要求少数民族预科班要继续办下去，但总体规模不再增加，重点是逐步提高办班的层次与质量，逐步扩大在水平较高学校学习的人数比例，以 2000 人为基数，将其在中央部委所属高等学校学习的人数逐步扩大到 3000 人左右。为提高中央部委所属高等学校办少数民族预科班的积极性，改善相应的办学条件，中央财政对承担任务的中央部委所属高等学校参照普通高等学校本科生标准，拨给正常的事业费。

阿不都外力：我们当时课时不是很多，一周就两次，大学的时候我们有一年预科，但是那种预科跟我们西北民族大学的预科是不一样的。我们还是按年级，就是我们原来的班级一个班给我们派一个老师集中讲课。他就是听力、口语、阅读、精读很厚的教材，这个也是从基础开始讲的（零基础），包括语音、语法、词汇、句法等重新讲，慢慢的，课文的量就大了，还有一些辅助课本让我们自己阅读，就这样上了一年。我大学很多专业的课本都是维吾尔文的教材，给我们上课的老师基本上都是维吾尔族老师并且用维语给我们讲课，不过还有一些文学专业是汉族老师讲，一周一次，所以学习专业的时候汉语的量不是很大。

### 4. 开展"少数民族科技骨干特殊培养工作"

从 1992 年起，国家人事部、科技部、新疆维吾尔自治区人民政府会同有关部门，从新疆选拔具有中、高级专业技术职务的少数民族专业技术人才，安排到国务院有关部门和部分地区所属的教学、科研机构和企事业单位，进行为期数月至两年的特殊培养和工作锻炼。到 2006 年，已完成两批特培任务，培养了 11 个民族的 716 名科技骨干，科技部、教育部、卫生部、农业部、水利部等 45 个部委，北京、上海等 9 省市和 110 多个内地培养单位承担了特培任务。新疆维吾尔自治区也先后投入 700 多万元资金用于特培工作的开展和学员返回工作岗位后科研项目的启动。国家决定在"十一五"期间，为新疆继续开展第三批特培工作。

### 5. 实施"海外智力援疆工作"

从 2004 年起，国家在新疆实施"海外智力援疆工作"，在今后 5 年中，每年向新疆及兵团提供资金 1000 万元用于聘请外国专家对新疆进行智力援助和派出人才出国、出境培训，每年选派 400 人次赴国（境）外培训，其中各级党政领导干部 200 人、企业经营管理人员和专业技术人员各 100 人，5 年共计 2000

人次。

### 6. 资助内地高校新疆少数民族特殊困难学生

为了解决高等院校少数民族特殊困难学生的困难，从 2000 年开始，国家对内地高校新疆特殊困难学生每年补助 1600 万元，用于特殊困难生的学习和生活资助，保证特殊困难大学生顺利完成学业。新疆维吾尔自治区还制定了《内地高校新疆少数民族特殊困难学生资助办法》。从 2010 年开始，新疆维吾尔自治区党委、新疆维吾尔自治区政府决定启动 3400 万的配套资金，用于对内地高校新疆特殊困难学生的补助，使这部分资金投入由原来每年的 1600 万元增加到 5000 万元。

玛依努尔：我们国家的政策是好的，人人平等，对孩子的学习，我们作为父母可以不吃不喝，我们学院现在学生的人数是 560 人左右，在这些学生当中，贫困率达到了 67%，为什么我们有那么多学生愿意报考西北民族大学维吾尔语言文学院，因为学院各方面都有很大的资助，一个是国家助学金，一个国家奖学金，还有一个是新疆困难补助。这三个方面的资助可以让学生在这 4 年的学习过程中不向家里要钱，顺利地完成学业。所以说这是一方面，还有另一方面是，西北民族大学的学费相对其他大学的学费是非常低的，所以我们很多学生都愿意报考西北民族大学。

### 7. 高校毕业生就业

为促进大中专毕业生就业，2000 年以来新疆维吾尔自治区党委、人民政府出台了一系列措施，鼓励大中专毕业生到基层就业。2002 年以来先后下发了《关于鼓励大中专毕业生到生产建设兵团工作的规定》《关于鼓励普通高校毕业生到基层就业的意见》《印发〈关于进一步促进大中专毕业生面向基层就业的意见〉的通知》和《关于全面做好大中专毕业生工作的意见》等文件，出台了高校毕业生面向基层就业的考研照顾、户籍和人事档案迁转、职业培训、创业扶持、税费减免、权益保障等各项就业扶持政策。新疆维吾尔自治区党委决定从 2006 年起，在县以上各类学校、医疗卫生机构和农机部门现有编制的基础上，增加 5% 的人才储备编制，专门用于招录高校毕业生下派到乡（镇）学校、卫生院、农技部门工作。新录用人员在农村基层单位至少工作 2 年；并规定今后县以上教育、卫生和农技部门自然减员空编全部通过正式招录的在基层锻炼满 2 年以上的大中专毕业生补充。

玛依努尔：从就业方面来说，新疆没有就业的大学生非常多，自从张春贤书记上任之后，把从 2001 年到现在没有就业的大学生两次分配到内地，比如，对口支援城市，对他们进行两年的培训，然后回到已分好的单位去工作，有了这样的政策之后，好多大学生都就业了，解决了他们的就业问题，这当中基本上都是维吾尔族。兰州理工大学也有这样的学生，大概有 400 多人，99％都是维吾尔族，都是喀什地区派来这边培训的学生，而且他们每个月都还有一定的生活补贴，学费也是免的，培训结束后就回到当地分好的单位去工作，这对民心、社会的稳定起到了很好的作用。

### 8. 双语教师培养

2003 年新疆维吾尔自治区在《新疆维吾尔自治区人民政府贯彻国务院〈关于深化改革加快发展民族教育决定〉的意见》中，明确提出了要培养一支合格的"双语型"少数民族教师队伍，加强汉语教师培训基地建设。2003 年 9 月开始实施总投入达 7600 万元的"国家支援新疆汉语教师方案"。自 2004 年起，在新疆大力推广的一项重大措施是推进中小学双语教育工作，让每一个孩子在初、高中阶段就过了汉语关，为今后的大学教育提供良好的基础。同年 3 月启动的"新疆少数民族中小学双语教师培训工程"成为"十五"期间新疆双语教师队伍建设的重要支撑。2004 年 7 月新疆维吾尔自治区党委做出《关于大力推进双语教学工作的决定》，一时间，新疆各地掀起了民汉合校、开办汉语教学班的热潮。新疆维吾尔自治区党委、人民政府适时拿出巨资，选派 3700 多人进行双语教学培训，每年还抽调 400 名干部进行双语支教，使新疆 1415 万名少数民族学生进入双语教学班学习。2007 年新疆在普通高等教育招生中面向喀什、和田、克孜勒苏、阿克苏四地州乡镇，招收了 500 名专科层次汉语言（含民考汉）考生，为南疆四地州的农村培养了高素质的中小学"双语"师资。教育部于 2007 年暑期委托西北师范大学、首都师范大学采取"送培进疆"的方式，实施教育部援助新疆中小学教师培训计划，提高民族地区中小学教师实施新课程的能力和水平。

为进一步规范新疆维吾尔自治区"双语"教师培训工作，新疆维吾尔自治区决定将 2008 年定为"新疆中小学少数民族'双语'教师培训工作质量建设年"，主要采取了以下八项措施：一是启动"自治区、生产建设兵团参训'双语'教师汉语授课能力强化训练"实验计划；二是启动"自治区中小学少数民族'双语'教师培训者培训计划",努力构建高质量"双语"师资培训者队伍;三是启动"自治区'双语'师资培训应用课题研究工作计划";四是实施"自治区两年制'双语'教师培训与提升学历相结合工作计划";五是积极落实"强化自治区中小学少数民族'双语'教师培训教学实习"的工作计划;六是组织实施"自治区、兵团参训'双语'教师汉语教学能力测试"计划;七是启动"自治区'双语'教师培训远程教育资源研发计划";八是依托新疆中小学教师继续教育中心,组织参训"双语"教师的各类活动。

### 9. 双语教学

进入21世纪,新疆维吾尔自治区进一步加大了双语教育的力度。1999年5月28日,新疆维吾尔自治区教委制定印发了《自治区少数民族中学双语授课实验班评估方案(试行)》《自治区少数民族中学"汉语"授课实验班参考课程(教学)计划》。2000年11月30日又下发了《关于公布开办双语授课实验班学校名单的通知》,公布了新疆实验中学等28所开办双语授课实验班学校名单。到2000年,实验班已发展到15个地、州(市)的28所学校,共开设91个双语授课实验班,在校生数达3867名。

2004年,新疆维吾尔自治区党委、人民政府下发了《关于大力推进双语教学的决定》,确定了少数民族中小学逐步过渡到全部课程用汉语言授课,同时加授母语文的双语教学模式;提出推进少数民族中小学双语教学的方案,要求少数民族学生高中毕业达到"民汉兼通"的目标,并决定实施民汉合校工程。

2005年7月18日,新疆维吾尔自治区党委办公厅、人民政府办公厅下发了《印发〈关于加强少数民族学前"双语"教育的意见〉的通知》,并于同年12月召开新疆维吾尔自治区"双语"教学工作会议,提出要遵循语言教学规律,不断强化少数民族学前"双语"教育。要求各地以农村为重点,加强少数民族学前"双语"教育,同时,积极推进与学前教育相适应的少数民族小学"双语"教学模式改革,创造条件,从小学一年级起开始招收"双语"教学班,使之与学前"双语"教育相衔接。

2006年,新疆维吾尔自治区党委提出教育要面向世界、面向未来、面向现代化建设,把加强汉语教学作为提高新疆少数民族素质的根本性举措,全面启动双语教育工程,从学前教育开始解决汉语普及问题,为全面提高教育质量和公民素质奠定坚实基础。

2007 年，新疆维吾尔自治区成立了"双语"教学工作领导小组，在和田市召开了"自治区少数民族学前'双语'教育现场会"，进一步明确了"双语"教学的目标任务。

## 二、社会教育

### （一）21 世纪以来的时期学校教育

2004 年 3 月，新疆维吾尔自治区党委人民政府印发《关于大力推进双语教学工作的决定》，这是一份具有里程碑意义的文件，是"双语"教学从实验到全面推进的转折点；第一次明确了新疆双语教学的最终模式是"全部课程汉语授课，同时加授母语文"的模式；根据因地制宜分类指导分区规划分步实施的原则，首次将新疆的"双语教学"分为大中城市区、北疆、东疆市县，以及南疆地、州所在城市区、广大农牧区三类地区，新疆的双语教学工作有了更加明确的办学方向；再次提高了少数民族教师的汉语水平标准：汉语教师高中、初中和小学 HSK 标准分别是 8 级、7 级和 6 级，非汉语教师 HSK 标准分别是 7 级、6 级和 5 级。同时，在全国课程改革的大背景下，新疆维吾尔自治区教育厅组织新疆师范大学新疆财经大学等部分专家和中小学骨干教师开始编写基于新课程理念的双语教学实验班专用汉语教材，由方晓华教授担任主编的这套教材从小学一年级起编写至高中三年级，每学期一册共编写 22 册（其中初三、高三年级各为全一册），2005 年 9 月开始投入使用，配套的教师教学指导用书和教辅练习材料也在 2006 年上半年全部编写完成这套教材在新疆双语教学迅速发展的形势下起到了非常重要的作用。

2005 年 7 月，新疆维吾尔自治区党委办公厅、新疆维吾尔自治区人民政府办公厅印发了《自治区关于加强少数民族学前双语教育的意见》，确定了新疆双语教育从娃娃抓起的指导思想，对实施学前双语教育的师资配备教材编写教育设施来源、教师和学生生活补助等方面问题做了详细部署。同年，新疆维吾尔自治区教育厅专门制定了自治区少数民族学前两年双语教育教学指导纲要，并迅速组织针对农牧区学前双语教材的编写工作将少数民族学前双语教育迅速普及开来，从源头上改善了中小学双语教育的生源质量，从根本上提高了新疆民族教育的质量。

## （二）21世纪以来的教材建设

新疆维吾尔自治区从 2003 年秋季开始了新课程标准教材的编译出版工作。小学课程设置有语文、语法、数学、汉语、科学、艺术、音乐、美术、综合实践活动、品德与生活、品德与社会等；初中课程设置有语文、语法、数学、中国历史、地理、生物、音乐、美术、思想品德、汉语、物理、化学、信息技术、体育与健康、英语等。1978～2005 年，27 年共编译维吾尔文教材 8133 种，比前 28 年增加了 5.91 倍，册数 40 105.8 万册，增加了 7.71 倍。

现阶段的维吾尔文教材发展速度减慢，进入了一个相对低谷的阶段。新中国成立后，维吾尔文教材建设曾经历过大部分由国家拨款的阶段，但发展至今，一方面国家财政支持力度有所下降，另一方面民文教材的种类有所增加，使得经费短缺问题更为突出。维吾尔文教材品种占新疆全部品种的 70% 以上。由于品种多、印数少、定价低等因素，形成了政策性亏损。1997 年以前，由新疆维吾尔自治区财政厅补贴，1997 年以后，出版社实行自负盈亏。由于新疆地域辽阔，汽车运输成本高，运至 500 千米之外就不能盈利。现在很多地区中小学部分课程采用汉文教材，部分课程采用维吾尔文教材，大致分为自编教材、编译教材和翻译教材。

在南疆，不同的县、市和相同县市在使用教材上有所差异。在喀什高中普通班一律使用维吾尔文教材。双语班，只有数学使用汉文人教版统编教材。办学条件比较好的个别小学，从 2004 年开办了双语班，其他绝大多数小学从 2005 年开始开办了双语班。个别几个小学同时开办了双语学前班，也是除了数学外，其余课程全用维吾尔文教材。

喀什地区实验中学民文教材使用情况比较复杂，这所学校有中学部，包括初中、高中 16 个班；有中专部，包括美术、音乐、体育、英语、汉语等 12 个专业班；有大专部，包括 3 加 2、专升本 4 个班；还有培训部，专门培训中小学双语教师。我们重点调查了中学部，即实验中学初中和高中班的情况。除初一数学、生物，初二数学、物理、生物，初三数学、物理、化学等课程用汉文教材外，其他全用维吾尔文教材，用民语授课。高一、高二、高三普通实验班，语文、历史、地理、政治用维吾尔文教材，其他用汉文教材。有一个尖子班，除语文课外，其他全用汉文教材。

喀什师范学院附中早在 1994 年就开始招收双语班，目前有 8 个班，语文、政治、历史、地理、音乐、综合实践活动等课程使用维吾尔文教材。

乌鲁木齐市中小学教材使用情况：小学一、二、三年级除汉语课本外都用维吾尔文教材。小学四、五、六年级除汉语、数学课本外都用维吾尔文教材。从 2006 年 9 月起所有的班二年级数学开始也用汉文教材。小学三、四、五、六年级实验班除汉语、数学课本外都用维吾尔文教材。普通班从 2006 年开始，初一数学、生物、信息技术、汉语用汉文教材；初二、初三、高一除汉语课外都使用维吾尔文教材。实验班高一除语文外都使用汉文教材（最近高级中学地理使用的是维吾尔文教材）。高二、高三除语文外都用汉文教材。实验班用书情况由各学校自己定。从 2006 年开始，小学汉语课本、数学课本用的是人教版的汉语文和数学教材。

至今，新疆在中小学教育中，分别使用汉、维吾尔、哈萨克、蒙古、柯尔克孜、锡伯、俄罗斯 7 种语言文字授课，用着 7 种文字的教材。在大学中则使用汉、维吾尔、哈萨克三种语言文字授课，用着这 3 种文字的大学教材。

### （三）非正规教育的发展

1949 年以前，新疆文化教育事业极为落后，400 多万人口中，90％以上是文盲，学龄儿童入学率仅为 19.8％。各少数民族中的文盲率更高，学龄儿童入学率更低。经过 50 年的努力，新疆在扫盲和普及基础教育方面取得了历史性的巨大进展。

20 世纪 50～60 年代开展了大规模的群众性扫盲活动，80 年代扫盲工作进一步规范化、法制化。1992 年新疆荣获联合国教科文组织颁发的"野间扫盲奖"。至 1998 年，全新疆共举办乡镇农牧民文化技术学校 953 所，每年有 200 多万农牧民接受不同类型的实用技术培训，全自治区已基本上完成了扫除青壮年文盲的任务，青壮年非文盲率达到 96％以上，复盲率控制在 3％以下。经过 20 世纪 50～60 年代大力普及小学教育和 80 年代以来的大力普及"九年义务制"教育，到 1999 年全自治区小学适龄儿童入学率达到 97.09％，其中少数民族小学适龄儿童入学率为 97.08％，初中适龄少年入学率达 76.65％，其中少数民族初中适龄少年入学率为 73.36％。新疆维吾尔自治区人民政府确定，到 2000 年，在全区 70％左右的人口地区基本普及九年义务教育。

### （四）家庭教育

家庭对人的影响非常大，新疆尤其是南疆的维吾尔族大多数生活在农村，由于农村的文化教育事业相对落后，许多家庭文化观念淡薄，对于接受教育的认识不足。新中国成立前，许多农村除有少量的经文学校外，几乎没有近现代教育，所以维吾尔族农村家庭中缺乏文化教育。直到现在，家庭教育中仍以伦理道德、劳动技能教育为主，文化教育比重不大。不少农民认为他们的孩子即使上了大学也不太好找工作，不如让孩子早一点学会劳动技能自谋出路，所以尽管目前国家对农村教育投资的力度很大，农民让孩子上学的积极性仍然不高。他们认为孩子只要品行好、认识字、会算账、会劳动就行了，不仅不支持女孩上学，也不鼓励男孩继续求学。

由于落后经济的制约，在南疆地区，特别是在偏远的农村牧区，当地经济落后不发达，维吾尔族中有一部分人尚未脱贫致富。例如，墨玉县是维吾尔族高度聚集的封闭式偏远地区，有一部分特困村无力也无心关注教育，教育水平落后，人们学习文化知识的意识差，一部分贫困家庭的孩子早早地就辍学了。有些维吾尔族家庭为了减轻生活负担，把女孩早早地嫁出去，或者让女孩外出学手艺，当小保姆，以便减轻家庭负担，致使许多女童过早地失去了受教育的机会。

受传统思想观念的影响。由于社会传统的道德观念对女性的偏见和苛求，社会上还有相当一部分人（包括女性自己在内）习惯于把贤妻良母、顺从丈夫、操持家务、温柔美貌作为评价女性的标准，有些人认为妇女接受教育尤其是高等教育是一种资源的浪费。理由是女性与男性之间存在着生理差别，所以接受教育的女性难以在事业上取得与男性同样的成就。但是不可否认的是，父母对子女教育观念公平的家庭，更容易产生良性循环，教育付出得到的回报远高于儿童打工就业的短期效益，这一点，在所有受访人身上都得到了体现：

如受访人之一的阿里木，西北民族大学民族语言信息技术研究院副教授、博士。

问：您家里父母当时从事什么职业？

答：母亲是老师，爸爸是医生，我们家6个孩子，我是老四。

问：您家里兄弟姐妹里有几个男孩几个女孩？

答：3 个男孩 3 个女孩，我们都上学。

问：您父母当时对子女的教育持什么样的态度或者主张？

答：父母当时对我们的教育和将来都很重视，父母都希望我们上大学，当时两个姐姐参加了几次高考，但是考得不理想，父母就鼓励她们，她们最后考上了大学。还有就是，我们家当时没有种地，只有上大学才能改变我们的命运，因为只有上大学才是我们的出路，才能找个好的工作，当时的想法就是这样的。

问：当时是男孩女孩都主张去读书吗？

答：都主张读书，上大学。我 1996 年就参加工作了，然后工作 6 年，后来考研、考博，在这期间他们一直在鼓励我，从这个角度来说，我的父母相当的支持我们。

采访人之一的阿布都外力·克热木："可能他们是为了解放自己，多干点儿活吧。不然还要留在家里照顾我们。我父亲是一个乡村干部，我母亲是家庭主妇。当时我们还有 5 亩地，主要种小麦，棉花。我也知道农村的苦，当然也锻炼人，可以让人艰苦朴素，我早上早早起来去放羊。父母也支持我们上学，我父亲也就是小学毕业，他们对教育很敬仰的态度，认为上学能改变一个人的命运。他们对我们的学习也帮不了什么忙，只能是督促，监督。我们家四个孩子，一个姐姐、两个妹妹，也都上了学。"

玛依努尔（西北民族大学维吾尔语文学学院书记）："我们家没有这种观念，我刚才说过我们家有 8 个孩子，3 个孩子没有上大学，其他 5 个都是大学生。我们家可以说很重视教育，我最大的哥哥没有怎么上学，因为当时我父亲做生意，家里可以说也有钱，我哥哥也不好好上学，所以当时就跟着我父亲去做生意了"

# 三、个人教育

成功的个人与良好的教育不可分割，而促使梦想实现的，往往都是个人不懈的努力。

阿不都外力·克热木：所以我有一个追求和梦想，大学前两年还是有点迷茫，后来找到了属于自己的学习方法并确立了目标。博士期间我学的英语主要是理论，学的是口头传统理论，是民间文学，民俗学领域里的美国人和德国人的理论。

阿里木：研究的基础不一样，但本科时应该多学一点，多找兴趣点。我去德国留学时就发现我们的思路有问题，方法有问题。兴趣要多一些、要多学。多学了以后，你就会发现很多东西是交叉的，你懂了这个，另一个也就会了，能融合，这样，你拿出来的东西才是有水平的东西。比如说，我们现在搞得自然语言学处理，我语言可以，但计算机不行，又得学。所以你懂得范围越大，你拿出的成果越多。你不能只学习一个方向。

我的兴趣比较多，（那天）本来我有很重要的事，（但还是）去听了那个讲座（新疆师范大学一个老师来我校举办的关于宗教人类学的一个讲座），讲座的内容与我的专业关系不是很大，但是有时候可能会有关系，他讲的是宗教学，宗教跟我们的生活也（有关系）。有时候跟我的生活有关系（有些讲座与我的生活密切相关，对生活有启发作用，所以我去听），有时候跟我的专业关系学，有时候跟我的儿子有相关的东西学习，跟儿童有关的东西，我必须去听，因为我应该教育我的儿子。

受过教育的家庭，往往也更加重视子女的教育问题。在采访中，受访人都有一个共同的子女教育观，那就是要接受本民族的教育。大概这与离开故土有关。

采访人之一的阿布都外力·克热木就表现出很强烈的民族教育思想，希望在下一代传承维吾尔族的文化。

阿布都外力·克热木：现在我正在思考和研究，确实存在这样一个矛盾，我也希望我的孩子保留传统文化，同时也学习现代文化，所以难度特别的大，因为现在大环境，就是汉语的这种文化氛围，汉语的学习环境、语言环境当中，我儿子很少讲维吾尔语了，我就逼着他讲。我与他用维吾尔语对话，但是他回答汉语，所以我也很头疼，找不到比较合适的方式。我还给他买了一些维吾尔语的卡通片，但是他不爱看，就看汉语的，我买过西游记的维文的，他不看，偏偏看汉语的，因为他听着可能舒服一些。现在新疆出了很多的双语读物，但是都他不看，现在我唯一能做的是把他送到西关什宇清真大寺的那个幼儿园，因为他们有一个比较有特色的教育就是教《古兰经》，他在幼儿园会一些小的经文，会背，另外我晚上回去会给他讲个故事，就是我们传统的故事，我们听过的故事，所以在这方面我觉得自己做得比较好，他和其他维吾尔族的孩子比起来用词特别恰当，我们很多同事都说："这个娃娃用词很恰当。"这就是故事的作用，很多东西他不是自己说的，他可能就是把有一些对应的环境里边（的词汇）脱口而出，这个对他有所帮助。我教给他维吾尔语的字母，他4岁的时候就学过，但是拼写比较困难，还不会写，每个单独字母都认识，但是他不会拼读，都是我给他一个个念，他模仿，所以我确实找不到更合适的方式。当然，我组织过维吾尔族的娃娃玩维吾尔族的游戏，那个确实起作用了，但是我确实时间太忙，抽不出太多的时间。我们很多儿童游戏，主要是背童谣，那个是在娱乐当中学习，效果最好，但是主要是我们抽不出那么多的时间陪孩子，要不然我觉得这个方式是最好的一个学习方式。那天陈处长（教务处处长陈永奎）说了，我们舞蹈学院每年英语补考率特别高，实在拿他们没办法，要不就作弊，要么就不好好听课，我们传统的这种英语教学跟他们行不通，所以给他们现在创造了一套新的，给他们一个权力，新型的教育方式，就是在游戏当中学习英语，让他们演话剧、唱歌、玩游戏，但是必须说英语，这个效果挺好。这是值得参考的一个教育方式。

对子女的教育，与父母受教育的程度有很大的关系，尤其是父母的职业。对职业观的理解也深深地影响着子女的教育观。例如，受访人之一的阿里木，他是搞大脑语言信息处理的，在对子女的教育上，谈及的也是对孩子的语言教育。

我们结婚晚，儿子现在刚两岁，我知道语言这个东西，从小就要开发他的（语言）能力，这个不（光）是语言，很多东西，一岁的娃娃脑子就成熟了，但是怎么开发，用什么样的方法来开发，这是一个问题，我就探索这个问题，因为我学过很多语言学的书。怎么去开发他的语言能力，乔姆斯基你们可能听说过，全世界最厉害的人（语言学家），他本来是搞哲学的，然后搞数学，后来搞语言学，他的理论震惊了世界，他的意思是一岁的娃娃已经有语言能力，只是开发是一个过程，我现在搞社会语言学，它是人类天生的、本身自有的能力，所以，我的想法是天生的东西和社会上的（后天的培养）应该结合起来，天生的、本身的东西怎么开发？现在，我们（夫妻俩）的工作也很忙，有时候忙不过来，我们的很多想法实现不了，但是很努力，现在我们主要是开发他的语言能力、他的思想能力，每次把他抱出来上山，给他讲很多东西，好像是我的学生一样，月亮是什么东西？离我们多远？月亮大还是你大？他说：我大，我说：不对。然后给他解释，这个也很重要，我们不要小看小孩子，他们有时候想象力比我们丰富。

在对孩子未来的培养上，受访人均表示不会给孩子太大压力，主要看孩子的意愿。

阿里木：我现在主要想把学生综合能力（提高），也不希望把他（培养成）什么博士生，但是他的能力（要）强。我愿意给他投资，我愿意给他提供最好的教育的平台，但是我没有让他必须上清华大学、北京大学的想法。看孩子兴趣，给他提供最好的条件（支持你），我不去强迫他从事什么，我还是慢慢培养他的兴趣，他的兴趣在哪里、他的生存能力在哪个方面最强。我的责任：第一个他做人方面，第二个他生存能力。以后的竞争很激烈，培养他的综合素质很重要，现在你看教育，有时候我很怀疑的，真的怀疑，我们老家也有：把娃娃送到"内地新疆高中班"、送到清华大学，我姐姐的两个娃娃，一个今年高考，他的成绩挺好，他就想必须要考上北京大学。我告诉他：你不要这么想，你要先定位，你的能力有多大，如果你的能力不高，会压力（过大），所以，你先衡量一下自己，有多少水平，你的兴趣在哪儿，你（喜欢）的专业和想考的学校挂不挂钩。

玛依努尔：当然作为父母的话我们对孩子的期望非常大，我姑娘是 2010 年 9 月份去的美国，在那边上高中，在此期间我们每天都通电话，她有的时候报喜有的时候报忧。她刚去的时候英语不是很好，在英语上可能受到各方面的影响吧，在国内学的英语和在国外学的英语不一样，所以她有的时候诉苦说英语还是不行，在 2012 年的中旬，她给我打电话说："老师要求我们中学生进入大学前要有社会阅历，社会经历，要我去工作。"我就说既然是学校要求的，那你就去打工，她现在就在打工，星期六、星期天她去打工，星期三的时候她们社区有个义工的工作，就是给外来人员教英语，然后又报这个喜，现在也成了一个助教。她说她大学想学口腔医学，我就说这是你自己的选择，你想学就学吧，我跟她父亲商量了一下，他父亲也挺高兴的，她现在一个人在外，我们也不想给她太大的压力。

在被问及"你主张孩子先学维吾尔语，还是和汉语一起学"时，都得到了先学习维吾尔语的回答。首先，把一种学好，基础打好，词汇学好，复杂句子都会说，就可以学其他语言了。

阿不都外力·克热木：孩子 4 岁的时候，我就教过他维吾尔文字母，每个字母都认识，但是不会写单词，不会连在一起拼读出来，我也找不到合适的方法。当然，我组织过维吾尔族的娃娃玩过维吾尔族的游戏，那个确实作用了，但是我们确实时间太忙，抽不了太多的时间，我们很多儿童游戏，主要是背童谣，那个是娱乐当中学习，那个效果最好。

阿里木：3 岁之前必须把母语教会，我现在不教汉语，不必要，我现在担心的是他以后会不会说维吾尔语，汉语是自然而然的。12 岁之前你可以学任何语言，这个脑子是一种开放性的，像开关一样，12 岁以前这个开关是开的，12 岁以后开关是关的。3 岁以前必须把母语学好，现在他的语言挺好的，有时候会说出一些我都想不到的复杂句子。

在采访中，受访人都一致表达了传承少数民族文化的必要性。

阿不都外力·克热木：我们生长在乡村，基层的语言更丰富一些，更地道一些，比城里保留的更传统一些，爷爷奶奶给我们讲故事，当时我们也没电视，晚上我们就听故事，后来我学的民间文学也有这个因素，我很小的时候就知道关于阿凡提的许多故事。很多故事反反复复地听，刻骨铭心。

当时我们还有宗教教育，白天我们在学校上课，晚上阿訇给我们读《古兰经》。阿訇让我们读"海菩提耶"也就是读阿文的识字课本，因为维文字母借用的是阿拉伯语字母，但发音不一样。我们就背。晚上睡觉之前，爷爷奶奶还给我们讲一些简单的"苏来"，也就是小段经文，祈祷用的，不长，他们说一句，我们就模仿。可能就是这些传统教育和学校教育加起来，学习的速度就快一些。现在传统教育没有了，现在的小孩只喜欢卡通片，包括我儿子，只想当奥特曼，不想当科学家。

问及经堂教育对传统文化有什么作用时，阿不都外力·克热木这样认为。

如果你掌握了传统文化，不管你以后学习，还是搞研究，对整个问题的观察、判断、解决等能力都会不一样。和看电影长大的孩子不一样，就会比较现实一点，讲究方式方法，讲究自己的文化，尊重自己的文化。传统文化是一个根，根丢了，这棵树就会枯萎。现在也提倡传统文化教育，丢掉了，就像一个人的灵魂缺了一块。现在也有一些传统的教育学校出现了，学国学。现在新疆维吾尔自治区教育厅也编了一些地方色彩的教材，吐鲁番地区也编写了一些教材，里面有民族、风俗、民间故事、礼节等，还有很多图片，适合儿童阅读。文字表述也比较简单，图片比较多，有场景。吐鲁番文物比较多，就把文物也加进去了，用儿童的语言来介绍，如苏公塔、交河故城、火焰山和西游记，因为孩子们爱看。现在教育部门也认识到了。这也是很有必要的。

# 第二节　21 世纪以来蒙古族的教育发展

## 一、学校教育

2002 年 7 月 7 日，国务院颁发了〔2002〕14 号文件《关于深化改革加快发展民族教育的决定》，确定民族教育改革发展的目标和政策措施；确立"两基"在整个民族教育中居"重中之重"的地位，促进各类教育健康、协调发展；坚持以地方自力更生为主，国家大力扶持，发达地区和有关高等学校大力支援相结合；坚持规模、结构、质量和效益相统一。随后，教育部和国家民委在北京召开了第五次全国民族教育工作会议，进一步统一了大家的思想和认识。

"十五"期间，民族自治地方要在巩固"两基"基础上，把实现"两基"的县级行政区划单位从 2001 年的 51％提高到 70％以上，在 95％的地区基本普及小学阶段义务教育；确保少数民族散杂居地区民族教育优先或与当地教育同步发展；确保高中阶段在校生有显著增长。到 2010 年，民族地区全面实现"两基"，办学条件进一步改善，形成具有中国特色、适应 21 世纪信息化和现代化建设需要、充满生机活力、较为完善的民族教育体系。

受访人：包哈斯额尔顿，1987 年出生于内蒙古兴安盟科右旗。2005～2012 年本科和硕士就读于西北民族大学蒙古语言文化学院，2013 年 9 月留校任教。

问：你几岁上的小学？

答：6 岁上的小学一年级，比别的孩子早一年或两年，其他孩子都是 7 岁或 8 岁才上学。

问：你在哪儿上的小学？当时小学的情况是什么样的？

答：在一个乡小学。小学挺简陋的，建筑、基础设施都很简陋，有几个砖房，有 20 几个老师。当时乡小学在我们那边算是比较大一点的学校，集中全乡的小学生学习。

问：教材呢？

答：教材都是上面发的，全部是蒙文的。我从小学三年级开始学习汉语，

一、二年级全是蒙文教材，老师也是蒙古族，日常交流全是蒙语。现在的老师不一定了，我去年去乡小学，教汉语的老师是蒙汉兼通，比较擅长汉语，不像我们以前不管上什么都是用蒙语。

问：小学时候上哪几门课？

答：蒙语文、数学，小学三年级开始学习汉语文。

问：有没有自然科学、手工制作什么的？

答：有，不是作为主课。入门教育时有美术、思想品德等，但主要是语文和数学。

问：你现在回想一下当时教学质量怎么样？

答：教学质量，那时候还真说不上。

问：有没有一个老师教几门课的情况？

答：那时候基本上没有，至少我遇到的没有。他们是一个教数学的老师教好几个班级，我上小学是1993年，20世纪90年代初时情况要好一些。

问：上了几年小学？

答：小学上到五年级，我们是五年制，初中是3年。因为年龄小，小学蹲班两次，分别是二年级和四年级，等于读了7年小学。

问：看来你的父母还是对你的教育很重视。

答：那时我感觉不出来，不过现在能感觉出来他们当时是用心良苦的。

问：初中在哪个地方读书？

答：初中是也是在我们乡的初中，集中起来学习的中学。

问：小学不是寄宿制吧？

答：小学、初中都是寄宿制，我们小学离我家有15千米，周末才能回家，那时交通也不方便，好多时候自己步行回家，挺艰苦的。

问：学校有生活老师吗？

答：那会没有生活老师，有一个做饭伙食管理员。

问：吃饭交不交钱？

答：那时不交钱，从家里带米，拿过去给伙食管理员，集中起来再给我们分着吃，基本上都是玉米饭、高粱米饭、小米饭。柴火都是自己带，尤其是到了冬天，每家都需送几麻袋的柴火给学校。

问：初中也是在乡里，是和小学分开的吗？

答：是乡里，我们称为苏木，苏木相当于乡级别的单位。中、小学是分开的，就是一个乡的两个地方。

问：是寄宿制吗？学生和老师比小学时多一些吗？

答：是寄宿，这时候不管是学生还是老师都要比小学时人数稍微多一点。

从2003年起，在全省（指黑龙江省，下同）各级各类学校中全面开展民族团结教育，在小学着重进行民族常识的教育，在中学（含职业中学、中等专业学校）着重进行党的民族基本政策教育，在大学着重进行马克思主义民族基本理论的教育。通过民族团结教育，使广大师生牢固确立"三个离不开"（汉族离不开少数民族，少数民族离不开汉族，少数民族之间也相互离不开）的观念，牢固树立自觉维护国家统一、反对民族分裂的思想意识，增强学生的社会主义法制观念、道德观念，提高科学、文化素质。

截至今年10月，我省有蒙古族学校42所，其中，蒙古族幼儿园1所，蒙古族小学30所，蒙古族初中5所，蒙古族完全中学2所，民族高中1所，九年一贯制学校3所。另有蒙语高等职业教育班3个。有蒙古族中小学（园）在校（园）生4621人，其中，小学在校生2844人，初中在校生1069人，高中在校生666人，民族高职在校生42人；蒙古族教师886人，其中，小学教师559人，中学教师312人。蒙古族教育的广泛开展，使我省蒙古族青少年学习使用蒙文、蒙语的质量和数量均得到空前提高。全省每年有近150名蒙语考生考入省内外各级各类本专科院校，占每年蒙语考生总人数的70%。近年来，随着教学质量的提高，每年都有蒙语考生考入中国人民大学、中国政法大学、南开大学等省外重点大学。据统计，截至目前，全省蒙古族蒙语文小学毕业生有20 000多人，初中毕业生15 000多人，高中毕业生8000多人，中师毕业生2000多人，大专毕业生300多人，本科毕业生1000多人，硕士毕业生30多人，博士毕业生或在读博士生10多人。全省有小学高级教师200多人，中学高级教师50多人，副教授以上教师10多人。

受访人：包哈斯额尔顿。

问：你是哪一年参加的高考？

答：我是2005年参加的高考。

问：高考和现在一样吗？3＋2还是3＋X？

答：高考基本一样。这个我不太清楚，我考的是语文（蒙古语、汉语）、数学、综合、英语。

问：综合考的是什么？

答：我学的是文科，文科综合就是政治、历史、地理。

问：参加高考之后就被西北民族大学录取了？

答：是的。当时我们在班里学习还不错，都是前三名、前五名，这样的名次可以考到内蒙古大学、辽宁大学、哈尔滨大学、中央民族大学，结果出了失误没考好。本来想复读一年，复读了3天之后就改变主意了，准备上西北民族大学。

## 二、双语教学

1995年《中华人民共和国教育法》以基本法的形式明确规定了我国双语教学的政策。《中华人民共和国教育法》第12条规定："汉语言文字为学校及其他教育机构的基本教学语言文字。少数民族学生为主的学校及其他教育机构，可以使用本民族或者当地民族通用的语言文字进行教学。学校及其他教育机构进行教学，应当推广使用全国通用的普通话和规范字。"根据《中华人民共和国教育法》的这一精神，为推动少数民族学生对汉语的学习，2002年4月教育部颁发了《全日制民族中小学汉语教学大纲》（试行），明确规定了民族中小学汉语教学的"教学目的""教学内容和要求""教材编写""教学中要重视的问题""教学评估""教学设备"等问题。2002年10月教育部又下发了《关于在有关省区试行中国少数民族汉语水平等级考试的通知》，指出："中国少数民族汉语水平等级考试"，是在第二语言教学理论的指导下，结合我国少数民族学习汉语的特点，专门测试母语非汉语少数民族汉语学习者汉语水平的国家级标准化考试。并对"考试对象""考试用途""考试的等级标准""考试时间"等做出了具体现定。

从2003年开始，八省区的协作工作延伸到蒙古语授课中小学教师教学竞赛领域。5年来，八省区共开展教学竞赛6次，其中小学3次，中学3次，6次共有394名教师参加。2006年在内蒙古兴安盟乌兰浩特市成立了"八省区蒙古族中小学汉语文教学研讨会"，开始了八省区蒙古族中小学汉语文教学研究领域内的协作。

关于21世纪的双语教育，包哈斯额尔顿是这样回忆的。

问：你有没有记忆这些老师是从什么地方毕业的，从什么地方来的？

答：我记得我们班主任好像是师范学校毕业的，我们那边的一个中专还是大专，我也不知道。我记得好多老师都是师范学校毕业的，那时候的老师学历不是很高。

问：教得怎么样？

答：老师们教得确实挺好的，没什么问题。

问：当时汉语课是每周变成了多少节？

答：小学的时候每周大概上三节到四节，到初中的时候，基本上两天就有一次。

问：其他还是以蒙文为主？

答：其他还是以蒙文为主，教材都是蒙文的，如物理、化学都是用蒙文学的。

问：你上了初三时，汉语水平是怎么样的？

答：说实话我的汉语水平挺差的，上了大学汉语水平才稍微提高了一些。我的汉语水平基本上是初中积累了一些，高中的时候日常交流都是蒙语，基本上不说汉语。偶尔上街和外面做买卖的说一些汉语，平时都是用蒙语交流，当时觉得学不学汉语都无所谓。上了大学就不一样了，大学和好多学生交流起来觉得自己汉语水平不好。

问：你初中时候的教材、学制、分科和现在的初中比起来有什么区别？

答：我们初中基本上是学蒙语、汉语、数学、物理、化学、政治、生物、英语。我是初二才开始学英语的，老师都是固定的，他原来上什么课就给我们教什么课，很长时间没换过，师资方面没有多大的变化。

问：高中和现在的学制和教材差不多吧？

答：都差不多。

问：这时候的汉语和英语是什么情况？

答：英语，我就不想提了。我是初三才开始学英语，从 ABC 开始学，学了半个学期。上了高中只有基础的水平，然后直接上了高中英语，像我这样英语基础的人直接就放弃了。像我这样零基础的学生有好多，从高二下学期学校才开始给我们重新教，也是从 ABC 开始教，教了半学期后就准备高考了。

问：这时英语就是第三语言了，高考不作为考试科目？

答：英语是第三语言了，也作为高考科目参加考试，是按比例算分，比如100 分折合起来算 5 分，好像是 5%，不是考多少就加多少。

问：汉语课呢？这时每天会有一节吗？

答：汉语课也不是很多，但比初中的时候多一些。

问：汉语教材呢？全部是汉文还是一半是汉文一半是蒙文？

答：教材是统一的，高中基本上都是汉文的。

问：老师呢？是蒙古族还是汉族？

答：蒙古族老师教汉语，其他课程都是蒙语授课，数理化都是蒙语。现在有一个问题就是，初中、高中都是用蒙语学的，到了大学看汉语教材的话，有些名词和蒙语的对不上。

# 三、个人教育

有研究表明，民族身份的归属感与个人所在地到家乡的距离成反比，即离家越远的人反而会有更强的民族身份认同感，正如受访人西北民族大学蒙古语言文学学院"80 后"教师包哈斯额尔顿所言："对自己的民族语言和文化是绝对不能放弃的。"

问：你从小到现在一直生活在蒙古族家庭，这种蒙古族文化的传承在你身上体现的多与少？

答：我感觉在这方面的体现还是比较多的，因为我从小学到大学，再到研究生毕业，一直是用蒙语学的。说到文化最能体现的是文字和语言，文字和语言都是从小到现在一直使用的。

问：到这个城市和学校，蒙古族的文化传统氛围肯定没有在家里浓，你自身的感受是？

答：兰州蒙古族特别少，没有家里的蒙语气氛。

问：这时候你是怎么想的？

答：既然在这个城市里留下来了，就得好好工作。但是像我们这样的年轻人，绝对不能放弃自己的语言和文字作品；像我们这样的年轻老师，在这方面要多做一些努力，多出一份力，无论是在任何城市，对自己的民族语言和文化是绝对不能放弃的。

问：你有了孩子之后，应该怎样去教育他？

答：对于这种情况确实比较头疼，我女朋友是汉族，不懂蒙语，在兰州了没有条件，没有人教蒙语，在这个时候确实不知怎么面对。自己从小到大是从蒙语学起来的，我是百分之百肯定我们的民族教育，不知道下一代会发生什么样的变化。

# 第三节　21世纪以来藏族的教育发展

## 一、教育政策

1987年9月，国务院在北京召开了第二次援藏工作会议，专门研究制定发展西藏教育事业的大政方针和智力援藏的实施办法。1987年11月，西藏自治区委员会和自治区人民政府又联合召开了全区第三次教育工作会议，专门研究贯彻国务院第二次援藏会议精神和西藏教育改革的重大问题。国务院第二次援藏会议并西藏自治区第三次教育工作会议一致明确了西藏教育工作的方针：重点加强基础教育，优先发展师范教育，积极发展职业技术教育和成人教育，巩固提高高等教育。两次会议还指出："西藏民族要想自立于先进民族之林，绝不能把自己封闭起来，特别是在现代科学技术飞跃发展的今天，封闭必然导致愚昧和落后，改革开放带来文明和先进。要办好西藏教育事业，必须打破西藏教育的长期封闭状态，认真学习其他民族先进的办学经验和文化科学技术。"

1993年3月，国务院又委托原国家教委召开了全国教育援藏工作会议，中央和有关部门再次拿出5100万元支持西藏发展教育事业。会上有省、市还与西藏自治区人民政府签订了对口支援协议书。与此同时，西藏自治区召开了全区第四次教育工作会议，会后通过了《关于加强西藏自治区教育改革的决定》。1994年秋，又召开了第五次全区教育工作会议，提出了《西藏自治区关于〈中国教育改革和发展纲要〉的实施意见》。

1999年10月，西藏自治区党委、政府召开了全区第六次教育工作会议，做出了《中共西藏自治区党委、自治区人民政府关于深化教育改革，全面实施素质教育的决定》，为21世纪初的西藏教育改革发展描绘了宏伟蓝图。

近年来的教育实践充分表明，中央关于发展和改革西藏教育的精神及方针政策都是正确的，符合西藏教育实际。几次会议的召开及其精神的贯彻，特别是三次教育援藏工作会议有关项目的具体落实，促使西藏教育发生了重大的转折，极大地推动了西藏教育的改革，使西藏教育步入了一个新的发展阶段。

现在，西藏已建立起一个涵盖学前教育、基础教育、职业教育、高等教育、成人教育、特殊教育等完整的现代教育体系。从 1985 年开始，实施对接受义务教育阶段教育的农牧民子女包吃、包住、包学习费用的"三包"政策，先后 12 次提高补助标准，惠及 51.04 万人。2007 年，在全国率先实现九年义务教育，2012 年又在全国率先实现十五年免费教育（学前教育 3 年、小学 6 年、初中 3 年、高中 3 年）。截至 2012 年年底，全区有小学在校生 292 016 人，小学适龄儿童入学率达到 99.4％；初级中学在校生 130 266 人，初中入学率达到 98.6％；普通高级中学在校生 47 825 人，中等职业学校在校生 18 291 人，高中阶段入学率达到 70.2％；在校本专科生 33 452 人、研究生 1079 人，高等教育毛入学率达到 27.4％。全国 20 个省、直辖市的 26 所学校开办"内地西藏初、高中班（校）"，有 60 所重点高中招收户籍在西藏的学生，48 所国家级示范中等职业技术学校、170 所高等学校招收西藏班学生，累计招收初中生 42 040 人，高中（中专）生 47 492 人，高校本专科生 16 100 人。目前，"内地西藏班（校）"在校生总数 42 460 人。扫盲人口覆盖率达到 100％，青壮年文盲率下降到 0.8％，15 周岁以上人口人均受教育年限达到 8.1 年。

## 二、双语教学

1987 年，国家教委等部门下发《关于改革和发展西藏教育若干问题的意见》指出："在学校教育中要积极创造条件首先学好藏语文，加强藏语文教学，在基础教育阶段应以藏语文教学为主，在学好藏语文的同时，注意打好汉语文的基础，逐步做到学生在高中毕业时能够藏汉兼通。"同年，西藏自治区人大通过《西藏自治区学习、使用和发展藏语文的若干规定》（试行），要求：藏族小学生全部使用藏语文教学；藏族中学生的语文课以藏语文为主，同时学习汉语文，其他课程要积极创造条件，尽快实行用藏语文教学。1988 年，西藏自治区人民政府颁布了《西藏自治区学习、使用和发展藏语文的若干规定》（试行）实施细则，提出采用藏语授课的具体目标和日程，试图建立从小学、中学到大学一整套完整的藏语授课体系。截至 1994 年，小学阶段采用藏语授课班级学生比例占全区小学在校学生比例的 94％，然而由于中学阶段师资、教材等因素，这一比例在初中和高中分别为 24% 和 5%。

20 世纪 80 年代，鉴于汉语文已经成为各民族事实上通用的语言文字，教育部制定颁布《全日制民族中小学汉语文教学大纲》，规范少数民族汉语文教学，同时指出："使用少数民族语言文字教学的民族中小学，首先要学好民族语文，也应该学好汉语文。"与此同时，双语教学实验、双语教学理论研究蓬勃发展，有力地推动了双语教学实践发展。2010 年颁布实施的《国家中长期教育改革和发展规划纲要（2010～2020 年)》提出：大力推进双语教学；全面开设汉语文课程，全面推广国家通用语言文字；尊重和保障少数民族使用本民族语言文字接受教育的权利；国家对双语教学的师资培养培训、教学研究、教材开发和出版给予支持。

20 世纪 90 年代以后，随着西藏自治区经济迅速发展，与发达地区经济、科技、文化交流日益频繁，西藏自治区，尤其是拉萨市语言环境发生了重大变化。1994 年《西藏自治区九年义务教育全日制小学课程计划》（试行）取消了小学汉语授课班级的藏语文课程。1999 年 2 月，西藏自治区教委提出："鉴于各地基础教育发展情况差异很大，不同的地区、不同的学校、不同的班级，允许选择不同的教学用语形式。"允许、鼓励、支持第一线的广大教师、教育工作者积极探索，在教学实践中创造出符合班级学生实际、学科教学实际的教学用语形式。"11 月，西藏自治区教委在《关于开展教学改革，积极推进中小学素质教育的意见》中强调："完善义务教育阶段以藏语文授课为主的藏汉双语教学模式。"一方面坚持"以藏语文授课为主"；另一方面允许地区和学校因地制宜地探索符合本地区实际的藏汉双语教学模式。2002 年，西藏自治区人大通过《西藏自治区学习、使用和发展藏语文的规定》，要求："义务教育阶段，以藏语文和国家通用语言文字作为基本的教育教学用语用字，开设藏语文、国家通用语言文字课程，适时开设外语课程。"至此，西藏自治区学校教学语言转为藏汉并用，师生根据实际灵活选择。

已经取得很大成就的这些父母，对待子女的教育问题，尤其是在双语传承问题上，期望程度普遍较高，这与之前的家庭父母观念，尤其是他们自身所经历的家庭教育产生了显著的差异。

受访人：英加布，西北民族大学藏语言文化学院教授。

问：您对孩子的教育观？

答：我女儿8岁了，但她嘲笑我的普通话不好，她上的汉语学校。她妈妈虽然是藏族，但也是从小在汉语学校接受教育的。按照生物学的角度来讲，她是藏族，但除此之外，已经不是了，母语已不是藏语了，文化也不是了。到老家我要给我女儿当翻译。这就是现实。她的双语是汉语和英语。

有一些人说，语言是一个民族唯一的灵魂，这不对，我不支持。因为语言是一个社会工具，语言在环境中没有交际功能的话，它自然就消失，如在兰州，在上海，它的交际语言不是藏语，你就不能说；同样的你去农村牧区，英语、汉语都会失效。它有一个交际环境。语言要社会化。

但从教育的角度来说，如果全盘使用汉语，那很多人就没有办法接受教育。在大的环境中确实要用汉语，但如果以此来制定政策的话肯定不行。应把民族语言作为她步入社会，走向世界这样一个过程，给她搭建一个平台，慢慢地和主流文化接轨，接轨以后才有发展。强调强势语言也不行，强调弱势语言也不行。

受访人：山夫旦，西北民族大学藏语言文化学院教授。

问：您对子女的教育观？

答：我对孩子不是太严厉。我就是一个男孩，他在兰州长大的，在民族中学上的学，本科、研究生在西北民族大学上的。我说一定要上学呢，不上不行，一定要读研究生，研究生不读不行，对他的期望也很高呢。这几天我又让他考博士，这一代人硕士太多，一定要上博士，因为环境变了。他从小学的汉语，没学藏语，我们有意识让他学藏语口语，假期时送到老家学的。现在学习条件都好，只要你稍微一努力就上去了。

问：您对子女的传统文化教育？

答：对我而言，首先就是礼节、接人待物，从小要学会尊老爱幼。抽烟避着人抽，年轻人不抽烟也不可能。在他30岁以前，一直去学校替我给我的老师拜年，从小就带着他去。他30岁时我说以后不用替我去了。另外，来客人以后，沏茶倒水是必需的。再就是藏族民族传统婚丧嫁娶有比较严格的规矩，有些是女的去的，有些是男的要去。自己民族的东西不能丢。现在都有非物质文化遗产这些东西。找对象找个本民族的交流比较方便一些，再加上你们俩结婚了，还有后边的亲家，就是两个家庭的接触，（免得造成）一些不必要的麻烦，这是我们从小就给他提出的，现在找的儿媳妇也是藏族。

问：您对民族教育的未来怎么看？

答：民族教育的未来，比较担心，主要就是双语教育吧，原来是少数民族语言占 40％～50％，汉语和藏语基本上差不多，现在汉语占 60％～70％了，所以国家应保护藏语。这个不是一个民族把一个民族征掉，不是这么个问题，这是国家的财富，少数民族语言没有了，这不是我们的感情问题，而是一个国家大的政策问题。你不能把火车修好了就把汽车丢掉，不行呀，自行车丢掉也不行，自行车也是需要的，对不对，各尽所能。这就像你有 100 元钱了，毛毛钱扔掉也不能丢掉，毛毛钱也有用处呢，对不对。我担心的是这一块子，还是国家要保护，是自己的东西，不是别人的，不是中国以外的东西。以前有个计算协会，虽然是用汉语开会，但也有藏语、维语、蒙语在那里写着。这是正确的做法，中文里面应该包括这些东西。

少数民族唱歌、跳舞、再发展，语言文学是载体，这个丢掉，以后的文化发展也是不可能的事情，所以国家在保护生态环境、文化遗产的同时，要把语言文学保护起来，要当成自己的财富。

受访人：格日吉，西北民族大学藏语言文化学院教授。

问：您子女多大了？

答：一个女儿大四毕业考上研究生了，小的是儿子。

问：您对子女的教育是什么样的？

答：虽然我和他们有一些代沟，但是对他们我是很严格的。我自己是在职硕士毕业，年轻人直接上研上博这样连读非常好，我很希望他们读研，好好上学。假期还要送他们去一些培训机构培训。

问：他们会藏文吗？

答：会。

问：他们在兰州长大吗？

答：在兰州出生，之后送去青海学藏语，一直在那里上学，在那里参加的高考。儿子也在那边，小学刚毕业，初中后准备在兰州上学。

问：您为什么送他们去青海？

答：因为民族有几千年的文明，孩子的藏语耽误了我觉得很可惜。我就送他们去了老家，他们就会汉、藏、英三种语言。我女儿在我们学校的藏语学院就读。

问：您对孩子的宗教方面有什么要求吗？

答：我没有什么要求。但是我很传统，对孩子的要求高。我女儿的英语很好，高中时在一个项目班，英语老师都是国外的老师。所以她和我有代沟。

同样，对待民族地区的社会教育问题，这些接受了高等教育的少数民族群体，表现出了更加长远和宽容的视角。

受访人：杨士宏教授，西北民族大学学报编辑部总编辑。

问：您如何看待妇女扫盲的问题？

答：从 1958 年就开始扫盲，妇女扫盲涉及很多问题，一个是传统文化，宗教信仰，对妇女的求知、上学有影响。就说藏族地区，过去很少让女孩上学，包括我的几个妹妹都没上过学，非常不公平，这是过去的事，现在不存在扫盲的问题，现在对男孩女孩都很重视教育问题，原来我们这一代人听不懂普通话，听不懂收音机。去外省打工在流水线上，就按照你的文化程度高低选择，现在不管是妇女也好，农民也好，都可以适应打工了。

问：现在民族教育培训，主要是通过国家政策发展的，您认为有没有什么其他的方式来发展？

答：可能各个民族的人都有学习的追求。少数民族本来是一个弱势群体，人数、受教育程度是一个历史问题。国家推动是一个方面，给了很多的帮助，通过资金的投入，民族地区形成了一个比较完整的教育体系。但任何民族都在寻求自己发展的途径。国家是推进，就像新农村建设一样，是一个互动的关系，还有一个主动追求的关系。现在打工者的素质也提高了。现在打工者除了打工，还要健康、保养身体、享受健康，把家里搞好。这是一种心理上的追求，我现在关注的是他们没有储备意识，我们说，庄稼存一年，可以吃三年。打工看是挣一点，花一点，极有可能出现，大病返贫的情况，攀比心也很重，扩大再生产的意识薄弱。

问：您对民族教育的评价？

答：民族教育这个提法不科学，五十六个民族，都可以叫做民族教育，好多事情我们需要完善思考。一个人，不是说贡献有多大，他可能给一个地区带去一个理念，一个老师可能一辈子讲的都是废话，有一句话对学生影响很深。民族教育应该从大的方向看，还是很不错的。首先他有国家的支持。我们不要纠结于民族教育的概念和内涵，只要让学生学好就行了，我们有时候在理论上纠结的太多。

问：您对民族高等教育的模式有何看法？

答：现在教育已经非常成熟了，文科、理科不能跟传统教育断离。做人要高尚、要阳光、要大度、要谦卑，高调去做事，这样，不管是科技人才也好，教育人才也好，培养一个健康理念的大学生。我们现在讲的仁义礼智信很重要，人要有信仰，有信仰意思不是让你是要信仰宗教，而是要有文化信仰，文化信仰很重要，是规范人的一个东西。宗教是有创始人、教义、教规的，文化信仰是一个民族最精华的东西，也是一种信仰。文化信仰很简单，不需要你烧香磕头。

民族教育，在民族地区就是民族教育，但有些地区强调以少语为主就是民族教育，以汉语为主，就是汉加藏，现在学术界争论很多，但是都没有结果。孩子愿意学藏语就让他学藏语，愿意汉语就让他学汉语，这是家长与孩子的自我选择。教育定性，比如说船是少数民族，船上不管装什么东西，船没变，这是主要的，船是藏族，主体没变，那么英语学得好的人就不是藏族了吗？英语也是民族教育。我把藏族或回族送到国外去，回来还是藏族和回族，只是教育形式不一样，不是说我们在少数民族地区建立了学校就是民族教育。那西藏在内地的学校，也是民族教育的形式，传统没变，船没变，船里面可以装金子也可以装石头，船是民族文化的载体。完全不尊重民族教育、传统教育也不应该。几千年的文化历史，在我们这一代忘掉了，也是对民族文化，包括中华传统文化的遗憾，就像我们满文现在懂得只有几十个人了。不要过分强调文化传承，民族教育业有其局限性，报考志愿就有限制，就业也受到限制。我想民族教育应该培养精英，就像硕士博士这一类的，让他们研究少量的传承，大量的更多的接受现代教育、普通教育，融入到社会，科学技术发展当中。

受访人：格日吉老师。

问：藏族的学生学习英语有什么困难？

答：三语学习给他们的负担很重，考过四级的学生很少，以前藏区的师资各方面都不行，导致他们的英语基础不好。我学习语言可能比较有天赋，学习的快一点。我2002年在西藏大学参加国际数学教育家大会，会后受邀第三年去美国蒙塔纳大学做了两个月的访问学者，给他们的学生和老师讲课，讲藏族的数学教育，藏族数学史都是全英文授课。

问：您觉得对培养民族地区双语理科教师时，师范生教学方面应该注意什么？

答：课程设置方面，师范类要和普通师范类的教学接轨，藏文方面注意一些特色的课程，地域方面要注意一下，还有乡土教材方面，要结合学生的生活实际，毕业后做中学数学老师的时候注意教学方法，还有对中学数学、物理老师在假期应该培训一下，现在课改以后，好多老师对课本都不熟悉，很多内容都不懂，不培训的话与内地老师的差距会越来越大。高等院校的研究还是教学中应该讨论的问题，在民族院校设置这样的机构，让少数民族的老师到这里培训，让少数民族地区的教育越来越好。

# 第四节  21 世纪以来裕固族的教育发展

裕固族的教育经过发展之后，特别是 1997 年裕固族就已经实现了全民族"普九"目标，这一成果成为 1998 年"中国十大民族新闻"之一。现如今，裕固族教育已实现了"十五年免费教育"，即从幼儿园到高中阶段完全实行免费教育。2002 年 7 月国家颁布了《国务院关于深化改革加快发展民族教育的决定》，提出了 21 世纪民族教育的指导思想、目标任务、基本方针和原则。随着 2003 年 9 月西部地区农村中小学现代远程教育工程全面启动、2005 年"国家贫困地区义务教育工程"加快实施等，这些国家政策又促进了裕固族民族教育的发展。

白文宏：改革开放以后，国家实行了义务教育，对这个教育加强以后，我们那儿教育的进步也是很快的。我们也进行了教育资源的整合，教育质量也逐步在提高。

贺卫光：最近几年，大概五六年吧，牧区教育有了一个大的教育变化，这跟国家的大形势有关系，就是撤并学校吧，很多村小、乡小都被撤销了。后来的撤并政策，在民族地区有可行之处，就是原来的教育太分散了，那么集中起来办大事，就是教育部门的政策了。肃南县现在有一个民族职业高中。在这所学校，技能培训是一方面，还有一些是民族舞蹈、民歌传承这方面的，里面有几个舞蹈老师，他们开办民族舞蹈班、民族声乐班，专门给学生教一些民族舞蹈和民歌，学生在学到这些后可以到外面去唱，也可以谋生，好多裕固族牧民的孩子都在北京、兰州等地的各大宾馆、饭店搞演出，靠唱民歌生存，在兰州就有三四十个这样的人，经常出去吃饭碰到，有时候一问还是亲戚。这种演出是一种谋生手段，也通过这种方式传承了民族文化。

贺卫光：裕固族实现了从幼儿园到高中教育的义务教育以后，大量的人口返流，重新把户口迁往肃南县，从去年开始肃南县冻结了户口迁移政策，往外可以迁，往内不能迁，迁回去对于孩子的考试很有好处。人口稀少的民族高考理论上加80分，这些政策使裕固族走出来了一批人，如果没有这个政策，我也绝对走不出来，当时班上学习比我好的同学大多只考了个中专，也就是现在普通的二本，我要在肃南县读书的话，中专都未必能考上。这就是教育对当地的一种变化。

安玉红：国家也很重视，政府也很重视，如肃南县2008年就开始高中也实行免费，在全国来说实行这样的政策要比其他地方早几年。

# 下　篇
## 少数民族教育发展个案研究

下篇在整体了解了少数民族发展口述史的基础上，选取了调研过程中的一些事件进行个案分析，以具体深入的视角，全面呈现我国少数民族教育的变化。

# 第五章

# 民族地区教师本土化成长的田野调研
## ——以甘南藏族自治州碌曲县为例

新中国成立以来，我国的民族教育取得了长足的进步。在一些地区民族教育取得了较好的成效，教学质量也在逐步提高。当下，我国教育发展的价值取向发生了重大的变化，教育公平已成为新的核心诉求，而这种诉求的付诸实施是以教育均衡为前提的。全面推进教育均衡发展，是当前我国教育事业发展的主旋律。

## 第一节　民族地区教师本土化成长调研简介

### 一、民族地区教师本土化成长问题的提出

国家中长期教育改革与发展规划纲要（2010～2020 年）给出了均衡发展的路线图和时间表。力争在 2012 年实现区域内义务教育初步均衡，到 2020 年实现区域内义务教育基本均衡。如今，该纲要公布实施已有 4 年多，在办学条件得到改善的情况下，民族地区如果学校师资队伍建设等软实力得不到根本实质性改善的话，2012 年实现区域内义务教育初步均衡就要落空，义务教育的均衡协调发展也就不能实现。如何合理地配置教师资源，推进基础教育的均衡发展也日益成为教育尤其是基础教育阶段改革的重点。因此，加强民族地区教师队伍建设，缩小教师资源差距，如何走本土化道路就成为当务之急，也是破解县域均衡发展这一难题的路径选择。为此，我们选取甘南藏族自治州及所属碌曲县作为调研地点，考察了解在民族教育的发展历程中，教师本土化资源配置的现状、优化的程度如何，哪些方面还需优化加强。

## 二、民族地区教师本土化成长的调研示例

### （一）调研时间

2013 年 8 月 19 日至 2013 年 8 月 23 日。

### （二）调研对象

对甘肃省甘南藏族自治州及所属碌曲县进行了实地调研。同时对当地民族地区的藏族中小学进行了考察走访，访问了当地教育局的领导及学校各级教师。

### （三）调研内容

在调研中，具体就民族教育本土化进程中教师资源的配置，如民族学校的教师构成情况、教师布局情况、民汉教师比例情况、双语师资情况、双语理科师资情况、教师职称学历情况、教师在职培训等问题进行了深入的调查了解。

### （四）调研方法

在此次调研中，注意方法的选择。调研的方法主要采用了实地观察法、访谈调查法（专访与座谈）、典型调查法、比较分类法、综合分析法等。调研方式上采用了个案调查、抽样调查等一些基本方式。同时还使用了录音、影像拍摄等技术方法。

## 第二节　民族地区教师本土化成长现状分析

### 一、甘南藏族自治州碌曲县教师队伍整体情况概述

甘肃省甘南藏族自治州是全国 10 个藏族自治州之一，成立于 1953 年。地处青藏高原东北边缘。州内有藏、汉、回、土、蒙等 24 个民族，总人口 68 万，其中藏族 34 万，占总人口的 50％；农牧业人口 56.04 万，占总人口的 82％。碌曲县位于甘南藏族自治州西南，地处甘、青、川三省交界处。全县总人口 3 万人，其中牧业人口 25 126 人，藏族占全县总人口的 84％，是以藏族为主的民族聚居

的纯牧业县。

甘南藏族自治州的学校布局情况见表 5-1。

**表 5-1　甘南藏族自治州学校布局情况统计**

| 学校 | 小学 | 普通中学 | 职业高中 | 中专类 | 总计 |
|---|---|---|---|---|---|
| 数量/所 | 461 | 51 | 9 | 4 | 525 |
| 在校人数/人 | 89 673 | 50 830 | 1411 | 2390 | 144 304 |

在全州 512 所中小学中，实行藏汉"双语"教学的中小学 158 所，占全州中小学数的 30.86%，"双语"类学生 47 169 名，占全州中小学生总数的 24.02%。寄宿制学校达到 183 所，寄宿学生 93 185 名，其中义务教育阶段校内外寄宿生 81 913 名。在国家大力推行"双语"教育的情况下，全州"双语"类学生才只占 1/4，可见双语师资资源严重匮乏，无力展开教学。

我们再来看一看甘南藏族自治州教师布局情况（表 5-2）。

**表 5-2　甘南藏族自治州教师数量情况统计表**

| 教师类别 | 小学教师 | 中学教师 | 职中教师 | 中专教师 |
|---|---|---|---|---|
| 教师数量/人 | 5419 | 2745 | 106 | 322 |

全州有教职工 9299 名，其中专任教师 8592 名（如表 5-2）。小学、初中、高中教师的学历合格率分别为 99.17%、97.93% 和 77.69%（询问了解后得知这里均指在职进修后的学历）。全州 8 县市于 2010 年实现了"两基"目标（实地走访后发现与实际情况有一定的差距）。

虽然在数字上教师们达到了要求，但都是在职进修后的学历，且大多数学历较高教师都相对集中在几所好学校，高考上线人数也多出自这几所学校。

甘南藏族自治州日前发布《甘南藏族自治州教育十年发展情况汇报》，公布 2013 年当地高考录取人数 5923 人，录取率达到 91%。其中本科 2027 人，专科 3896 人。

碌曲县作为少数民族聚居地，在对教育事业的不断发展中，形成了一支稳定的、具有较高素质的教师队伍。如图 5-1 所示，碌曲县 2012 年秋季在册的教师共有 737 名。拥有中专学历的人数是 246 名，大多数集中在小学。拥有大专学历的人数是 421 名，本科人数是 70 名，主要是中学教师，还有 4 人为高中学历。近两年引进硕士研究生 3 名。在这里均指的是第一学历，不包括在职进修后的学历。

我们再来看一下碌曲县教师民族构成情况（图 5-2），因碌曲县藏族人口占

人数/名

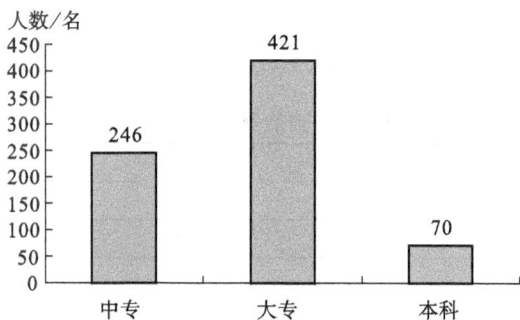

图 5-1 碌曲县教师学历构成

全县总人口的 84%，所以藏族教师所占比例最大。在全县 744 名教师中，藏族 570 人，占全县教师的 76.5%，汉族 120 人，占 16.1%，回族 44 人，占 6%。其他民族如满族 2 人，土族 2 人，撒拉族 1 人，保安族 1 人。

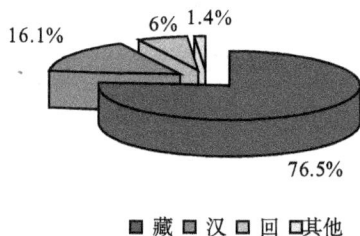

图 5-2 碌曲县教师民族构成

## 二、碌曲县教师本土化成长轨迹叙述

### （一）碌曲县本土教育发展缓慢

甘南藏族自治州自建州以来，民族教育事业与全州其他各项社会事业一样，经历了坎坷不平、艰难曲折的发展历程。受政治、经济、文化，以及地理、自然条件的影响，民族教育从建州初期到 20 世纪 80 年代，发展一直步履维艰。我们现在调研民族地区的民族教育本土师资的成长历程和发展变化，就不得不追溯一下它的历史进程。

曾在碌曲县当过教师，现任甘南藏族自治州教育局副局长的杨东戈（藏族）出生于 1961 年，他在回忆起当时接受教育情况时说道：

我是 1971 年上的小学，就在村子里上的。小学刚开始就只有一名老师，上三年级的时候来了两位老师，原来的老师就走了，来的两个是两口子。小学当时是五年制，一个老师带好几门课，高年级、低年级都带，男老师主要是带高年级，女老师带低年级。教室也不多，主要是复式教学，当时是两个班在一个教室上，一般是二、三年级在一起上，四、五年级在一起上。老师上课用汉语讲，讲详细些、清楚了，就没什么问题，因为，我们一般讲的都是藏语，当时我跟父母都生活在牧场，没有机会接触汉语。当时有教材，但是，教材也不正规。因为"文化大革命"的缘故，那时没有学多少，后来自己摘抄报纸，学了不少，小学之后就进入初中，当时是两年制，在乡里上，那时是送上去的，没有考试。学校规模不大，学校也就50来人。上初中就有一些教材，那时候都是省编教材，教材都比较简单。初中两年，高中没有上。初中毕业后我当了一年的村里记功员，1977年年底恢复了中考和高考，我就参加中考，考上了甘南民族学校。

云丹龙珠（甘南藏族自治州教育局原局长，现任州文化局局长）出生于1951年，在碌曲县一个半农半牧的地区接受了初等教育。他用自身的经历来说明碌曲民族教育师资本土成长发展落后的历史原因。他讲述道：

我4岁时进入寺院接受寺院教育，学了一些藏文藏经。到1958年时国家关闭了寺院，要求我们必须上学，这样我就上了村小学，老师就两三个，也没有什么教法，木板上刷上石灰就开教了，全部用汉语，教材是有的，也是汉文版，起初听不懂，学起来很吃力。这样到1964年小学毕业，小学毕业后直接送到当时的夏河师范学校。因为当时政策是"村村办小学，乡乡办中学"。师资力量不足，所以就把我们这些还什么也不会的小学毕业生送到了夏河师范学校，学一些初中的知识吧，这样到1968年毕业，直接就分配到碌曲县一个乡村里面当小学老师。就我一个，教好几个班，我那时也是一个孩子啊，你说怎么能教好，这样就影响了一代人。

出生于1958年的卡贤扎西（甘南民族综合专业学校副校长），当时也是上的七年制中小学（俗称戴帽中学）。他谈道：

我9岁才上的小学，在村小上到三年级，再到乡小学继续上。上七年级的时候，有一位河南的老师，一个学期他的一句话我都没听懂，每次他讲的时候是普通话加河南口音，音比较重一点，干脆听不懂。一个学期以后慢慢就听懂了，听懂以后最后发现这位老师相当不错，教学非常投入，水平也高。这样上了个初中，初中毕业后家人的意思是当老百姓，我有点不情愿，后来在村里当了3年民办老师。之后在1977年中考时考上了甘南民族学校。

州教育局原副局长杨春景（1955年出生，藏族）也谈到了相类似的接受教育的历程。

因为处在当时那个年代，不像内地，拨乱反正后能迅速调整过来，但当地民族教育本身起步就比较晚，底子薄，观念跟不上，所以影响就特别大，一直到20世纪80年代末，错误的思想还存在，加上经济文化落后，所以教育一直没有好的发展，民族师资这一块就更薄弱了，最近10年才有了大的改观。

由此可见，在20世纪60～70年代，由于违背教育规律，校舍、教师等教育资源过于分散，造成教育教学质量严重下降，民族语言文字被取消，"双语"教学变为单一的汉语教学，民族教育得以发展的一些正确政策和措施被废止，民族教育遭受了难以估量的损失和破坏。

### （二）甘南民校——本土化教师成长的摇篮

基于民族教育如前所述情况严重落后的这样一个事实，甘南藏族自治州决定筹办一所学校，专门为解决民族师资数量匮乏问题。所以甘南藏族自治州民族学校简称"甘南民校"就应运而生，它是1972年9月开始筹建，1974年11月1日正式招生开学的。办学宗旨是坚持从甘南各项事业发展和民族教育的实际出发，坚持面向基层农牧区和边远山区，以实行"藏汉双语"教学为特色，以培养培训小学"双语"师资为重点，为全州培养了一大批藏族行政干部、中小学"双语"教师和汉藏翻译人员。1974～1979年的6年间，共招收学生750人，其中分配到学校的占50％以上。尤其是1980～1990年的10年间，学校以培养、培训民族师资为单一专业（实际已办成了民族师范学校），为州内藏族聚居的农牧区、林区和边远山区输送了一批又一批中小学教师，使全州藏族中小学师资队伍得到迅速发展，藏族聚居区的所有中小学都普遍恢复或开设了藏语文课程，藏族中小学教育教学质量逐步得到提高，为实现全州普及九年义务教育打下了良好的基础。1989年5月，根据上级关于逐步发展成为一所综合性的中等专业学校的指示，甘南民校遂改名为"甘南藏族中等专业学校"，但每年保证招收一个民师培养班作为学校的长线骨干专业。

据统计，在甘南民校毕业的1968名学生中，有70％以上的毕业生分配到县、乡、村各类中小学任教。为甘南地区民族教育事业的恢复和发展做出了应有的贡献。

我们以碌曲县教师为例，通过调研发现，在碌曲县744名教师中，中年及以上（即40岁以上）教师就读的学校中，毕业于甘南民校的占60%。其他所属各县亦然。上述所采访到的教育局领导及校领导也均毕业于甘南民校，从教后一步步走上管理岗位的。可见，甘南民校在对甘南及所属各县教师的培养上有着不可磨灭的功绩，是本土化教师成长的摇篮。

## （三）民族特色凝练与教师个人成长

从甘南民校毕业后，各位教师陆续走上了教学之路，在当时的本土环境中，发挥自己的特色，一步步地改造着自己，并与民族教育事业一块发展成长着。现任甘南藏族自治州教育局副局长的杨东戈谈到自己教学之路。

我当时是1978年进的甘南民校，刚开始分到翻译班。我们是两个班，100多个人，两年半就毕业了。毕业后我们被分配到了甘南藏族自治州及所属各个县，我被分配到了碌曲县，我在帐篷学校当老师（牧区的流动学校，类似于马背学校），因为到不了乡中心，所以我们就去各个生产队，在帐篷里给学生上课，都是一二年级的学生，总共十几个学生，给学生教的是语文跟数学，语文是藏文，数学是用两种语言讲（藏、汉）。汉语课就有点儿吃力，孩子们听不懂，如果不用藏语解释一下的话，他们根本就听不懂，用双语讲的话都可以听懂。我去了之后过了不长时间，就开始建寄宿制学校，保证了教学的实践，1981年的时候就已经是寄宿制学校了，没有帐篷学校了，慢慢在变好，向现代化靠拢。

后来，杨东戈通过自己在教学当中的努力，从优秀教师走上了领导岗位。

现任甘南民族综合专业学校副校长的卡贤扎西一直都在民族教育的第一线，他在谈到自己当教师个人的成长经历。

甘南民校也就是现在这个学校的前身。我1977年冬考上，上了两年半，也接触了藏语，出来以后藏语成绩比汉语好一点。毕业后分到碌曲，带了3年学生，边学边教，这时最大的困难是专业，相当吃力，因为自己也不会。首先把汉语的资料和思路弄懂以后用藏语解释给学生，这样速度快一些。

就这样，他一边教课，一边坚持不懈地自学，通过自己的努力，于1983年考入青海教育学院（大专）学习数学，这是当时甘南第一批考入专科院校 10 人当中的一个。毕业后又回到县藏族中学任教，曾当过 11 年教导主任的他在教学过程中，不断地探索成长，如今又在培养中等专业人才上不断努力着。

碌曲县藏族中学校长达布老 1985 年考入甘南民校，1989 年毕业后一直在藏中教书育人，1993 年去了青海民族大学进修了藏语言物理。在教育管理学校过程中，一直把培养"双语双师型"教师作为己任，不断地促进着教师的成长。

## 三、碌曲县教师本土化成长目前面临的问题

通过此次实地调研，发现碌曲县教师资源的成长还有很多的问题，缺编教师较多，优质教师资源较少，低层次学历较多，双语师资尤其是双语理科师资方面不足，与其他地区相比，教育发展不均衡、水平不高、结构不优、优质教育资源短缺，以及投入不足等问题仍然存在，这些都严重制约着当地民族教育的整体发展。

（一）教师整体水平偏低，学历达标与能力达标反差大，难以适应新时期教育发展的需要

由于历史原因，现在甘南藏族自治州及碌曲县本土环境下成长起来的教师的第一学历普遍较低，有很多是民办转公办的教师，多数没有在入职前接受过系统的专业培训，普遍存在着职业修养意识不足，知识结构、教学方法等都不能适应新课程改革发展的要求，缺少吸收新课程必要的知识水平。教师的教学科研极少，对自己的教育教学实践进行反思的能力很弱。随着近 10 年来大规模的在职进修和学历补偿教育（主要是函授和业余大学、电大等）学习的普及化，绝大多数教师取得了国家承认的专科和本科学历，达到合格学历的要求。从碌曲县 2012 年秋季全县教师花名册中可以看到，第一学历为中专的占全部教师的32.4％，如果按年龄比计算，1980 年以前出生的第一学历为中专学历的教师占70％以上。通过学习，97％的教师达到了大专或本科学历。但从他们所进修的专业来看，大部分所学的专业几乎倾向于容易毕业的文科类、管理类课程。这种学历进修中重层次轻专业的倾向，使碌曲县教师所学非所教的问题更加突出。以碌曲县藏族中学为例，现有 86 名教职工，女教职工 37 名。专任教师 78 名（女教师 31 名），平均年龄为 32 岁。其中所学藏语言文学专业 39 名、汉语言文学专业 9 名，所占比例达到 62％，致使此类教师严重饱和，只好改教其他课程，

教师队伍结构严重不合理，由此也可以推断其他地区情况亦不容乐观。

### （二）教师普遍缺乏培训和培训效率低下并存

通过调研发现，碌曲县教师队伍在成长过程中，主要是通过在职进修以提升学历。在职进修突出的问题是，由于培训经费的制约，各级学校教师接受培训的机会很少，尤其是数理化、信息技术、音体美等学科培训机会极少。碌曲县在册的教师共有 744 名，但参加各种短期培训的只有 243 人次，占比不到1/3，且大多数都只是校内培训，参加长期培训的教师几乎没有。现在多数学校都配备了电脑，有的学校还配备了多媒体，但这方面的培训跟不上，很多都没能正常使用，造成宝贵资源的闲置浪费。教师培训的教学环境与实际的工作环境之间相差很大，在培训中所教的东西不能真正运用到教育教学实践中去，不能真正培养起教师解决实际问题的能力，再加上培训缺乏针对性和有效性，造成了大部分教师的学历虽然达到了基本要求，但多数是通过电大函授等形式，考试通过即可颁证，实际教育教学能力和整体素质并没有得到相应的提高，难以适应新时期教育教学发展的需要。截至2012年，碌曲县共有 21 名专任教师通过函授、自考等取得了本科学历，共有 112 名教师取得了大专学历，还有 57 名教师正在通过各类培训就读本科、大专等。

### （三）薄弱学校教师成长空间不足

薄弱学校之所以薄弱除其硬件上的欠缺外，更重要的就是师资力量的不足，骨干教师数量少，整体教师的素质不高。《国家中长期教育改革和发展规划纲要》指出："均衡配置教师、设备、图书、校舍等各项资源。切实缩小校际差距，着力解决择校问题。加快薄弱学校改造，推进教师合理配置，在财政拨款、学校建设、教师配置等方面倾斜。"但在具体实施中正好相反，实际情况是好学校无论各方面得到的更多。碌曲县也不例外，最好的校舍、图书、教学设备都集中在碌曲藏族中学和碌曲藏族小学，其他地区的中小学无从可比。最好的教师也集中在这两所学校，师资配置远远好于其他学校。薄弱学校一个老师兼教几门课的现象十分突出，所学非所教的情况大量存在，教学能力水平低下，成长空间有限，在教师教学考核中普遍不能达标。

## （四）优质教师成长后流向不合理

目前，碌曲县教师资源的流向不合理，并造成了恶性循环。具体表现在：从学历和职称层次而言，教师流出的层次比较高，而流入的层次比较低；从教师的年龄上来看，中青年教师流失比较严重；从学校来看，薄弱学校教师的流失比较严重，大部分优秀教师都调入了县城较好的中小学。同时通过调研发现，甘南藏族自治州及所属碌曲县很大一部分的领导都是教师出身，而他们往往都是比较优秀的教师，"教而优则仕"，由教师岗位走上了管理岗位。年轻教师报考公务员的比例也在逐年增加，稍微有些成绩的老师想调离的情况大量存在。这些都加剧了教育发展的不均衡，导致教师资源得不到优化配置。

## （五）师资成长过程中双语理科师资严重不足

在调研中发现，无论是在好学校还是在一般学校，文科类专业教师严重饱和，而数理化专业教师缺乏，所谓的音体美等副课教师更是缺乏。以该县最好的中学碌曲县藏族中学为例，现有在校学生 1218 名。初中 869 名学生，有 21 个教学班，高中 349 名学生，有 8 个教学班，共计 29 个教学班。现有 86 名教职工，专任教师 78 名（女教师 31 名），平均年龄为 32 岁（表 5-3）。在这所学校里，所划分的门类和所开设的课程和内地其他的中学不无相似，也都制定出了明确的教学目标，但因为缺乏一些专门的理科教师，导致一些课程无法进行下去，或者是强拉一些其他科目教师凑合着勉强把课上下去，教学质量和教学效果根本无从谈起，导致学生对理科知识越来越不感兴趣，转而偏向文科，这样一来，高考时报考文科专业的学生就很多，学理科的学生就越来越少，如此，毕业的文科生就越来越多，进入教育行业的理科生就越来越少，以致出现文科类教师饱和，理科类教师缺乏的这样一种状况，如果再这样进行下去，就会陷入恶性循环当中，导致师资成长过程中理科师资越来越不足。

表 5-3　碌曲县藏族中学各专业教师配置情况

| 专业 | 藏语言文学 | 汉语言文学 | 藏数学 | 藏物理 | 藏化学 | 藏生物 | 藏政治 | 藏历史 | 藏地理 | 英语 | 体育 | 美术 | 音乐 |
|---|---|---|---|---|---|---|---|---|---|---|---|---|---|
| 人数 | 39 | 9 | 8 | 10 | 2 | 0 | 1 | 0 | 0 | 4 | 4 | 1 | 0 |

从表 5-3 中可以看出，光藏语言文学专业毕业的教师就有 39 名，占全体教

师总数的 50％，这对学校的成长和学生的发展是很不利的。由此可见，在师资资源的成长过程中双语理科师资尤其匮乏，急需在这一方面进行加强。

## 四、原因分析及相关建议

由于甘南藏族自治州及所属碌曲县教育事业起点低、底子薄、基础弱，教育发展地域和学校之间的差距较大，与省内其他地区相比，教育发展不均衡、水平不高、结构不优、优质教育资源短缺及投入不足等问题仍然存在，全面推进教育事业持续健康均衡发展的任务十分繁重，需要解决的问题和困难还有很多。

### （一）整体上教育投入不足，制约本土化教师的成长

碌曲县教育基础设施建设投入不足，虽然近年来学校硬件设施建设有了很大的发展，但仍赶不上学生大批量的增加和办学规模的增大，寄宿制学校配套设施急需更新和扩建。截至目前，仍有大量寄宿生在校外借宿，住宿、生活条件差，严重影响了学生的学习生活和身心发育。特别是目前甘南藏族自治州及所属碌曲县学校危房比例高，排危建校任务重，校安工程资金非常短缺。这些都严重影响了教学工作正常的开展，从而难以保证教学质量的提高，继而制约教师的发展。

建议国家和地方政府给予更多的资金支持，帮助学校排除大量存在的危房。同时，改善碌曲县寄宿制学校办学条件，配套设施方面增加投入，在宿舍及环境建设方面给予资金和设备支持，新建和改建扩建一定数量的寄宿制学校，配套建设学校的文体娱乐活动场所，丰富寄宿制学生的课余生活。只有这样，才能管理好学生，满足教学，让老师愿意来，留得住。

### （二）办学成本居高不下，有限财力难以提高教师的成长

由于甘南藏族自治州及所属碌曲县特殊的地域环境、自然条件和历史背景，造成学校建设成本高，校舍使用年限短；广大农牧民送子女入学的积极性依然不高，学生管理投入需求大，在办学管理学校过程中对人、财、物的需求远远高于其他地方。尤其是，碌曲县属典型的高寒阴湿地区，年均采暖期长达 10 个月，采暖费用开支大，目前维持基本的采暖仍相当困难，公用经费不足的矛盾

十分突出。学校运转仍处于低水平阶段,基本的设备购置、校舍校产的日常维修难以保证。而教师的成长,需要持续不断的投入人力、物力、财力等。在调研中,一位校领导就说道,能保证学校正常运转就不错了,哪有时间和精力顾及教师们的成长呢。如果学校这样,那就很难保证教师再有大的提高。

建议根据碌曲县实际,提高核定补助标准,帮助解决采暖设施经费,提供采暖费用补助,将经费由较好学校多向薄弱学校拨转。同时通过上级去争取更多的社会资金,加大社会办学力量,提高学校经费保障水平。

### (三) 加强本土师资队伍建设,提高本土化教师水平

我们看到,碌曲县地广人稀,居住分散,学校布局结构调整后,一是住宿学生迅速增加,低年龄段住校生生活自理能力差,缺少大量的生活管理教师和教学辅助人员,致使现有教师处于超负荷工作状态,无暇顾及自身的成长。二是教师专业结构和知识结构还有很多不合理之处,师资队伍整体素质有待提高。同时,教师培训经费短缺和培训任务繁重的矛盾十分突出,大部分学校基本没有专项教师培训经费。三是中小学校长、教师挂职锻炼和交流学习机会少,眼界不开阔,学校中青年教师骨干人才严重不足。四是教师中、高级职称限额极少,无法为教师落实相关待遇,直接影响了广大教师的工作积极性。

建议适度增加教师编制人数,尤其是双语理科教师的编制。充分地补充薄弱学校的教师队伍。按照现有专任教师数足额核定下达教师中、高级职称限额。增加并支援中小学校长、教师专项培训的经费投入,建立挂职培训的有效路径,拓宽培训渠道,加大培训力度,重点培养双语理科师资队伍,加快本地教师队伍成长的步伐。

### (四) 教育教学质量总体不高,影响本土教师成长的步伐

首先,优质教育资源十分短缺,特别是优质高中教育资源匮乏,难以满足学生上高中、考大学的需求。至今全州无一所省级示范性高中,碌曲县也就两所高中。其次,学校精细化管理水平低,教育科研工作相对薄弱,"双语"教材和辅助资料缺乏,"双语"课程资源开发进展缓慢。最后,信息化教学利用度不高。教学手段整体上较为落后,信息技术教学设施紧缺,缺少配置较高水平的计算机网络教室,信息技术对教育的推动作用无法凸显。

建议进一步扩大省内示范性高中面向碌曲县的招生名额，并在省内教育基础好的地区举办民族班，每年招收碌曲县中小学生分散插班就读，帮助学生迅速融入教育程度较好的文化环境，促进学生全面发展。建议大力扶持"双语"课程等一系列资源开发，建设配置水平较高的校园网络中心，扩大优质教育资源覆盖面。

## （五）改进本地学校内部教师任用机制，调整专业结构不合理的状况

民族地区的学校虽然一直在改革，但仍有一定的滞后性，以前的用人制度还依然存在，使得很多教师得不到重视和发展，致使人才的浪费、闲置的现象十分严重，许多教师的积极性和创造性得不到充分的发挥，导致工作的主动性低下。很多中小学教师专业不对口，所学非所教的情况严重。同时，学校主干课程教师严重超员，副课得不到重视严重缺员等，这本身就是对教师资源的不合理配置，阻碍了学校的发展，从而影响了民族教育事业的整体发展。

建议将碌曲县做个试点，根据民族地区的实际，放手让学校对教师的成长做出安排，即对内部的教师结构、教师队伍水平进行合理的归纳，及时出台用人制度，调整教师专业结构，合理配置教师资源，优化教师队伍，拓宽优秀教师引进渠道。放权学校对教师资源采取自由的合理配置，即有权选择、录用和辞退教师，有权对教师的内部岗位进行调整，有权确定教师的工资和福利待遇等。学校拥有对教师配置的自主权，也是实现教师资源优化配置的基本条件，也是其实现的关键因素。只有这样才能使学生受益，使教师获得进步，使学校获得发展。

# 第六章

# 浅谈蒙古族现代高等教育发展史

从广义上讲，高等教育是一个抽象的普遍的概念，而相对于一个民族来说，高等教育又是一个具体的个别的概念。一个民族的高等教育演变与该民族的历史发展、文化变迁紧密相连。通过考察中外高等教育发展的历史，我们发现高等教育存在的合理性不外乎两种，即高深学问的探讨和高级专门人才的培养。伯顿·克拉克（Burton R. Clark）（1994）认为，知识尽管是广义的，"但知识材料，尤其高深的知识材料，处于任何高等教育系统的目的和实质的核心。"不仅历史上如此，不同的社会也同样如此，"高深知识"，它的基本材料在很大程度上构成各民族中比较深奥的那部分文化的高深思想和有关技能。蒙古族在其历史发展过程中，在其文化发展的不同阶段积累了不同的高深知识，这些高深知识之间既相互区别，又相互联系，围绕着这些高深知识展开了独具自己文化个性的高等教育活动。蒙古族高等教育，无论在形式和内容上，还是在结构和功能上都经历了一个不断嬗变的动态发展的过程。

## 第一节　蒙古族高等教育演变的四个阶段

### 一、蒙古族传统高等教育的萌芽时期

自蒙兀室韦西迁到成吉思汗统一蒙古高原各部，建立大蒙古国，形成民族共同体为止，这一阶段为蒙古族高等教育的萌芽时期。在这一时期蒙古人经历了由氏族向部落，进而由部落联盟向民族共同体乃至国家的过渡。在这一历史发展过程中实现了蒙古高原游牧文化的整合，使蒙古族传统文化得以形成和定型。在氏族、部落时代，游牧文化逐渐占据主导地位，家庭是当时社会的基本单位，而建立在血缘关系基础之上的氏族、部落是主要的社会组织。当时，在

蒙古族游牧文化中，占据垄断地位的高深知识有两种，即原始宗教和部族历史，而围绕这两类知识材料展开的活动是蒙古族最早的高等教育形式。这样，古代蒙古族高等教育传授高深知识的功能也相伴而生。这两类高深知识的保存与传播主要是通过萨满信仰仪式和家庭口承教育来完成的。后来，随着阶级的分化、汗权的产生和部落联盟的形成，为了争夺牧场、人口乃至汗位使部落间或部落内部的战争频繁发生。这样，军事训练成为当时蒙古族社会之必需。于是，"伴当"（那可尔）及其建立在"伴当"基础之上的"怯薛"制度成为蒙古族社会培养军事人才的一种形式，这是蒙古族高等教育培养高级人才功能的最早显现。

1206 年，成吉思汗统一蒙古高原各部，建立大蒙古国标志着蒙古民族共同体的形成和蒙古高原游牧文化的整合。顺应文化整合需要而创造的文字和围绕文字教学而建立的学校是蒙古族教育专门化的伊始。这样，出现了以皇亲贵戚为对象，以文字教育为主要形式，以培养当时大蒙古国所需高级统治人才为目的的"宫廷学校"。"这种学校的诞生一方面是由于生产力发展造成的社会分工（尤其是体力与脑力劳动的分工），使一部分人能够脱离物质生产劳动而专门从事对社会的管理和对人类各种经验的系统总结，从而促进了社会上层建筑和意识形态的发展，尤其是大大加速了文字的发展，这就为实施专门化教育的学校之诞生创造了条件，提供了可能；另一方面则由于随着阶级的分化、国家的产生，统治阶级不仅垄断文化知识，而且需要将这些文化知识以及他们管理国家、统治人民的经验系统地传授给他们的子弟，以便将其统治延续下去。"（桑新民，1993）可见，这种宫廷教育是当时社会培养高层统治人才的最高等级的学校。这对于居无定所，以游牧为生的蒙古族来说，无疑具有高等教育萌芽的特殊意义，并且丰富了高等教育培养高级专门人才的功能。

## 二、嫁接中原汉文化高等教育时期

从成吉思汗西征、南下开始到蒙元帝国衰落、蒙古汗廷北迁蒙古本土为止，这一阶段为嫁接中原汉文化高等教育时期。西征、南下的结果使蒙古人建立了横跨欧、亚的大帝国，从而使以游牧文化为根基的蒙古文化有机会与西方的商业文化和中原的农耕定居文化进行广泛的接触。在西方，由于人数、宗教信仰、语言等因素的影响，蒙古人融合到当地文化中；而在东方，由于亲中原汉地文化的忽必烈最终在汗权斗争中获胜，他崇佛重儒，采纳汉制，建立元朝，最终使蒙汉文化进行了一次从制度到思想的全方位接触并走向综合化。在整个元代，蒙古人尤其是那些进入中原的蒙古人，无论是贵族，还是平民百姓，都或多或少地受到了汉族文化的影响。元世祖忽必烈对儒家文化持积极、灵活的学习态度，许多儒家经典如《大学》《论语》都被译成蒙文，信任并重用了一大批儒士。他既吸收了儒家思想中较积极、较实用的成分，同时又继承、发展了蒙古族传统的天命论思想，从而在保持自己民族特点的基础上适应了异民族的文化环境。"儒家思想帮助蒙古人及时适应了新的政治形势，帮助他们在辽阔的中原大地上站稳了脚跟，成功地实现了自己的统治，并成功地将游牧文化的发展提到了新的高度。"（乌云巴图和葛根高娃，2001）顺应这种文化适应的需要，蒙古族社会的高深知识开始转型。高等教育活动主要围绕儒家文化高深学问而展开，一种全新的具有多民族特点的专门、独立的高等教育体系得以建立。蒙古族高等教育从萌芽阶段进入一个崭新的阶段。"国子学的多元性""书院的官学化""科举的时断时续"构成了蒙元时期高等教育的主要特点。除在招收对象、授课语言、生员待遇上有所不同外，可以说，蒙古族在制度、内容和形式上全面沿用了汉地的高等教育。这一时期，尽管出现了中央官学与地方官学的区分，尽管将书院纳入官学体系，但是它们之间很少存在必然的衔接关系。所以，它还不是一种建立在完整的普通教育之上的专业教育。值得一提的是，由于蒙汉两种文化属异质文化，二者只进行了形式上的综合，远未形成实质上的融合，以至随后的蒙古族历史与文化发生了断裂，而高等教育的自然演变也受到了很大的影响。

## 三、喇嘛教寺院高等教育占主导地位的时期

从元廷北迁开始到清末为止，属喇嘛教寺院高等教育占主导地位的时期。这一阶段的前期，蒙古国与明朝对峙了近两个世纪，封建割据与短暂统一交替进行，蒙元帝国时期充满活力的多元文化共存相融的情景已消失，蒙古文化处于"黑暗时期"，帝国时期拥有的文化成果已经失去，蒙古人退回到相对封闭的蒙古高原，逐渐分离为漠南、漠北和漠西三大部分。这时，藏传佛教顺势而入，西藏格鲁派黄教与蒙古国封建上层为满足各自的需要达成默契，最终导致蒙古国地区自上而下，全民皈依了佛教，并在清朝达到高峰。喇嘛教寺院

高等教育是蒙藏文化综合的产物。在蒙明对峙时期，满族人乘势兴起，联蒙灭明，通过政治联姻、盟旗制度和扶持黄教使蒙古国各部自东向西就范，使一向以"流动性""开放性""多元性"为特点的蒙古族游牧文化发生了巨大的变迁，同时将喇嘛教寺院高等教育的发展推向了顶峰。喇嘛教在改造萨满教的基础上在蒙古国社会广泛传播，并最终渗透到蒙古族文化的各个方面，不仅使蒙古族文化转型，而且成为以后蒙古族文化不可缺少的组成部分。在学问上，喇嘛教构建了一套由"显"至"密"的具有不同次第的知识体系；在教育上，建立了一套以"扎仓"为基本单位的严格的修习制度和学位制度。在这里，高等教育探求喇嘛教高深学问和培养高级喇嘛的功能合二为一，表明蒙古族寺院高等教育走向定型。除此之外，蒙古人还在清朝举办的汉式高等学校（如国子学）和满式高等学校（如八旗官学）中接受高等教育，成为清帝国的高层统治人才。

## 四、蒙古族现代高等教育的产生和发展时期

从清末至今，为蒙古族现代高等教育的产生和发展时期。清朝的腐败与无能导致国门被迫打开，在外力的冲击下，地处边地的蒙古族地区首当其冲，成为日、俄瓜分的对象。这使处于封闭状态的蒙古文化再次与汉族文化、西方文化发生接触，一批外发再生性的西式学堂在蒙古族地区落户，一批蒙古族青年或赴内地深造或出国留学，这些为蒙西文化的综合和蒙汉文化的融合创造了条件。同时在文化接触中提高了蒙古族的文化自觉意识，出现了以贡桑诺尔布为代表的民族教育家群体，他们为蒙古民族教育的现代转型发挥了积极的作用。满蒙文高等学堂是清末新政中满蒙文化、汉族文化和西洋文化综合作用的产物，是蒙古族第一所具有现代意义的高等院校。民国时期，多种力量（俄国、日本，国民党、共产党）影响下的蒙古族高等教育呈现多元分化的趋势，与普通教育衔接的培养高级专门人才的高等院校在蒙古族地区出现。从此，蒙古族高等教育步入了高等教育的"科学"阶段。从 20 世纪 20 年代开始，受国际大环境和国际政治力量的影响，蒙古族逐步成为跨国民族。外蒙古在苏联的帮助下，于 1924 年建立蒙古共和国，走上了苏联模式的社会主义道路。其高等教育在体制和思想等方面深深印上了苏联高等教育的烙印。

# 第二节 内蒙古民族现代高等教育制度发展概述

内蒙古自治区成立以前，民族教育受尽了旧中国反动统治阶级的摧残，广大人民群众被剥夺了受教育的权利。直到 1947 年成立了我国第一个民族自治区——内蒙古自治区。在中国共产党的领导下，民族教育才走上了正确而迅速发展的道路。

## 一、起步时期（1949～1956 年）

这一阶段培养民族干部主要是通过在赤峰、张家口、乌兰浩特等地举办军政大学的方式进行。1949 年，内蒙古民族高等教育正式纳入整个国家民族高等教育系统。

中央人民政府政务院于 1950 年 11 月在第 60 次政府会议上提出了以"培养政治干部为主，培养专业技术人才为辅"的民族高等教育宗旨，以培养大批的政权建设人才，适应巩固国家新生政权、各少数民族实行区域自治的需要。高等教育部在 1950～1952 年制定了"各高校优先从宽录取少数民族学生"的规定，以吸纳更多的少数民族学生进入高校学习。于是在全国特别是少数民族地区掀起了兴办专门招收少数民族学生的民族学院的高潮。至 20 世纪 50 年代，已有 11 所民族学院在全国各地先后成立，这为少数民族学生接受高等教育提供了有利的条件。同时，民族自治地方的 10 多所普通高校也随之建立或恢复。第一次全国民族教育会议于 1951 年 9 月召开，通过了《培养少数民族师资的试行方案》，要求省级以上的教育行政部门，应在教育发达、少数民族人口比较集中的地区筹设民族师范专科学校或少数民族师范学院。1952 年内蒙古师范学院的成立，结束了内蒙古民族地区没有高等院校的历史，在历史上翻开了内蒙古高校蒙古语授课教育模式的崭新一页。为培养中等以上学校蒙古文师资和翻译人才，1953 年春组建了蒙古文专科学校，当年就招收学生 178 名。1952 年，内蒙古畜牧学院成立，它由山西农学院的兽医系、河北农学院、平原农学院的畜牧兽医系合并而成。建校伊始，设有兽医系兽医专业、畜牧系畜牧专业，学制均为 4 年。内蒙古畜牧学院的建立与发展，有力地推动了内蒙古地区民族经济的快速发展。截至 1954 年，内蒙古地区高校在校生有 820 人。其中，蒙古族学生 165

人，占学生总数的 20.1％；有蒙古语授课学生 135 人，占蒙古族学生总数的 80％，有 2 个师范类蒙古语授课专业。所以，内蒙古民族高等教育在这一阶段处于起步时期，其中民族师资培训和民族干部教育所占比例较大。

## 二、初步发展期（1956～1966 年）

内蒙古自治区第一届民族教育会议于 1954 年 11 月召开，1955 年 6 月颁布了《内蒙古民族教育的方针和任务》，提出在高等学校开设蒙文本科，积极培养国家建设所需的民族干部。从此，内蒙古地区的民族教育工作开始了初步的自主发展阶段。第二次全国民族工作会议于 1956 年 6 月召开，会议提出了《培养政治干部与培养专业技术干部并举》的民族高等教育的办学宗旨。这一办学宗旨对各民族学院的高等教育正规化和内蒙古地区高等教育的专业调整与结构功能的完善产生了深远的影响。

这一时期，内蒙古民族高等教育在规模、数量等方面都有了初步的发展。内蒙古医学院于 1956 年成立，创建初期，学校只有医学系，从 1958 年开始，蒙医、中医两个专业开始招生，同时举办了预科班和专修班。1957 年，根据内蒙古地区民族特点、社会经济发展、科学研究及民族文化发展的需要，在呼和浩特市建立了内蒙古地区第一所高水平综合性大学——内蒙古大学。建校初期，内蒙古大学有 6 个系 8 个专业，设有中文（含蒙古语言文学）、数学、物理、化学、历史、生物等科系。与此同时，内蒙古其他高校也得到初步发展。比如，到 1962 年，经过几次调整的内蒙古师范学院已有 11 个系 14 个专业，在校生达 2000 人；1960 年，内蒙古畜牧兽医学院更名为内蒙古农牧学院，到 1966 年在校生达 1700 人，学校已有 4 个系 8 个专业。这一时期，内蒙古民族高等教育也曾历经坎坷。为了贯彻党中央"调整、巩固、充实、提高"八字方针，经过高校调整，1962 年内蒙古地区保留了 7 所院校：内蒙古大学、内蒙古农牧学院、内蒙古师范学院、内蒙古医学院、内蒙古林学院、通辽师范专科学校、包头医学院。截至 1965 年，内蒙古地区共有高校 8 所，其中综合大学 1 所、工业院校 1 所、农业院校 1 所、林业院校 l 所、医药院校 2 所、师范院校 2 所，开设蒙古语授课专业的院校 3 所。全区共有在校生 8950 人，其中蒙古族在校大学生有 1778 人，占大学生总数的 19.9％；蒙古语授课的在校生有 739 人，占蒙古族在校生总数的 41.6％，蒙古语授课专业达到 8 个，其中师范类 6 个，文科和医科类各 1 人。研究生教育刚刚起步，有硕士研究生 3 人，其中蒙古族有 2 人。可见，这一阶段内蒙古民族高等教育凸显了"调整中发展"的趋势，已初步形成了蒙古语授课以师范、文科、医学为主的发展模式，为民族高等教育的进一步发展奠定了基础。

## 三、遭受破坏期（1966～1976 年）

1966～1976 年，我国经历了灾难深重的 10 年"文化大革命"。国家教育事业在这 10 年中受到严重的破坏，高等教育特别是民族高等教育损失惨重。在"文化大革命"中，把民族关系对立起来，将民族问题视为阶级问题，急于实行所谓的"民族大融合"，使新中国成立 17 年来被实践证明行之有效的民族政策，如民族区域自治、发展民族教育和培养少数民族干部、少数民族语言文字的使用和发展、宗教信仰自由、尊重少数民族风俗习惯等政策，均遭到践踏与破坏。

就高等教育而言，政治教育主宰一切，高等院校成为政治活动最活跃的地方。中央和各地的民族学院被视为"封、资、修的大染缸"，在"民族问题已不存在"的错误理论指导下，宣告"民族学院已完成历史使命"。全国已有的 10 所民族学院，先后有 8 所被撤销、停办，期间保留下来的中央民族学院和广西民族学院，也基本处于停滞状态。对民族院校所实施的特殊的照顾政策，如优先录取少数民族考生、开设少数民族预科班、进行民族语文教学、民族教育专项补助等均被取消。民族自治地方的高等院校，大都停招 3 年以上。10 年"文化大革命"期间，全国的科学研究陷于停滞，教学质量大幅下滑。在这一背景下，内蒙古民族高等教育基本处于一种停滞或徘徊的境况，高等院校于 1966～1971 年停止了招生工作。在"文化大革命"的晚期，民族地区的部分高校随着全国部分高等院校的恢复，也得到了恢复。1972 年，内蒙古地区恢复了高校招生，开始实行保送上大学的制度，取消了以往的推荐入学的办法。当年招生 2455 人，其中 350 名为蒙古族学生，163 名为蒙古语授课学生。直到 1976 年"文化大革命"结束，才改变这种高校招生制度，到 1979 年得到根本改善。

## 四、恢复调整期（1977～1982 年）

十一届三中全会后，教育在社会主义现代化建设中的地位日益提高。首先，根据邓小平同志的指示，确立了教育在社会主义现代化建设中优先发展的地位；

其次，根据江泽民同志在 1995 年全国科技大会上的讲话，把科教兴国战略作为我国的基本国策。这些为我国教育改革的深入发展创造了条件，同时也为内蒙古民族教育的蓬勃发展提供了良好的环境。在 1981 年 2 月召开的第三次全国民族教育会议上提出：为培养少数民族四化建设所需要的多方面人才，应采取多种途径和办法，发展和调整少数民族的高等教育和中等专业教育；在各民族自治地方，高考招收的少数民族学生比例应不低于少数民族的人口比例；国家还要有计划地为少数民族培养高级人才，选派少数民族留学生出国深造。

1980 年，内蒙古自治区颁发了《关于恢复和发展民族教育的几点意见的报告》，提出"优先""重点"发展民族教育的方针。"报告"提出要迅速培养少数民族管理干部和专业技术人才，并提出三点意见："其一，调整大专院校的民族学生招生比例，'高等院校招收少数民族学生的比例要达到百分之二十以上'。其二，增加大中专院校蒙语授课专业。内蒙古大学、内蒙古工学院、内蒙古农牧学院、内蒙古林学院的有关专业，要积极创造条件开设蒙语授课班。其三，从 1990 年起，内蒙古大学、内蒙古工学院、内蒙古农牧学院和内蒙古医学院要开设少数民族预科班。"截至 1982 年，内蒙古全区共有 14 所高校，有 8 所蒙古语授课高校，18 个蒙语授课专业，高校在校生共计 19 518 名，其中 4679 名蒙古族学生，占在校生总数的 24％；2699 名蒙语授课学生，占蒙古族在校生的57.7％。随着 1978 年恢复研究生招生和 1981 年学位制度的实行，内蒙古高校的研究生教育也逐步得到发展，1982 年具备授予硕士学位资格的高校有 5 所，在校研究生共 86 名。其中，蒙古族在校研究生 18 名，占总数的 20.9％。可见，内蒙古高等教育经过几年的拨乱反正，得到了恢复、调整和发展。到 1982 年，国家在少数民族教育上的拨乱反正历史任务基本结束。

## 五、蓬勃发展期（1983～2009 年）

"1982 年至 1999 年，全国少数民族各级各类教育面临的中心任务，是深化改革，加快发展。"1984 年国家颁布了《民族区域自治法》，这为内蒙古自治区依法自主发展民族高等教育提供了法律保障。1986 年国家颁发了《中共中央关于教育体制改革的决定》，有力地促进了民族教育的深化发展，民族高等教育体制改革随之展开。接着，第四次全国民族教育工作会议于 1992 年召开，会后印发了《关于加强民族教育工作若干问题的意见》，明确了 20 世纪以来民族教育改革和发展的方针任务，提出了"一个方针、三项基本任务和五条基本原则。""一个方针"就是必须把贯彻执行党和国家的教育方针同民族政策有机结合起来，坚持从民族地区和少数民族特点的实际出发，发展民族教育事业。"三项基本任务"：一是民族教育的发展一定要打好基础，在数量和质量上有一个新的发展和提高；二是坚持改革开放，使民族教育更好地为当地经济建设和社会发展服务；三是努力缩小差距，使民族教育的发展与全国教育发展相适应，与少数民族和民族地区的经济、社会发展相适应。"五条基本原则"：坚持社会主义办学方向；坚持一切从实际出发，坚持开放、扩大交流；坚持为当地经济建设和社会发展服务；坚持国家帮助与自力更生相结合；坚持教育与宗教分离。内蒙古民族高等教育正是在这样的历史条件下进入了蓬勃发展的历史时期。

## 第三节 成就与探索——前进中的内蒙古民族高等教育

### 一、民族普通高等教育取得了长足的发展

1947 年内蒙古自治区成立之时，民族高等教育尚属空白。到 1959 年，全区 12 所普通高等院校 30 多个专业招收蒙古语授课学生，在校少数民族本专科学生 8954 人，占在校生总教的 26.82%。1996 年全区拥有研究生 682 人，其中少数民族研究生 232 人，占研究生总数的 34.02%。蒙古语授课生 37 人，占蒙古族研究生的 17.13%。全区普通高校专任教师 6683 人，其中少数民族专任教师 1.1% 人，占高校专任教师总数的 29.34%。其中少数民族教授 99 人，占教授总数的 25.13%；少数民族副教授 522 人，占副教授总数的 29.43%。

### 二、民族成人教育从无到有发展迅速

1947 年内蒙古自治区成立之初，民族成人教育尚未起步，没有一所民族成人中、高等院校。到 1996 年，全区成人高等院校少数民族在校生 3601 人，占在校生总数的 17.71%；蒙古语授课学生 764 人，占蒙古族在校生总数的 25.31%。少数民族专任教师 460 人，其中蒙古族 379 人，分别占专任教师总数的 25% 和 20.72%。全区成人中等专业学校少数民族在校生 7879 人，其中蒙古族 7503 人，分别占在校生总数的 27% 和 14.54%；少数民族专任教师 817 人，其中蒙古族

753 人，分别占专任教师总数的 23.9％和 22％。

## 三、高等职业教育成为内蒙古民族高等教育的重要组成部分

1979 年，在全区 34 所成人高等学校中，有 2916 名少数民族在校生，占在校生总数的 8.8％。教育体制改革以后，全区目前只有 3 所成人高等学校，主要以成人脱产生和附设在普通高校的函授生的形式为主。成人学校数量虽然减少，但质量却不断提升。因为我国高等职业教育整体起步较晚，所以和发达国家比还存在一定差距。2002 年国家出台了"大力发展职业教育"的政策，在此背景下，内蒙古民族高等职业教育不失时机地逐渐发展起来，通过转型、合并重组、升格等措施，在区内建设了一批高等职业院校。到 2006 年，内蒙古自治区的 24 所高等职业学校有 12 936 名少数民族学生，占在校生总数的 18.6％，许多民族院校也在纷纷开设职业教育专业。锡林郭勒职业学院地处草原深处，其多数专业用蒙汉双语授课，特别是医学专业的全科用蒙古语授课，这在全区尚属首家，所以该校已成为八省区蒙古语培训测试基地。至 2006 年年底，内蒙古自治区有 24 所高等职业学校、3 所成人高等学校、13 所普通高等学校，其中 23 所院校开设了蒙古语授课专业，在校学生达到 20 000 多人。2006 年少数民族全日制本专科在校生有 69 391 人，另有 3031 名博士、硕士研究生。在每万名蒙古族人口中，在校大学生人数达到 134 人，高于内蒙古每万人拥有在校大学生 106 人的平均水平，比 2000 年提高了近 3 倍。总之，在当前高等教育大众化的新形势下，我国民族高等教育工作的重点需从"数量的扩大"转向"质量的提升"。21 世纪的内蒙古民族高等教育，办学水平逐步提高，层次日益齐全，规模不断扩大，教学与科研实力日益增强，已然成为内蒙古民族地区社会和谐发展、经济持续增长、文化繁荣进步的"战斗堡垒"。

# 第七章

# 内蒙古民族基础教育 60 年发展历程与展望

## 第一节 内蒙古民族基础教育 60 年历史回眸

### 一、起步时期（1949～1956 年）

1947～1954 年是内蒙古实现统一的民族区域自治的阶段，同时也是新中国蒙古族教育探索前进、初步发展的阶段。

1949 年，内蒙古小学教育已有一定的发展，共有小学 3791 所，其中，蒙古族学校及蒙汉合校的小学 2015 所，占 53.2％。这些小学中，共有中心小学 83 所，其中，初小 38 所，高小 44 所，完小 1 所；嘎查小学 1942 所，均为初小。

这一阶段，在全国第一次民族教育会议召开的大背景下，蒙古族教育取得了一定发展。主要表现：充实各阶级教育行政机构的蒙古族干部，建立巡视制度，加强对蒙古族中学的领导，整顿发展小学教育，改造蒙古族旧知识分子，重视发展蒙文蒙语教育，编译了部分蒙古文教材，召开了第一届牧区小学教育会议，制定了《内蒙古自治区民族教育五十年计划纲要》，加强了蒙古族师资的培养提高，开展了民族语言与民族团结教育。总的看来蒙古族教育过去基础薄弱、百废待兴的情况得到了一定发展，并为日后发展奠定了基础。

### 二、初步发展期（1956～1966 年）

1962 年，全旗小学发展到 284 所，在校学生 11 960 人，教职工 584 人，其中在校学龄儿童 12 986 人，入学率 70％。1962 年，小学教育继续发展，除国家办学外，一些生产队也办起了民办小学。

1963 年以后，政治形势骤然紧张，各种政治运动接连兴起，教育的政治功能被夸大到了极致的地步，教育走上了政治化的道路。1963 年 3 月，中共中央颁布了《全日制小学暂行工作条例（草案）》（即小教 40 条）和《全日制中学暂行条例（草案）》（即中教 50 条）。这两个条例连同 1961 年 9 月颁布的《教育部直属高等学校暂行工作条例（草案）》（即高教 60 条），对学校工作的方针、任务、管理体制等做了规定。

1963～1966 年，小学教育随着国民经济的发展继续充实提高。在牧区先后新建了白音敖包蒙校、脑木更蒙校、卫境蒙校，至此，全旗牧区公社都有了正规学校。1965 年，在乌兰花镇东梁新建了乌兰花第三小学。到 1966 年，全旗有学校 570 所，在校学生 21 630 人，教职工 1023 人，其中在校学龄儿童 18 010 人，入学率 82％。

## 三、遭受破坏期（1966～1976 年）

1966 年开始的"文化大革命"，把教育政治化推向了丧失理智的境地，而教育的经济功能成为人们谈虎色变的话题。一方面，内蒙古民族教育事业遭到了空前摧残，学校被打成民族分裂的黑据点，教师被打成民族分裂分子，蒙古族学校不能用母语授课，取而代之的是强迫用汉语授课。另一方面，非理智的办学思想产生了异想天开的主意。"只有想不到的，没有办不到的"、"小学不出村，中学不出乡，大学不出旗"，是当时盛行的口号。于是，"马背小学""炕头小学"有增无减，许多未曾出过村的小学毕业生回到学校拿起教鞭，当起了没有工资的教师。

1967～1975 年，"文化大革命"中，小学教育经历了停课闹革命、学毛主席语录、开展勤工俭学、办小工厂、农场、小牧场、工宣队活动，贫宣队进驻学校，搞"斗、批、改"，小学附设初中班，学校始业改为春季，后又恢复秋季始业，小学教育没有发展。

## 四、恢复调整期（1977～1982 年）

党的十一届三中全会之后，各地教育部门积极贯彻调整方针并遵循"四为主"办学原则，开始全面调整牧区小学布局。基本上取消了牧区的马背学校、巡回教学等教学形式；大部分牧区公社小学摘掉了中学的帽子，使一部分牧民子女进入了公办小学；对办学条件差的小学，采取就近合并、全部或部分迁并到公社小学等调整措施。一些旗县、公社在经费十分困难的情况下，采取筹借、集资等办法在公社所在地修建校舍，集中力量建寄宿制小学。1981 年，经过调整，全区民办民族小学减少了 594 所，初步扭转了牧区民族小学布局过于分散、质量低下的状态。"四为主"方针得到贯彻执行，为民族教育在调整中稳步发展打下了坚实基础。

20 世纪 70 年代末，内蒙古边境牧区，通过考试将大批民办教师转为公办教师，一次性解决了多年沉积的民办教师待遇问题。20 世纪 80 年代初，开始落实以寄宿制为主和助学金为主的公办学校的"两主一公"政策，多渠道筹措资金扩建或重建苏木学校，取消了嘎查小学。从而，内蒙古民族教育步入了发展的正轨。学校的经费基本上得到落实，办学条件得到很大的改善，牧民送子女读书的积极性空前高涨。

这一时期是内蒙古自治区民族教育历史上最好的发展阶段。自治区政府把民族教育作为整个教育事业的重要组成部分，专门设置了包括蒙古族学校的民族中小学建制，保证了民族学校在传授科学文化知识的同时，能够充分发挥其传承和繁荣民族优秀传统文化的作用和功能。在自治区"优先重点"发展民族教育的方针指导下，形成了"两主一公"的办学模式，从而，全区的民族的教育事业在困难和曲折中得到了稳步的发展，逐步形成完善的办学体系，形成自身的办学特色。

# 五、蓬勃发展期（1983～2009 年）

1986～1990 年，全面贯彻《中华人民共和国义务教育法》和《中华人民共和国教育法》，实行义务教育目标管理责任制和素质教育，全旗小学工作开始纳入法制轨道。到 1990 年，全旗小学有 170 所，下设教学点 222 个，教职工 2198人，在校学生 20 977 人，入学率为 96.2％。

1991 年蒙古语授课中小学在校学生人数达到了历史最高峰 371 849 人，占蒙古族在校学生总数的 60.93％，占全区在校学生总数的 10.93％。

1992 年后，随着教育改革的深入发展，在全旗分期分批实施普及了九年义务教育。

　　1994～1998 年，实施了世界银行贷款贫困 II 项目工程；1999～2002 年，实施了义务教育扶贫项目工程，调整学校布局，全旗 28 个苏木、乡、镇（场）经乌兰察布盟验收，达到普及初等义务教育的标准。

　　按照 2002 年内蒙古自治区人民政府办公厅印发的《内蒙古自治区关于中小学布局结构调整的意见》，各地区分阶段有步骤地对全区生源不足、规模偏小、效益较差的农村牧区民族中小学进行撤并，对教育资源进行合理有效配置，优化教育资源布局。

　　2009 年，全区少数民族小学 382 所；普通初中 158 所；全区少数民族语言文字授课的小学 340 所；普通初中 137 所；普通高中 43 所。少数民族小学专任教师 3.21 万人，其中使用少数民族语言文字授课的专任教师 1.52 万人，学历合格率为 99.93％；普通中学专任教师 2.51 万人，其中使用少数民族语言文字授课的普通初中专任教师有 0.76 万人，学历合格率为 98.21％；幼儿园专任教师 0.41 万人，其中使用少数民族语言文字授课的专任教师 0.19 万人，学历合格率为 99.70％。

## 第二节　内蒙古民族基础教育的发展特点

### 一、内蒙古的社会稳定和民族团结是自治区民族基础教育科学发展的关键

　　1949～2009 年，内蒙古民族基础教育经历了 60 年的曲折发展。历史发展表明，在一个统一的多民族国家，社会稳定是民族基础教育科学发展的前提，党的民族政策是民族基础教育顺利发展的有力保证。我国有 56 个民族，少数民族地区经济发展相对落后，各民族需要相互帮助、相互支持、共同发展，才能保证社会的和谐发展，民族地区的基础教育才能持续健康发展。

### 二、多元文化理念促进民族中小学"三语"教学

　　"三语"教育是在"双语"教育的基础增加了外语教学。内蒙古自治区"双语"教育实践的历史虽然比较长，但真正从科学意义上开展双语教育是从 20 世纪 80 年代开始的，从这个意义上我们可以说内蒙古的"双语"教育历史是比较

短暂的。进入90年代以后，随着内蒙古地区蒙古语授课各级各类学校"双语"教学体系的逐步确立，各地蒙古语授课的中小学都尝试性地开展了"三语"教学实验，并取得了较大的成绩。当前部分盟市已从小学三年级开始实行了"三语"教育，全区从初一开始普遍实行了"三语"教育。"三语"教育更加促进了民族多元文化理念，对促进蒙古语授课中小学发展及传承民族文化具有十分重要的意义。

## 三、重视终身教育以加强师资队伍建设

现阶段，内蒙古地区蒙古语授课中小学"三语"教学中存在的关键问题依然是师资问题，"三语"教学要想达到高质量，就必须有合格的教师队伍。在此基础上不能满足于现状，还应该不断加强"三语"教学的实践与研究工作，并对实践中存在的问题进行科学的总结与分析，努力提高"三语"教学质量。因此要牢固树立终身教育观念和多元文化理念，加强"三语"教学师资队伍的培养、培训工作，努力造就一批以蒙古族教师为主体的"三语"教学师资队伍是首要任务。在"三语"教学师资培养工作中设立师资培训专项经费，定期、定向培养、培训蒙古语授课中小学外语师资和汉语师资的骨干力量，并逐步形成素质精良、结构合理的"三语"教学师资队伍，以更好地适应自治区蒙语授课中小学的教育教学实践。

## 第三节  积极推进民族基础教育均衡发展

基础教育均衡发展问题，目前已成为教育改革的热点和难点，引起了各级政府及学术界的普遍关注和高度重视。基础教育的均衡发展包括三个层面的内容：一是区域间的均衡发展，即省域间、市域间、县域间、城乡间、乡域间的统筹规划、均衡发展；二是区域内部学校之间的均衡发展；三是群体间的均衡发展，特别是要关注弱势群体的教育问题。基础教育均衡发展的最终目标，就是要合理配置教育资源，办好每一所学校，教好每一名学生。现阶段内蒙古自治区民族基础教育发展失衡的现象还十分明显，从空间结构上看，这种失衡反映在不同盟市之间、不同旗县之间、不同苏木乡镇之间、不同蒙语授课中小学之间；从时间进程上看，教育失衡表现在学生接受教育的起点、过程和结果等

方面。尽管在内蒙古自治区民族基础教育发展中存在着明显的失衡现象，但笔者认为，只要树立正确的思想观念，在现阶段实现民族基础教育的均衡发展是可能的。在具体实施过程中，应当从民族基础教育的实际出发，可分两个层次推进民族基础教育的均衡发展，即区域均衡（东西部均衡）、农村牧区均衡，最终实现城乡均衡发展。

## 第四节　民族基础教育改革和发展的展望

### 一、加大民族教育改革力度，加快氏族教育发展步伐

"九五"期间是实现内蒙古自治区经济建设和社会发展 2000 年和 2010 年奋斗目标的关键时期，也是实行两个转变、实现两个提高、完成两大历史性任务的关键时期。经济领域的"两个根本性转变"，必然要求教育工作进行相应的转变，要求建立与社会主义市场经济体制相适应的教育体制。因此，必须根据市场经济对人才和科技的需求，抓住机遇，求真务实，加快民族教育改革步伐，加大民族教育改革力度，增强民族教育的生机和活力，全面提高民族教育质量和效益。

### 二、狠抓落实，加快少数民族义务教育普及进程

实施九年义务教育是内蒙古自治区民族教育的重点和难点，"九五"期间又是全区、乃至全国完成"两基"任务的攻坚阶段。根据内蒙古自治区"两基"任务目标，在普及九年义务教育工作中，要努力抓好三件事情：一是要稳步提高少数民族适龄儿童入学率，彻底杜绝新文盲的产生；二是狠抓流失生的控制工作；三是抓好巩固工作，那些已经完成"普五"任务的苏木、乡镇和完成"普九"任务的盟市旗县一定要做好巩固工作，防止滑坡现象的出现。各级党委、政府要遵照《自治区实施〈义务教育法〉办法》中的规定，在经费、编制、师资、校舍、设备、教材等方面，保证蒙古族和其他少数民族义务教育事业的优先发展。同时，要抓好青壮年的扫盲工作。

## 三、深化基层教育改革，提高民族基础教育质量

全面提高民族基础教育教学质量，逐步缩小少数民族中小学与一般中小学之间管理和质量上的差距。应深化教育改革，提高教师教学技能和专业素质，改进教育方法，培养学生刻苦学习的精神和科学态度，重点提高民族中小学理科教学质量，齐心协力，共同努力，争取在这个问题上有新的突破。

# 第八章

# 裕固族个人成长历程的教育人类学考察研究

## 第一节　裕固族及本研究的简要介绍

裕固族是我国人口较少的民族之一，2010 年第六次全国人口普查统计显示，其共有 14 378 人，绝大部分人口居住在甘肃省肃南裕固族自治县。肃南县地处河西走廊中部、祁连山北麓的狭长地带，草原辽阔，草质优良，蔽天盖日的原始森林里，生长着许多珍贵的野生植物，境内还蕴藏着丰富的矿藏，同时，县域内各地在自然条件、气候等方面有一定差异。比如"降水差异悬殊，大体是北少南多；西部少，中东部多"。

本研究源于一项教育口述史研究项目，我们陆续访问了 10 多位裕固族人士，发现这个"小民族"其实并不小，它培养出了一批优秀人才，随着访问的深入，越发感到好奇，究竟是什么样的力量促使它培养出这么多优秀人才？带着好奇和敬意，我们试图通过对典型个案的"深描"来解析这个裕固族教育成功的秘密。

本研究撰写的立意是以受访人口述的摄像资料为基础，以教育人类学为视角，以美国人类学家马文·哈里斯（Marvin Harris）文化唯物主义认识论中的主客位观点为理念，即注意区分主位文化和客位文化，"主位文化的观点即以参与者和文化负荷者的观念和范畴为准，也就是以本地提供消息的人的描述和分析的恰当性为最终判断。客位文化表示科学的判断，可经由任何受过系统训练的观察者来加以证实，或者说把旁观者在描述和分析中使用的范畴和概念作为最终的判断。"（马文·哈里斯，1991）

## 第二节　裕固族男孩卫民①成长历程的主位呈现

## 一、卫民的前大学时代——从牧区到北京

### （一）素描

卫民，1963 年出生于甘肃省肃南裕固族自治县，男，父母均为牧民。

（1）小学（1973 年 3 月至 1977 年 12 月）：肃南县某乡镇小学。

（2）初中（1978 年 3 月至 1979 年 12 月）：肃南县某乡镇中学。

（3）高中（1979～1982 年）：中央民族大学附中。

### （二）全景

#### 1. 家庭

1963 年，伴随着一声啼哭一个男孩出生在肃南大草原上的一户牧民家里。关于家庭历史，卫民说："我们生产队成分最高的就我们家了，爷爷在 1957 年年被批斗死了，我们家当时有上百只骆驼，四五百只羊，还有两辆马车。"

关于家庭对教育的态度，卫民给我们讲了一件事。

到初二毕业的时候，突然有一天我们的商店来了一套数理化自学丛书，一共十几本，总共 17.5 元钱，我看到后跑回家跟我爸说我想买这套书，我说总共 17.5 元，当时我爸的工资才四十五元，他二话不说领着我就去买了，商店里就那一套刚来，我爸就全拿来了。

关于语言，他说，上学前，主要说裕固语；上学后，在学校主要用汉语，在家里主要用裕固语。

#### 2. 社区

（1）家庭礼仪

在裕固族，有一个独特的现象，舅舅受到超乎一般的尊敬，"凡属财产继承、分家婚丧等重大事情，必须同舅舅商量，舅舅有权决定外甥家的一切大事"。有学

---

① 卫民，为研究对象的化名。

者分析指出，"这充分反映了母系氏族社会的舅权制残余观念"。第二个有关裕固族家庭的明显特征是尊老观念。从裕固族谚语和民间故事中，我们获悉，裕固族老人象征着智慧和力量，后来逐渐形成了尊老的传统美德，并延续至今。

（2）剃头礼及成年仪式

在孩子满一周岁或三周岁时，裕固人要举行隆重的仪式给孩子进行第一次剃头，尤其是头胎孩子的剃头礼最为隆重，父母要设宴招待亲朋好友并按规定程序举行复杂的仪式，在这个仪式的过程中也不例外地显示了舅舅的威权。在裕固人看来，孩子出生后只有举行了剃头仪式才算正式"成人"，才能长寿。

裕固族男孩 15 岁以后要举行"成人"仪式，也叫"成丁"仪式，仪式举行前，要请喇嘛选定一个吉日，并邀请部落首领、喇嘛和孩子的长辈参加仪式，仪式上，喇嘛"要作为佛爷的代言人决定某些孩子未来的职业取向"。

（3）其他

在裕固人的婚丧嫁娶、传统节日等活动中，随处可见宗教、歌唱、民族传统体育比赛的影子。这与当代裕固族人大多信奉藏传佛教有关，与裕固族善于歌唱的天性有关，与裕固族这个"马背上"的游牧民族的特性有关，这些活动对裕固人的品性养成起着潜移默化的作用。

3. 学校

（1）聚焦一：学习

我是 1973 年 3 月上的小学一年级，当时快 10 岁了。现在回想，大概三年级以前都是自卑的，因为班上有一半学生是家在镇上的汉族，他们生活条件很好，学习也好，我当时感觉这些孩子学习不怎么刻苦，但是成绩一直很好，我们再怎么刻苦努力也赶不上他们。到了四年级，突然有一次我考得很好，还受到了老师的表扬，从此以后就有信心了，感觉我努力了就会有好结果。

考高中的时候我是全县第 10 名，但却是少数民族里面的第 1 名，因此，根据相关民族政策，我被推荐到中央民族大学附中。

（2）聚焦二：师生关系

学校的老师跟家长关系特别好，逢年过节都要去各家拜年啊、吃饭啊什么的，就是老师对学生的关爱比较多。

（3）聚焦三：到北京读高中

来到北京上学后，第一次考试，全班 50 人，我排名 47，尤其英语水平令人汗颜。我不服输的劲头被激发了，从简单的 26 个字母开始，在一年的时间里，自己攻克了初中英语。后来，我的总体成绩上升到全班前 10 名。

我也第一次感觉到民族这个概念，因为那所学校有青海、甘肃、云南等 5 个省的学生，他们穿着穿五颜六色的民族服装，我的民族意识被激发了，裕固族是什么呀，自己在问，自己的语言我当然会了，但是民族服饰是什么等问题使我非常疑惑，我就托上大学的老乡帮我找资料，想弄明白裕固族的历史，结果当时资料很少，对裕固族历史的记录基本上没有，我就觉得必须要搞清楚裕固族这个民族从哪里来，到哪里去这些问题，感到必须肩负研究民族历史的责任。我本来理科是非常好的，但最后选择了文科，可以说决定性因素就是想学历史，就是想搞民族历史。

**4. 自我**

在上学的过程中，关键的一点就是自信心的树立，再就是家庭、父母亲的重视，当时我父亲花很大一笔钱给我买那套书，说明他非常重视教育，再就是老师对学生的关爱很重要。另外，当时激发我学习斗志的还有一个因素，就是贫下中农的挤对，一个生产队长说你将来也就是个放羊的，你们家不可能当上生产队长，我当时就想，我一定要改变命运，一定不会是放羊的。

## 二、卫民的大学时代和后大学时代——从北京到民族地区

### （一）素描

（1）本科（1982～1986 年）：北京某重点大学历史学专业。

（2）硕士研究生（1991～1994 年）：西北某民族大学民俗学专业。

（3）博士研究生（1997～2000 年）：西北某"985"大学民族学专业。

本科毕业后，被分配到某师专，5 年后考取了硕士研究生，而后留校从事民族文化相关研究至今，留校工作 3 年后他又继续攻读民族学博士。

### （二）全景

**1. 大学时代**

（1）近焦一

本科时，好几个省的文科状元都在我们班，他们的学习确实好，不用怎么

努力就考得很好，而我需要付出很大的代价，拼命地学还赶不上人家。

（2）近焦二

记得大三时，我们有 7 个人做一个社会实践调查，进驻到某工厂，然后跟工人们座谈聊天，我给他们讲裕固族文化。工人们对我的评价很高，认为我们少数民族有优势，这件事给我留下的印象是民族文化是有用的，它能够作为沟通的一个资源，当时也和他们成了非常好的朋友。从那以后我觉得不管你学习如何，你都要发挥自己的优势，扬长避短。

在班上考中国历史考不过别人，但是我可以在民族史这方面发挥优势，他们不讲民族史，我就专门看民族史，看了很多东西，后来我写的东西老师一看就觉得不同一般。

### 2. 后大学时代

（1）民族教育

我在 20 世纪 90 年代的时候，曾跟肃南县的一个县长谈投资民族地区教育的事，我说这样的投资可能见效慢，但绝对是功在千秋的一件大事，他说他们当领导干部的最多干上两届就结束了，我说这个不要紧，只要你这么做了，下一任的领导人最差也是维持你的现有程度，重视教育一旦在你这一代人形成，这个风气谁都不会断送，这个风气，从个人角度是一种美德，从民族角度是造福子孙后代的事。后来，在他的推动下，肃南县提前实现了"普九"目标。我们这些在外的裕固族知识分子都得益于这些影响，除我之外，在其他地方工作的裕固族学者回去之后都要谈到这些问题，因为我们是受益者，我们也想让整个民族从教育中得到好处。

（2）民族文化

2010 年的时候我把能唱歌的、嗓音好的民族歌手集中起来，自己出钱，在肃南县搞了一个原生态民歌演唱会，在县政府礼堂和部分乡镇一共演了 4 场，效果挺好的。其实就是一个普及的过程、传承的过程，这些事情我们不做谁去做呢。后来肃南县每年都搞原生态民歌大赛，也是一种对民歌很好的传承和宣传方式。

（3）民族地区社会发展

作为接受了高等教育的人，应该对民族的历史负责，更要对民族的历史做出贡献。所以现在我想做的就是为裕固族地区服务，为肃南县裕固族发展献上微薄之力。

# 第三节　裕固族男孩卫民成长历程的客位分析

## 一、深描

### （一）家庭

家庭是如何影响他成长的呢？我们试图进一步"深描"。通过调查、分析，我们发现与以下几个环环相扣的因素有关：①裕固族历来有重视教育的文化传统；②卫民的父亲接受过相应教育；③父亲对他的期望非常高；④不惜一切对教育进行投资；⑤家长和学校有良好的沟通。这几个因素的逻辑关系如图 8-1 所示。

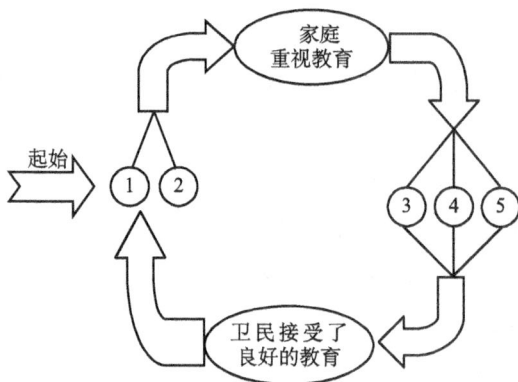

图 8-1　家庭影响图式

需要注解的是：①裕固族对教育的重视可以从多位当地人的叙述中得以印证，例证之一是 20 世纪 70～80 年代在当地较为常见的"学生房"，即家离学校较远的孩子，家人在学校周边自行修建简易房子并陪读。②诸多有关家庭与学校教育的研究表明，家长的受教育程度与子女的学业成绩有较大的正相关，卫民父亲只有小学文化水平，在高等教育大众化的今天，这似乎不值一提，但在 20 世纪 60～70 年代，他的父亲在大家眼里已经是文化人，也许父亲不能更多的指导儿子的学业，但其重视下一代教育的观念的形成与他本人的受教育经历不无关系。③教育心理学的研究显示，父母对子女的期望是影响儿童学业成就的重要因素之一，"你可以捣蛋，但学习成绩必须是最好的"，卫民记住了父亲的忠告。④家长和学校的良好沟通对儿童学业发展的积极作用毋庸置疑。

## （二）社区

教育人类学的研究表明，社区是"个人社会化过程中，经历的一个较大的场域，在社区中由相同族群、相同社会地位的次级团体，形成较为接近的次级文化，所以社区生活在儿童观念的形成过程中，会造成一定程度的影响"。我们不难发现，裕固族的家庭礼仪、剃头礼及成年仪式、宗教活动等都在帮助每一个社会成员习得社会知识、技能和行为规范，从而使他们顺利完成个体的社会化过程。袁同凯也曾指出，"学校教育的成功与失败在很大程度上取决于社区对教育的重视程度"。我们已经知道，裕固族素来就有重视教育的传统，这一民族特性必然影响着每一个裕固族社区对教育的态度。

## （三）学校

### 1. 从自卑到自信

我们从两个角度来分析。

第一，关于自卑感与自信心。现代著名的精神分析学家爱利克·埃里克森（Erik Erikson）在他的社会化发展理论中把人的心理发展分为"信任对怀疑（0～1.5岁）""自主对羞怯（1.5～3岁）""主动感对内疚感（3～6或7岁）"等8个阶段。其中，第四阶段是"勤奋感对自卑感（6～12岁）"，埃里克森指出："本阶段儿童开始进入学校学习，开始体会到持之以恒的能力与成功之间的关系，开始形成一种成就感。儿童在不同社交范围活动的经验，以及完成任务和从事集体活动的成功经验增强了儿童的胜任感，其中的困难和挫折则导致了自卑感。"卫民在小学四年级以前并没有获得成功的自我体验，所以有一定的自卑感，当他偶然尝到成功的滋味后，自信心迅速上升，随之，成绩也大幅提升，这就归功于那一次的成功体验。同时，老师的及时表扬也发挥了重要作用，正如埃里克森所说："教师对学生行为的评价对儿童的自我概念具有重要的影响。"（Erik Erikson，2008）

这里有一个矛盾之处：埃里克森认为"勤奋感对自卑感"这一阶段发生在6～12岁，但卫民当时已经14岁了。实则，它与学生的个体差异有关，而且他是10岁才上的小学一年级，教育心理学的研究表明，"学校环境中学生的个体差异，主要表现为学生家庭文化背景的差异、先前知识的差异、学习动机的差异、智力的差异等"，卫民社会化发展略显滞后是以上几方面共同作用的结果。

第二，关于对失败的归因。他把最初的学业成绩失败归因于自己天生不如汉族孩子、不如干部子女，童年时期的体验甚至影响了他成人后的观念，他曾说："民族地区的儿童自我评价普遍较低，从而导致学业成绩不理想。"他的自我归因和对民族地区教育的理解是否符合事实、是否恰当呢？其实不然，首先，他通过努力使自己的自信心和学业成绩都发生了非常大的变化，这就说明民族地区儿童并不是天生不如汉族孩子，教育人类学学者提出的文化冲突理论能从另一视角解释这一现象，"少数民族儿童在社区和家庭文化中养成的交流模式、思维方式与行为方式等与主流社会文化相冲突，从而导致少数民族儿童学业成就低下"，这与卫民的情况相符，上学前，他在家庭和社区习得的语言是裕固语，语言的差异也会导致思维方式的差异，所以，该理论能解释他三年级以前的低学业成就，但无法解释四年级以后他的学业成绩赶上甚至超过汉族儿童，无法解释部分少数民族儿童即使学习成绩不理想，也从没有自卑。不过，这一现象目前也已经能够得到合理解释，这便是约翰·奥格布（John Ogbu）提出的民间成功理论，该理论指出，"如果少数民族认为他们能通过教育获得成功，他们便会设法克服因文化而造成的障碍；如果他们认为教育制度只会夺取他们的文化与认同且在较广的生活范围内没有为他们提供与主流群体均等的工作、学习和就业机会，他们就会有意识地去对抗主流学校教育"。（John Ogbu，1985）这就说明，少数民族的自我认知非常重要，积极的自我认知会产生积极的效果，反之，亦如此。

以上论证过程可以用美国人类学家马文·哈里斯（1991）的主客位图示法表述（图 8-2）。

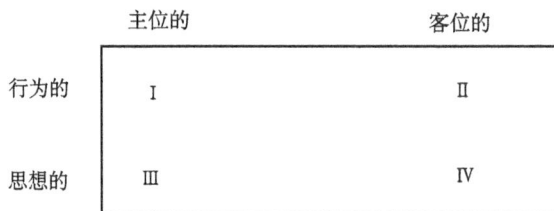

|  | 主位的 | 客位的 |
|---|---|---|
| 行为的 | I | II |
| 思想的 | III | IV |

图 8-2　马文·哈里斯的主客位图示

I　主位的/行为的：少数民族儿童学业成绩普遍较低；

II　客位的/行为的：有少数民族儿童学业成绩高于汉族儿童；

III　主位的/思想的：少数民族儿童不如汉族儿童；

IV　客位的/思想的：积极的自我认知和勤奋努力是决定学业成绩的主因

### 2. 从牧区到城市

他为什么能从偏远的牧区到首都去读高中呢？首先，与他个人的勤奋努力是分不开的，高中升学考试的时候，他已经是全县少数民族同学中的第 1 名了；其次，与国家的民族政策密切相关，自 20 世纪 50 年代起，在国家"为少数民族培养人才、加速民族地区现代化建设"的方针指引下，中央民族大学附中就"广招各地区少数民族优秀小学毕业生或初中毕业生，到校学习，为他们开入高等院校创造条件"，主要招生对象中有一项是"招收民族地区普通农牧民子女，特别是边远地区的农牧民子"。考虑到民族地区的实际状况，当时在经费方面的政策是"学生享受北京地区中专学生助学金待遇，即免费住宿，国家供给伙食费，提供课本、作业本和资料，补助一定数量的零用钱，公费医疗。这种供给制和准供给制执行了近 40 年，直到 20 世纪 90 年代"。正是在这么好的政策支持下，卫民才得以从边远牧区到北京接受优质教育，从而为日后他考入全国重点大学奠定了基础。他自己曾满怀感激地说："这些政策使裕固族走出来了一批人，如果没有这个政策，我也绝对走不出来，同班比我学习好的同学也只考了个中专，我要在肃南县读书的话，中专都未必能考上。"

### 3. 从懵懂到民族自觉

当他来到中央民族大学附中读书的时候，看到其他民族同学穿着五颜六色的民族服饰，他确不知裕固族的特色何在，陷入了自我角色混乱。随后，寻找有关裕固族历史的资料未果，而后决定读大学时选择历史专业。

在这里，他把民族服饰看成是一个民族的象征符号，他的疑惑及其为了解答疑惑而修读历史专业这一连锁反应，产生于符号互动主义，符号互动主义的出发点被赫伯特·布鲁默（Herbert Blumer）概括为以下三个前提："第一个前提是，人对'事物'采取的行动是以这些事物对人所具有的意义为基础的。第二个前提是，这些事物的意义来源于或产生于人与其同伴的互动。第三个前提是，这些意义通过人在应对他所遇到的事物时所进行的解释性过程而得到使用和改变。"布鲁默关于符号互动主义的三前提论（Herbert Blumer，1973），正好能够解释卫民从同伴互动到自我解释，再到做出相应的行为这一连锁反应过程（图 8-3）。

### 4. 从劣势到优势

大学阶段，在学业方面，他仍旧在苦苦的追赶中前进，这主要是儿童时期

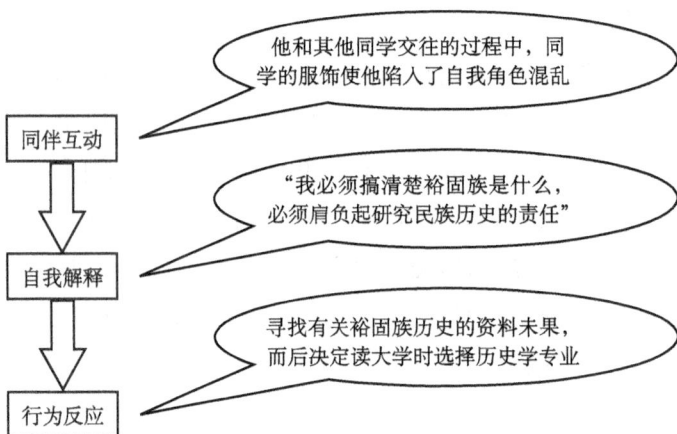

图 8-3　连锁反应过程图式

语言差异、思维方式差异、地区教育质量不均衡等客观因素造成的。但是，他的心智已经非常成熟，不再消极归因，而是积极和周围人群进行互动，也正是在互动中他意外发现自己的少数民族身份也可以成为一种资源，同时总结出"做事要扬长避短"的经验。他又一次获得了成功的体验，又一次增强了自信心。因而，不断的积极互动、不断的自我调节能够使个体找准自己在群体中的优势，更好地实现个人价值。

（四）自我

在个体成长过程中，自我教育也至关重要。随着年龄增长和心智的成熟，自我教育的作用日益凸显，卫民的自我教育贯穿他生活的始终。学习方面，从小学树立自信心到高中克服学习上的困难和对新环境的适应都与自我教育紧密相连；工作后，他继续坚持学习，不断攀登学术高峰。此外，他一直在暗暗告诉自己要懂得感恩，这么多年一直坚持通过各种方式回馈民族、回馈家乡正是源于此。

## 二、纵观

以上论述，对卫民的成长历程从家庭、社区、学校和自我四方面因素逐一进行了"深描"。接下来，我们试图从生态论和系统论的角度对其成长经历进行"纵观"。我们可以感觉到卫民的成长历程是不断自我调整、自我适应的过程，是家庭教育、社区教育、学校教育和自我教育协同作用的过程，同时也是自然生态环境、社会生态环境、文化生态环境叠加、交替作用的过程。

总体来说，当地的自然人文环境、本民族重视教育的传统、家庭对教育的高度重视和巨大投入、国家的民族优惠政策、一次成功体验和当时特殊政治环境导致的社区成员的嘲讽对激发他学习动机的促进、个人的不懈努力等诸多因素和力量，共同造就了一个上进、执着、满怀激情和感恩的他。

卫民整个成长历程的转折点有两个：其一是小学四年级第一次树立自信心；其二是民族意识的觉醒对他专业选择的决定性影响，可以说大学专业的选择使他和民族历史文化研究结下了终身的不解之缘。改变和决定他命运的关键事件是接受高等教育，高等教育不但使他个人获得了成功、获得了名利，而且使他感恩党和国家的好政策、使他习得了技能和本领、使他决定回馈民族和国家，所以他多年来一直在为民族文化的传承和发展、为民族地区的经济社会发展竭力奉献着自己的力量。

最后，我们需要指出，卫民仅仅是裕固族这个小民族的"男孩"之一，据我们对多位裕固族文化精英的采访，我们发现，裕固族有许许多多个像卫民一样的"男孩"，他们遍布全国，但却不约而同的密切关注着家乡教育、极力传承和发扬民族文化、竭尽全力为家乡的发展出谋划策、劳心劳力。我们试图透过这个典型个案，向大家传递这个小民族在教育上的大经验，以及国家民族教育政策的成效。

## 第一节　新疆蒙古族教育发展回顾

据现有史料可考，察哈尔蒙古族西迁新疆之前，在本土根本谈不上任何正规的教育，也未曾设置过任何学校。西迁之后，逐渐有了各种教育形式①。具体表现在以下几个方面。

## 一、旧式教育

### （一）寺院

察哈尔蒙古族西迁新疆之后的初期，清朝在察哈尔、额鲁特和土尔扈特聚居区也未曾设置过任何学校，相反却大兴喇嘛教，以宗教的虚幻来填补蒙古族对精神世界的追求，目的是要阻止蒙古民族文化向前发展，灌输有利于清朝统治的思想和文化。但在客观上，喇嘛教却成为蒙古族接受教育的主要途径之一，寺庙就是其接受教育的主要场所。

清乾隆年间，察哈尔部迁入博尔塔拉和塔城地区，喇嘛教活动广泛开展，大量蒙古族子弟进入寺院学习。

清政府平定准噶尔叛乱后，给上层喇嘛封官，以提高喇嘛在群众中的威信，大量修建喇嘛庙，广收寺徒。当时蒙古族人家，如有两个男孩，必送一个当喇

---

① 关于新疆博尔塔拉蒙古自治州蒙古族教育发展状况的记载有巴肖努，敖拉：《博乐蒙古族教育事业沿革》载《博尔塔拉文史资料》第二辑，1992年；巴肖努：《温泉县陈部察哈尔八苏木文化教育史料》载《博尔塔拉文史资料》第三辑，1993年；甫茹布杰：《新疆蒙古族教育发展概况》载《卫拉特研究》1997年第4期。本书总和征引，一般不再注明出处。

嘛，也有人家有三子送其二子的。一方面是出于对宗教的虔诚，另一方面是因为喇嘛的社会地位比较优越，除例行佛事外，不承担各种赋税和差役。因此，许多贫家子弟，都以能当上喇嘛为荣。

1770 年前后，在博尔塔拉建察哈尔左翼总庙"镇远寺"和右翼总庙"积福寺"。每位喇嘛都必须读完规定的课程，经过严格的考试，才能够逐级晋升，升为格林（学完所用课程的统称）、格其勒（尚在学习中的统称）后，在其中选择优秀生，学哲学、翻译、蒙医、手工艺（彩画、各种雕像等）、历法和气象常识及佛经等。这些喇嘛中曾涌现出一批精通蒙医、文学、翻译和佛经的能人。由此可见，博州的蒙古族古代教育受西藏文化的影响较深。

## （二）学堂

博乐蒙古族的学校教育始于清同治八年（1870 年）开办的清书学房。清政府平定准噶尔叛乱后，为加强其统治力量，1762 年设伊犁将军府，总理新疆南北两路军政事务。乾隆三十一年（1766 年），伊犁将军明瑞以八旗随营弟子不能在家自学，奏请获准每旗各设清书学房一所，每学房教习二人考课。乾隆三十四年（1769 年），将军伊勒图奏请获准，两满营特各设义学一所，派协领专官管理，满洲、蒙古、汉学教习各一人，官学生各 32 名，按年考拔，如果启迪有方，该教习于薪水外，赏给盐菜金，其学生分等次月给纸笔银两，该学官记录（功）一次，其蒙古语教学专教托忒文。但因当时守卡任务繁忙，博乐的察哈尔部未能及时开办学房。只有极少数察哈尔人被派去伊犁学满文、托沁文。

同治八年（1869 年），察哈尔新旧昂吉总管驻地办起清书学房，每苏木选 4 人，共 32 人就读，主要教授满文、托忒文、数学。为适应畜牧业生产的特点，学房随总管驻地的迁移而搬迁，这就是最早的蒙古学校。师资起初由总管遣派，以后逐渐从本地学习成绩优良者中录用。

1906 年，伊犁将军府在伊犁开办"武备学堂"，博乐、精河、温泉有部分人被派往学习，主要学习满文、托忒文、汉文、行政管理和军事课程。经过 3 年的学习，学成归来后，有的做了官，有的选择了教师的行业。由于武备学堂学习归来的学生，后来成为文化知识的传播者，在他们的倡导和努力下，博尔塔拉地方兴教育、建学校蔚然成风。1910 年，察哈尔新昂吉总管索托依在自己总管署所在地设立学堂，从各苏木招收 4 人，共 32 名学生。1911 年，察哈尔旧昂吉总管欧尤塔在自己总管地也设立了一所流动学堂，1928 年其子罗热继任总管，继续发展教育事业，有些优秀的学生在他的资助下被派选到迪化省立蒙哈学校继续深造。

## 二、民国时期教育

1935～1936 年，博乐县小营盘开始建立察哈尔新安格八苏木定点蒙古学校，建教室、宿舍、食堂等，所有其他教学生活所需用品，由八苏木所收税畜、羊毛，运伊犁所售之款购回。那时共招收 120 多名学生，以托沁文授课，主要讲授语文、数学、汉语，实行"四二"制（分初、高级，初级小学 4 年，高级小学 2 年）。

盛世才掌握政权后，同苏联的关系日益密切。不仅在政治、经济贸易方面建立了关系，而且在文化教育、科学技术方面也开始交流。当时盛世才为培养其基层干部，于 1934 年开始从新疆的各族青年中挑选一部分青年，派到苏联塔什干中亚大学学习。这可能是博尔塔拉最早的留学教育。

盛世才还派了部分人分别去乌鲁木齐民族师范学校、伊犁师范学校进修，回来后在小营盘蒙古小学任教，为博乐县蒙古族子女开创了就近学习的机会。同时也出现了"女子班"的教育形式。

1944 年 9 月，伊犁、塔城、阿勒泰"三区革命"爆发，同年冬，博乐、温泉两县蒙古族、维吾尔族、哈萨古族人民响应"三区革命"，以额尔德为首组成蒙古骑兵营参加"三区革命"，由于战争的原因，学校全部关闭。

1945 年，三区方面在伊犁开办了 6 个月短期教师培训班，决定恢复原先的学校。

1946 年伊犁专科学院向博乐、温泉、精河、尼勒克、霍成、特克斯、巴音郭楞等地区招收一批蒙古族学生。这所学校有教育系、地理系、兽医系、历史经济系、干部培训系等。博乐有 4 人去学习，于 1950 年毕业归乡。

1947 年 8 月，小营盘蒙古小学和镶白旗苏木和镶红旗苏木的两个学校合并迁移到博乐县，恢复了博乐县蒙古中心小学，当时的教材都参考和翻译布利亚特苏维埃社会主义自治共和国的教科书。

## 三、新中国成立后的教育

1952 年，经伊犁地区党委批准，按照新疆人民政府指示，在原伊犁蒙古第二十小学的基础上建立"新疆伊犁第八中学"（蒙古中学）。这样北疆的博乐、温泉、精河、乌苏、阿勒泰、塔城、尼勒克、霍城、察布查尔等地的蒙古族小学生毕业后，可以来这里读中学。该校以蒙古语授课，按照苏联教学计划教学，教学课本参考翻译布利亚特自治苏维埃社会主义共和国、蒙古国，以及内蒙古中学课本。当时这所学校担负着培养社会主义革命和建设中各条战线所需干部和人才，为高等院校输送新生和向中、小学提供教师的任务。

1954 年，博尔塔拉蒙古自治州第一中学成立，有维吾尔、哈萨克、蒙古班，向博乐县蒙古中心小学招收一个班，1956 年，将乌鲁木齐蒙古师范教师达来调往博乐，任第一中学教务处主任，同时负责博州第二中学的筹备工作。

1956～1957 年，建立了博州第二中学。

从 1985 年 9 月，博州和中学开始向 3 县招收学生，将原博乐县蒙古中心小学并入博州第二中学，成为以中学部为主，附设小学部的完全中学，共 7 个班级，213 名学生，25 名教职工（高中部有一个班）。

"文化大革命"开始后，在"知识越多越反动""停课闹革命"等反动思潮的影响下，学生数逐渐减少，教师队伍日益削弱。在"文化大革命"中，蒙古族文化教育遭到严重破坏，学校无学生，教师被批判，被戴帽子，蒙古族学校基本上停办。

1972 年恢复蒙古族中学，从博乐县招来 13 名小学毕业生，后从精河巴音那木招来 21 名小学毕业生，共 34 名学生，1 个班。

1983 年 10 月，博州人民政府批准建立博乐县中学，1984 年 3 月 24 日开始，并在 1985 年从小营盘区一大队小学和其他乡的小学招收 2 个初中班（校址博乐县旧办公处）。1986 年又招收 2 个初中班（校址博乐县菜队学校）。1987 年建2230 平方米的教学楼，将博州第二中学小学部和初中部迁到此校，有初中 10 个班级，444 名学生，小学 5 个班级，120 名学生，教职工 70 人。

20 世纪 80 年代初，在博乐和温泉两地相继成立了单独设立的蒙古族中学。它们是：博州第二中学、博乐县第三中学和温泉县第三中学。其中博州第二中学成为博州唯一的一座蒙古族高级中学。

# 第二节　祖孙三代人的受教育经历

## 一、爷爷的受教育经历

爷爷的故事可谓是传奇式的，在聆听奶奶和大伯讲述爷爷的故事的时候，感觉像是在看黑白电影，很怀旧，又很传奇，深深地打上了动荡年代英雄传奇的烙印。

### （一）故事

爷爷很早就去世了，我对爷爷的印象也就是小时候的一点模糊的印记。爷爷是一位慈祥的老人但又很严厉，小时候在爷爷家大院里，经常会有很多他的老战友来看他，小聚一下，一群老人们打打桥牌，聊聊天。逢年过节的时候还会有很多领导来拜访他老人家，对他的印象也就这么一些零星的记忆。关于爷爷的记载，在博州名人传里可以查到一些，而大部分则是从奶奶和大伯的讲述得来。

爷爷叫森格（1906～1988 年），是察哈尔营右翼郭勒夏尔苏木人（正黄旗，在今温泉县塔秀乡）。爷爷的曾祖在乾隆年间因奉任，自故里张家口移居察哈尔右翼巴格库克苏木（今博乐市小营盘），所以约定成俗为该地人。奶奶说我们家祖上虽然算不上大户人家，但也有一定的经济基础，所以爷爷自幼就受过良好的教育。爷爷从小就进入察哈尔右翼总管私塾念书。当时在私塾里主要学习满文、托忒蒙文、汉文和简单的算数知识，此外还有军事课程。据奶奶描述，当时人们比较重视托忒蒙文的学习，汉文也学那么一点点，虽然开设有满文，但是爷爷他们都不爱学，所以最后取消了。其实，当时的私塾是一种早期教育形式，此外，还在高年级开设类似于行政管理的课程。这个总管府私塾毕业的学生，毕业后可以在当地苏木担任一定的职位。爷爷毕业后曾任察哈尔营右翼印务章京。

1921 年，爷爷前往迪化（今乌鲁木齐市）省立蒙哈学校学习。这个学校具有高等教育的意味了，学费由察哈尔旧昂吉总管府出。主要学习蒙古语、哈萨克语、汉语和常识等课程。蒙哈学校招生、分配均实行定向，开始具有现代教育性质的少数民族高等教育形式。盛世才掌权后，得到苏联的帮助，在文化、科学技术方面也开始交流。

1935～1937年，爷爷被派往苏联乌兹别克苏维埃社会主义共和国首都塔什干的国立中亚大学学习。主要学习政治、经济、法律等知识。爷爷的这次留学经历为他今后的学习和生活奠定了重要的基础。

由于从小在多民族教育氛围中受到熏陶，爷爷不仅精通本民族语言文字，还通晓汉文和维吾尔文，加之留过学，粗通俄文，特别是在塔什干中亚大学学习深造期间，深受俄国十月革命的影响，开始接触马列主义原理和有关社会主义的理论。"成为一名爱憎分明，颇具正义感的有志青年"。

1937～1942年，爷爷任博乐县蒙古文化促进会会长，主要从事蒙古文化的研究，并且兼任教师。1942～1944年，任博乐县二区区长。在爷爷任职期间，他认识了共产党人段士谋和马肇嵩（博乐县副县长）等人，和他们共同倡导开办群众性业余文化活动，在蒙古人庆典或娱乐活动时，开展教育宣传活动等，起到了良好的作用。也就是在这时，爷爷与奶奶由相遇而相知。

1944年冬，伊犁、塔城、阿勒泰三个地区爆发革命，也就是"三区革命"，博乐、温泉两县蒙古族、维吾尔族和哈萨克族人民立刻响应"三区革命"，组成蒙古骑兵营参加革命。爷爷当时也参加了这个骑兵营，为"三区革命"的胜利做出了贡献。1946年，"三区革命"临时政府成立，爷爷被任命为博乐县公安局局长。

1949～1950年年底，爷爷任伊犁"蒙古文化协会"会长。1951年初被调到新疆人民出版社从事翻译工作。爷爷是个有文化的研究型人才，所以才会被调到文化类的岗位工作，从事蒙古文化的研究和翻译工作。听奶奶说，爷爷当时经常在报纸上发表文章，当然不乏一些将社会主义观念和马列主义理论翻译成蒙古文的文章，向更多的蒙古人介绍和传播这些知识。只可惜在今天我已查不到，没有机会拜读。

1957年4月，爷爷被调回博尔塔拉，担任自治州林管站副站长一职，用奶奶的话说，这时已经开始有"文化大革命"的苗头了。所以这次回调，也有被贬之意。20世纪50年代的"反右"斗争中，爷爷被错划为右派分子，被撤销公职，派往小营盘进行劳动改造，从事牧区的劳动，爷爷及其家庭和子女在那里受到了不公正的待遇。在这期间，红卫兵不允许爷爷向自己的子女传播文化知识，一旦被发现会遭到更恶劣的待遇，所以，爸爸他们兄弟几个从未受到爷爷的直接教导。

粉碎"四人帮"后，爷爷及其一家虽然得到平反，但是由于从事过重的劳动和受到非人的待遇，爷爷身心受到严重的损害，没有官复原职，而是在家养病，于1988年因病去世。

## （二）访谈者记

纵观爷爷一生的受教育经历，既有蒙古族古代教育的私塾形式，也有民国时期的少数民族高等教育形式，甚至还有留学教育形式。新中国成立后，爷爷一直从事文化教育工作。爷爷的经历，为我们清晰地勾勒出新疆博州那个年代蒙古族的教育发展历程。

爷爷的受教育经历是从私塾开始的。1910年，察哈尔新昂吉总管索托依在总管署所在地设立学堂，从各苏木招收4人，共32名学生，爷爷就是其中之一。学习年限为三年，主要学习满文、托忒蒙文、汉文和简单的算数知识，还有军事课程，但是实际上只学习托忒蒙文和汉文，而不学习满文。据资料显示当时学成归来的学生，有的做了官，有的选择了教师的行业，爷爷属于前者。

"1911年，察哈尔旧昂吉总管欧尤塔在自己总管所在地设立一所流动学校。他病逝后，其子罗热继任总管，继续发展教育事业，有些优秀的学生被选派到迪化省立蒙哈学校和伊犁继续深造，学费全部由他资助。"蒙哈学校是1920年由杨增新创办的，招收蒙古族和哈萨克族的上层子弟，主要教授蒙古语、哈萨克语、汉语、常识等课程。爷爷在当时就被他送到迪化蒙哈学校接受更高一层的教育。由此可以看出，当时新疆博州蒙古族教育事业的发展与一些个人行为分不开。正是由于有这样一些个人建立的学校和资助，才会有当时教育事业的发展，爷爷就是受益者之一。

盛世才掌握政权之后，得到了苏联的帮助，同苏联的关系日益密切，不仅在政治和经济贸易方面建立了联系，而且在文化教育，科学技术方面也开始交流。

1934 年新疆政府派出首批留苏学生，乌兹别克苏维埃社会主义共和国首都中亚塔什干的国立中亚大学设立了行政法律系，专门培养来自新疆的公费留学生，学生主要学习政治、经济、法律，以及农牧、医学等。当时盛世才为培养基层干部，从新疆的各族青年中挑选一部分青年人派到塔什干中亚大学学习。1934～1936 年，博乐县先后两次选派 6 人去塔什干中亚大学学习，爷爷是这 6 人之一。

盛世才送他们出国学习，本意是待他们学成归来后为其政权服务，但是令他意想不到的是，爷爷他们在苏联接触到了马列主义和社会主义的观念，成为坚定的革命者，归国后还向其他群众传播马列主义。在后来的"三区革命"和和平解放新疆的革命斗争中，爷爷始终站在人民群众一方，成为早期的共产主义战士。

新中国成立后，爷爷一直从事文化教育工作，这与当时的环境有很大关系。1949～1956 年是少数民族教育发展较快时期，在此期间党和国家十分重视少数民族地区教育事业的发展，根据少数民族地区的特点和实际情况先后制定并实施了一系列有利于少数民族教育事业发展的重大政策和措施。1952 年，国务院通过的《中华人民共和国民族区域自治实施纲要》中规定："各民族自治机关采用自己的语言文字，以发展各民族的文化教育事业重视发展。"爷爷不仅会蒙古语、汉语，同时也精通维吾尔语、哈萨克语，以及粗通俄语，因此在当时他从事大量的翻译工作，将许多汉语书籍翻译成蒙古文，以弥补当时蒙古文教材和书籍的不足，为推动新疆博州蒙古族的教育和文化事业的发展做出了巨大的贡献。

在"文化大革命"期间，由于爷爷是知识分子，因此未能幸免，受到了不公正的待遇。尽管"文化大革命"结束后得到平反，但是爷爷身心都受到严重创伤，之后一直在家养病，再没有从事政务工作。

总之，爷爷的一生，可谓是经历坎坷。早期接受过较好的教育，又出过国留过学，经历过清末民初及国民党盛世才统治时期，最终信仰马列主义，加入共产党，为博州的和平解放做出过努力。新中国成立后，爷爷在文化教育事业上也做出过较大贡献。晚年虽然由于"大文化大革命"遭受牵连，但仍豁达、乐观。爷爷的一生可以说是颇具传奇色彩。

## 二、爸爸的受教育经历

爸爸是一个典型的生在新中国，长在红旗下的一代，但他一生的命运亦可谓艰辛，小小年纪就经历了"文化大革命"，成为"文化大革命"的受害者之一。

爸爸对教育的感情很深，始终为其一生没有受过良好的教育而深感遗憾。访谈时，爸爸的一句话让我感受颇深，他说："你们是赶上好时候了，所以你和你弟弟一出生，我就发誓一定要让你们好好接受教育，不要像我一样。"可见时代对一个人受教育的影响程度。

### (一) 故事

我叫巴特乔勒，出生于 1956 年，家里排行老二，有一个哥哥、一个弟弟和两个妹妹。当时父亲被调回博州任林管站站长，我就是在这次回调的路上出生的。你奶奶说她当时生得很辛苦，后来我一生过得也很坎坷。我记得我们小时候的日子过得很快乐，当时家境也很好。1963 年，我 7 岁时，父亲送我去博乐县蒙古中心小学念书，这所学校是全蒙古语授课学校，但开设有汉语课程和其他一些基本课程，如数学、政治等。当时我们学校，根据内蒙古的经验，为了使学生达到"蒙汉兼通"的水平，就把我们学校设为"双语教育"的试点。我记得每周汉语授课时间为 10 个课时。我们当时就是第一批试验对象。

1966 年，"文化大革命"开始了。父亲被错划为右派分子，撤销公职，我们一家插队到小营盘接受劳动改造。这次的家庭剧变对我的一生及对我们家的影响很大。1966 年 9 月，我转到博乐固原一大队小学，开始上高小。这个学校完全用汉语上课，我刚开始有点儿跟不上，主要原因：一方面是在初小时就没有好好学习，再加上汉语是我的第二语言，所以我感觉当时跟不上，不过只要我努力学习是可以赶上其他人的；另一方面让我感觉难堪的是学校老师和同学们对我的态度。父亲被划为右派，影响到我们，在学校里我和弟弟、妹妹经常遭到老师和同学们的欺负，由于我的汉语不太好，当时的老师经常骂我笨，认为少数民族智力低，学习成绩不好，无可救药。同学们也经常讥笑和排挤我，我当时经常和弟弟合起来跟学校里欺负我们的同学打架，打得鼻青脸肿，回到家中还要挨母亲一顿骂，这还只是学校里的情况。放学后，回到家中还要帮家里放羊、放牛、拉柴等，就是还要干活。

1968 年，高小毕业后，我就决定不上学了，因为我在家排行老二，虽然当时哥哥已经辍学务农了，但是家里仍然过得很紧张，我觉得我应该承担一些责任，所以决定留在生产队干活，这样还可以算工分，给家里减轻负担。1968～1978 年，整整 10 年，我都在生产队干活。刚开始的时候，我所有的活都不会干，需要哥哥教我，如怎样放牧、怎样套车、去哪拉柴等。生产队的那些领导经常欺负我们兄弟俩，把最烈的马分给我们，让我们干最重的活，即使在冬天，零下 30℃的天气里，我们还要出工干活。我记得有一次，我们把牛赶回来的时候，发现少了两头，因为在那个时候丢生产队两头牛是很严重的事故，我就让哥哥把其余的牛赶回队里，我一个人去找那两头牛，冬天天很快就黑了，我好不容易在山里背风的冬窝子里找到了牛，由于天太黑了，回不了家，幸亏有一个哈萨（哈萨克族）奶奶收留了我一晚，才算熬过去，没有丢了队里的牛。但是我觉得这些事情都锻炼了我，使我经得起挫折，只有经过这样的历练才能成长为坚强的、顶天立地的蒙古族男人。

"文化大革命"结束后，1978 年，父亲得到平反，我们一家搬回博乐市。那一年我 22 岁，被父亲送去文化补习班补习文化知识，以便参加高考。这一补习就是两年，我发现我还是跟不上补习班的进度。1979 年，我虽然参加了高考，但是成绩不理想。我也不打算再补习了，我认为我参加工作比较实际。所以，1980 年我就参加了工作，在水文局工作，一干就干到了今天。

我当时可是咱们家的顶梁柱，"文化大革命"期间的劳动，累垮了父亲和母亲的身体，平反后，父亲在家休养。那时弟弟和妹妹考上大学了，考到内蒙古民族师范学院，我当时就充当家长，把他们两个送到通辽上学。我当时到了那里，看见大学生机勃勃的环境后，就很羡慕大学的生活，怪自己没有好好念书，只好鼓励弟弟妹妹们多读书，到今天也鼓励我的孩子们好好读书。我平时的工资有时候还会偷偷寄给弟弟妹妹们当生活费。

参加工作后，我去了博乐市夜大继续学习，获得了个大专文凭。我们那个时候工作之余，要接受职业培训教育，结业后还要参加考试，先是考初级工，然后考中级工，最后是高级工，我就这样一路参加培训学习，并且参加考试，才获得这些技能证书。当然，我在工作期间还获过奖，有两次还是自治区级的。

以上这些就是我的一生及我受教育的概况。虽然出生在新中国，但是由于"文化大革命"及社会的和个人一的一些原因，我受到的正规教育仅限于初小和高小。后来参加过文化补习班，上过夜大，工作后也一直在不断学习，但是我总是为我的一生没有受过很多教育而感到遗憾。我们那个年代的大部分人和我的情况差不多，尤其是少数民族，当时在生产队干活时，我的很多少数民族朋友，后来的情况都差不多，能考上大学或者受过更多教育的人也有一些，但是人数较少。

### （二）访谈者记

与祖辈"爷爷"或者子辈"我"相比，爸爸的受教育历程比较曲折。从他一出生，政治稳定，家庭环境良好，到"文化大革命"期间的不公正待遇而导致耽误学业，即使是"文化大革命"结束后，有参加高考的机会，但是由于基础差而没有实现上大学的愿望，参加工作后接受的是技能培训等职业教育。从他的受教育经历中，我们了解到新疆博州蒙古族教育在"文化大革命"前后的发展轨迹。

爸爸出生于1956年，这时候，新中国的社会主义三大改造顺利完成，进入了全面建设社会主义的新阶段。1956年6月4～17日，教育部在北京召开第二次全国民族教育会议。这次会议总结了新中国成立后的少数民族教育工作，讨论和确定了今后少数民族教育的方针任务，研究了1956～1957年全国少数民族教育事业的发展纲要，提出要在整个国民教育事业的发展过程中，使少数民族的教育事业逐步接近和赶上汉族水平。在这样的时代背景下，爸爸开始了他的受教育历程。

爸爸当时上的学校最初是个全蒙古语授课学校，后来因形势需要，逐步试点进行"双语教育"。双语教育是指在一定的教育阶段，同时进行母语和第二语言的教育，使受教育者学会使用两种语言。双语教育不是两种语言的机械相加，而是在两种语言教育同时进行的条件下所构成的整体。

而从1966年开始的"文化大革命"，使我国的各项事业受到严重挫折。"四人帮"把"文化大革命"前在党的正确路线、民族教育政策和教育计划指引下发展起来的民族教育事业歪曲为资产阶级的教育，否定了我国民族教育的社会主义性质，使新中国成立后起步并开始发展的民族教育事业遭受了严重的破坏和摧残。"四人帮"在民族地区推行极"左"路线，全盘否定过去行之有效的民族政策，否定社会主义时期民族问题的存在，把民族问题同民族斗争混为一谈，又把民族问题同阶级斗争等同起来，造成很多冤假错案。在教育工作中，否定过去正确的指导思想和方针政策，否定民族特点和民族差别，许多民族学校被撤销或停办，许多地方民族语教学被撤销，使党的民族教育政策遭到严重破坏。

在这期间，爷爷被错划为"右派"，爸爸也受牵连。他转学至博乐固原一大队小学，这时的学校在"左"的思想指导下，是纯汉语授课，民族语教学在当时是不允许的。

"文化大革命"的10年时间正是是爸爸学习基础知识的最佳阶段。教育心理学家告诉我们，到了青少年时期，人的认识能力开始以抽象概念为基础，逻辑思维成为人的认识能力的重要特点，这个时期正是学习知识的关键时期，在这个时期可以获得最佳成效，并能发挥个体方面的潜能，错过了，效果就会降低。正如《学记》所言："当其可之谓时，时过然后学则勤苦而难成。"但是由于以上种种原因，致使爸爸中途辍学，在家劳动，错过了学习的最佳时期。

"文化大革命"结束后，爸爸参加了文化补习班，主要是为了参加高考。后来爸爸上夜大，在我们今天看来都可以称之为"社会教育"或"成人教育"的形式。这些形式担负着提高广大少数民族在业人员思想文化素质，进行继续教育，加速民族地区经济发展等职责。其意义在于扫盲或使教育对象继续接受教育。这些教育形式是提高少数民族的政治素质，实现教育平等的重要手段之一，旨在帮助以前未受到平等教育的广大人民接受普遍的教育。

爸爸参加工作后，接受的教育形式主要是职业技术培训。因为随着社会的发展，时代的进步，我们深感劳动者就业能力和适应性的缺失，以及流动和职业选择的困难。这一现实赋予职业技术教育以重任，因此在民族教育中大力发展职业技术教育，是提高劳动力资源的利用率，促进民族地区经济发展的最直接而有效的形式。爸爸参加工作后所接受的职业技能培训就属于这种教育形式。

## 三、我的受教育经历

我是这个家庭的第三代，属于"80"后，生活在新时代，生活条件与爷爷和爸爸相比自然是好很多。在接受教育方面，从小家里也一直很注重这方面，尤其是爸爸，由于自己没有受到很好的正规教育，所以希望自己的子女能比他有所进步，在他的期望下，我一直从小学念到目前的研究生阶段，可以说是家里念书最多的人了。

## （一）故事

我出生于新疆博尔塔拉蒙古自治州，一个以蒙古族为主要民族的少数民族聚居区。我的家庭是个典型的传统蒙古族大家庭，家庭成员有爷爷奶奶、爸爸妈妈和弟弟，蒙古人有很多的亲戚，我们家也不例外，他们都生活在这里，也有很多牧区的亲戚朋友，由于爷爷奶奶辈分很高，因此逢年过节会有很多亲戚来奶奶家拜访她老人家。

先说一说我的家庭教育情况：爷爷奶奶总是教育我们这些孙子辈，说我们是成吉思汗的后代，我们信仰长生天腾格里，虽然我们现在生活在城市里，但我们的根还是在牧区，我们的祖先祖祖辈辈都是以放牧为生的，我们是马背上的民族。小时候，也就是上学之前，爷爷奶奶总是带我们几个孙子孙女去牧区避暑，那是一段美好的回忆。在牧区，我们小朋友成天与牛马及牧羊狗为伴，日出而牧，日落而息，日子过得简单又满足。当时从爷爷奶奶那里所受的教育也就是对于本民族的认识，基本的放牧抑或牧区的简单劳务。这就是我早期上学之前的家庭教育情况。"现在想一想，无不渗透着蒙古族家庭的传统教育思想"。

之后快要上小学了，由爸爸接回城里，当时我不会说一句汉语，为了锻炼我的汉语，爸爸将我和表妹送去以讲汉语为主的幼儿园。记得当时我们完全在一个陌生的语言环境里，感觉非常吃力，幼儿园的阿姨讲的什么，其他的小朋友说的什么我们完全不懂，我们不会用汉语说"吃饭"、"睡觉"，甚至连用汉语表达上厕所也不会。但或许这就是一种浸入式教育吧，效果很好。上幼儿园的第一年我和表妹的汉语水平直线上升，已经会说基本的日常用语了，也懂得怎么和其他民族的小朋友打交道了。

到了上学的年纪，该接受基本的义务教育了。对于上汉校还是蒙校，当时在家里产生了激烈的争议。爷爷奶奶都认为应该上蒙校学习自己的语言和文字，但是爸爸妈妈却认为应该上汉校，这样有利于我和弟弟将来更好的发展。后来终于选择上了汉校。记得当时报名时学校老师说我是少数民族，应该晚一年再上小学，先去学前班补习一下汉语，但是妈妈不同意。之后，那个老师没办法，决定考我一下，如果我能认出一百个汉字就可以上小学了，幸亏当时我也做到了，那也是在幼儿园里学到的，现在想一想，爸爸将我和表妹送去上幼儿园是一个明智之举。

在小学阶段，我比较喜欢数学，不喜欢语文，因为我不太会遣词造句，可能与我是一个异文化人有关吧，觉得学起来有点儿吃力，此外也与当时的语文老师有关。老师没有以一种鼓励的方式教育我，而是打击我的自信心，所以当时的语文成绩总是很不理想。可见一个教师的教育方式对学生影响有多大。

到了初中阶段，语文课程中开始加入文言文，这对我来说是一个巨大的考验。由于小学语文就没打好基础，更何况文言文，我清楚地记得我所学的第一篇文言文是《扁鹊见蔡桓公》，当时语文老师仔细地讲了一遍，其他同学都懂了，我还是没有懂，课下老师又给我讲了一遍，我仍然处于一知半解的状态。当时这篇文章是要求全文背诵的，其他同学花了一两个小时，最多也就一天的时间就背下来了，我却用了整整一个星期，并且是机械式地背诵，而非理解式背诵。我觉得当时的语文老师是看我可怜，就通过了，随便给了我一个分数。之后，只要学到文言文，我就像啃硬骨头似的，皱着眉头，硬着头皮学过来，不过后来一次比一次状态好。

初中阶段的另一门新的课程是英语，我特别喜欢英语，可能与我本来就是双语人有关系吧，我早已学会在学习一门新的语言时，不自觉地转换文化背景，所以学起英语来非常顺利，成绩经常名列前茅。因为我的母语蒙语发音里就有很多的卷舌音，所以英语口语对我来说也不是难事，感觉自己说得很好呢。这样对英语的自信心就逐渐地培养起来了，这对我以后的英语学习特别是高中和大学的英语学习打下了良好的基础。

高中阶段是要分文理科的，当时选的是文科，很大一部分原因是我物理、化学学得不好，没办法只有选文科了。另外一个原因是当时分科后的班主任是我母亲的好友，在母亲的"拜托"下，班主任对我"特别照顾"，不时地对我进行监督和鼓励，致使我高中最后一年半的时间除学习和补习以外，无暇顾及别的事情。也正是在这一年半的时间，我的成绩突飞猛进，与原来相比，取得了很大的进步。现在想一想，我应该感谢当时的班主任。后来在"黑色的七月"

里我参加了高考，成绩出来后感觉已经很理想了。由于我是少数民族，特别是父母亲双方都是少数民族，高考可以加 70 分，这样算下来总分就更高了。在报考志愿时，由于我和家长经验不足，没有报好，致使最后我处于被调剂的状态，还好后来被调剂到了陕西师范大学，只是要预科一年。

2001 年我在陕西师范大学民族预科部一年。2002 年开始本科阶段的学习。记得预科那一年，日子过得轻松又满足。预科就是指少数民族需要加强汉语和政治而受的教育，这两门课程对我这种民考汉的学生来说很轻松，所以预科的一年过得很没有压力。另外是因为刚刚离开家，在学校没有人管，无拘无束，可以尽情地玩了。但是现在回过头想一想，感觉预科的一年是浪费时间，因为对于我这样一个从小上汉校的人来说，预科是完全没有必要的。

2002 年开始了本科的教育，这 4 年对我来说就是个极其"汉化"的过程。换言之，就是"涵化"（acculturation）① 的阶段。一方面，离开了家乡那样一个少数民族文化背景，来到西安这样一个以汉文化为主的地方（西安本来就是个历史文化古都），它的方方面面影响着我，小到吃穿住行，大到人际关系等，无时无刻不影响着我。另一方面，陕西师范大学素来以人文环境而著称，也就是我们所说的校园文化，这与我过去的家乡的环境是不同的，在陕西师范大学的文化氛围熏陶下，我不自觉地开始转变。此外我的专业是教育学，要有历史、文化和哲学等基础知识，在本科阶段学习时，我也在不断地补充这方面的知识。因此大学期间，就感觉自己是被"浸泡"在汉文化或者说儒家文化之中，以至于我的蒙语变得不是很熟练，不过假期回家待上一段时间，与家人交流一下又流利顺畅了。

在要不要考研的这个问题上，没有多大争议，就直接考了。只是在是否需要报国家"少数民族骨干计划"这个问题上，与家人稍有争议。家里人认为我应该报，这样就是国家出学费，家里可以减轻负担，还可以报一个好一点的学校，而且工作还是定向的，比较稳定。但我个人认为报了这个计划，需要预科一年，因为有过预科的经历，实在是不想白白浪费一年的时间，另外我有自信

---

① 涵化指由不同文化的个人组成的群体，因持久地相互集中的接触，两者相互适应、借用，结果造成一方或双方原有文化模式发生了大规模的文化变迁。郑金洲．教育文化学．北京：人民教育出版社，2002：124.

能考上，所以瞒着家人，没有报这个国家"少数民族骨干计划"，结果还好我考上了。通过研究生阶段的学习，我更加认识到少数民族文化与主流汉文化之间的区别，以及教育方面的差异等问题，我将所学知识与自己亲身经历相结合，不断地思考这方面的问题。

### （二）访谈者记

与爷爷和爸爸两代人相比，我出生于20世80年代，可以认为我是新时期少数民族教育发展历程的见证者。我生长在改革开放以后，在物质生活等方面比祖父辈有很大的提高，为我能接受更多的教育奠定了基础。

我一出生便开始接受家庭教育，之后进入学校接受正规教育。从小学一年级开始接受义务教育，接着上高中，上大学，上研究生，这样没有间断地不断学习，看似一帆风顺的接受教育，实际上就是一个不断"涵化"的过程。我和同时代的许多蒙古族同龄人一样有着共同的经历。从我的故事当中可以发现新时期新疆博州蒙古族教育发展的历史印记。

每个人在接受正规教育之前，都会在家接受早期的家庭教育。家庭教育包括家庭成员之间发生的教育关系，从社会学角度讲，是指在家庭中进行的教育，也指家庭环境因素所产生的教育功能。前者指的是受教育者在家庭中所受到的由其家庭成员施与的自觉的或经验性或有意识的、有形的或无形的等多重水平上的影响，后者则指家庭诸环境因素（包括家庭的社会背景和生活方式），对受教育者产生的隐性影响。

从我的家庭教育情况可以看出具有明显的少数民族传统文化教育特色。教育的主客体是长辈和晚辈，即长辈爷爷奶奶是施教者，晚辈是受教育者。教育内容则是我们蒙古族的传统文化，例如，在精神文化教育方面体现在从小爷爷奶奶就明确地教育我们是成吉思汗的后代，蒙古人一辈子都在马背上生活，以放牧为生；在人伦道德方面，教育我们蒙古人亲戚多，要注重亲情，强调长者权威；还有礼仪教育，教我们如何敬酒等一些蒙古人特有的基本礼节；宗教方面，教育我们要信仰长生天腾格里；还有一些简单的生活劳动技能，教育方式为言传身教。

爸爸为了让我学习汉语而送我去汉语幼儿园，接受一种"浸入式"的语言教育。"浸入式"语言教育，目的不在于取代第一语言（母语），而是教授儿童第二语言。如果我们将语言环境比作游泳池，将儿童掌握第二语言比作学习游泳，那么这种教育是将不会水的儿童扔进游泳池里，希望他们尽快地学会游泳而不借助于漂浮工具。而在中国，对于少数民族来讲，所谓第二语言就是汉语，所以对我来说，有学习汉语的必要性。在幼儿园那种全封闭式的语言环境里（即一周内在幼儿园，周末由家长接回家），无论吃穿住行还是和人的相处都要讲汉语，完全被浸泡在这种语言环境里，但效果很好，仅一年时间，我已经基本上掌握了初步的语言技巧了。

从我一开始就上汉校而非蒙校这件事中可以引发一些值得思考的问题。当时老一辈人认为应该送我去上蒙校，父母亲之所以送我去汉校，主要出于两点原因：一是，从条件方面来讲，无论是环境抑或师资及硬件等设施，汉校更好一些；二是，从对我将来发展前途来看，上汉校也比蒙校好。例如，将来上大学或者找工作等，蒙校的条件和社会认同都比汉校略输一等。我的很多同龄蒙古族人当时也选择了汉校。当地政府和教育部门后来也看到这些问题，将优惠政策倾向于蒙校，但蒙校的发展前景仍不乐观，在一定程度上会阻碍当地的蒙古族教育发展。

关于我高考加70分这件事，是国家对少数民族的一个优惠政策。"新疆对'民考汉'和'汉考民'考生予以相同的加分照顾：父母双方均为上述民族者，加70分；父母一方为上述规定的少数民族者，加10分。除对少数民族身份考生报考有关语种的特殊照顾政策之外，其他符合加分条件的考生累计加分不得超过20分。"

2004年，国家又出台了"少数民族骨干计划"。这又是国家对少数民族的另一项重要的优惠政策。这两个政策都是国家为了培养更多的少数民族高层次人才而做的政策导向。国家的这一政策推动了少数民族地区的教育发展，其中也包括新疆博州蒙古族的教育发展①。

---

① 2005-10-08. 中国研究生招生信息网：指为贯彻落实5教育部国家发展改革委财政部人事部关于大力培养少数民族高层骨干人才的意见6（教民〔2004〕5号）及《教育部等五部委关于印发〈培养少数民族高层次骨干人才计划的实施方案〉的通知》（教民〔2005〕11号）精神，促进我国民族团结进步事业和少数民族地区全面建设小康社会目标的实现，给予西部少数民族地区发展提供有力的人才和智力支持，国家出台了"少数民族骨干计划"，开展招收少数民族高层次骨干人才攻读硕士学位研究生工作。

另一个值得关注的问题是预科。我在本科之前需要预科一年。预科教育是国外中等教育向高等教育过渡的一个特殊的教育层次，也是高等教育的重要组成部分。而我国的预科教育与国外是不同的，民族预科是民族高等教育的一个特殊层次。既不同于一般的中学补习班，也有别于普通高等教育，是普通中学教育向民族高等教育过渡的一座"桥梁"。为了增加少数民族学生接受高等教育的机会，我国还创办了普通高校民族班和预科班。从 1980 年开始，我国在全国重点高等院校和少数民族人口多较多的省的一般高等院校举办了民族班。1980 年，北京大学、清华大学、北京师范大学、大连理工学院、陕西师范大学等五所高校试办了民族班。预科本意是补习少数民族的汉语水平和政治教育，以便使他们能更好地在本科阶段接受教育。但对于有些本来就上汉校（即民考汉）的人来说是不需要的，他们的汉语水平已经能够应付将来的学习和生活。所以，对这部分人是否有预科的必要，甚至在接受研究生教育之前还需要预科，这一年浪费的时间、财力、物力怎么计算，这些也都是需要考虑的问题。

还有一个问题是：少数民族大学生，例如，我（一个蒙古族大学生）一旦离开家乡，来到大学（非少数民族高等院校）这样一个以汉文化为主的校园，开始与异文化交流，学校对他们与汉族学生能否一视同仁，而忽略他们在文化上客观存在的差别，经过这样四年的熏陶逐渐被"涵化"，以至于使这些少数民族大学生被动地忘记或者渐渐不熟悉自己的传统文化和语言。这些新的问题应该如何解决？高校是否应该采取一些措施呢？

总之，"我"的故事，反映了在新时期，新疆博州蒙古族教育发展与祖父辈相比有了很大的发展和提高。但是，在新时期也面临着许多新的挑战和问题，都有待于人们去研究解决。

纵观案例中"我"的祖孙一家三代人的受教育经历，祖辈人物爷爷经历过清末的旧式教育和民国时期的教育，父辈的爸爸是出生在新中国背景下，同时又有"文化大革命"的经历，而子辈的"我"是个"80"后，生活于改革开放后，是在新背景下接受教育的一代。这三代人物的受教育经历刚好代表了一百年来的新疆博州蒙古族教育的发展历史轨迹。从横向来分析，他们又各自分别代表了他们那个年代该地区大部分蒙古族人的经历。

总之，在访谈中，我在倾听他们口述的同时，能够感受他们那个年代的生活状况，和他们一起感受到了他们受教育时的历程，以及他们鲜活的生活和受教育的经历，能够发现很多在历史文献中查不到的历史细节和历史轨迹，并且引起了我的思考。

## 第三节　探析新疆蒙古族教育的发展

受访人一家三代都是新疆博州蒙古族教育发展的参与者，也是新疆博州蒙古族教育发展的见证者，他们经历了新疆博州蒙古族教育发展中的许多重大事件。但因为他们所处的年代不同，经历也不尽相同，所以每一代人对新疆博州蒙古族教育的发展都有自己独特的情感，也有着自己独到的看法。

访谈过后，面对访谈资料，我开始反思：这一家蒙古族三代人所受的教育状况各不相同，是什么影响着他们的受教育状态？除了外部的一些很明显的原因外，更深层次的原因又是什么？在访谈中，他们都自觉或不自觉地谈到蒙古族文化的传承问题，随着历史的发展，"全球化"、"现代化"、"信息化"这样的词汇充斥着我们的生活，如何在这样的社会背景下发展蒙古族文化传统？教育在其中又扮演着怎样的角色？

## 一、引起祖孙三代受教育状况不同的外部原因

### （一）政治环境的影响

政治环境一般是指一个民族或国家的社会和政治制度及阶级关系等。教育作为培养一定社会所需要的人的活动，总是与一定的阶级利益相关联的，与社会政治环境有着十分密切的关系。正是由于我国不同的历史时期存在着不同的社会矛盾、阶级状况及政策差异，决定了三代人受教育状况的不同。

祖辈的"爷爷"及其所代表的群体所处的时代是半殖民地半封建社会，教育主要是维护封建的思想和统治制度，服务于剥削统治，受教育的是有钱人和有权人。"爷爷"的家境比较好，属于能够接受教育的群体，所以他就能够在私塾里接受教育。很多家境不好的、没有社会地位的同龄人，他们就没有接受教育的机会。新中国成立之前，末期及国民党统治时期，由于统治阶级对少数民

族实行的是阶级教育的政策，严重地背离了少数民族教育自身发展的规律，脱离了少数民族地区的实际，致使少数民族教育事业长期处在极端落后的境地。这充分说明旧中国的教育同整个国家一样，"主要是推行奴化教育，封建教育和资产阶级教育，是为帝国主义和国内少数统治阶级服务的。"

新中国成立后，工人阶级成为国家的领导者，广大人民翻身成为国家的主人，阶级基本上被消灭，教育成为服务于社会经济，为全国人民谋福利的事业，每个公民都有接受教育的权利。所以在"爸爸"所处的年代，同龄人都获得了上学的机会。但是，1966年开始的"文化大革命"，使国家教育事业遭到破坏，这样的历史背景致使"爸爸"上完小学后就不能继续学业了，"文化大革命"结束后，有的人继续参加补习班，之后考大学，而有的人则参加了工作。总之，这个时期人们的受教育状况与祖辈相比，得到了一定的重视并且有所好转。

改革开放后，根据新时期基本路线的要求，大力发展民族教育事业成为实现社会主义现代化的重要步骤。党和国家根据少数民族教育事业各个方面的实际需要，分门别类地制定和采取了诸多具体的政策和措施，对少数民族教育事业的发展起到了十分积极的促进作用，使整个少数民族教育事业取得了前所未有的巨大成就，呈现出一派繁荣兴旺的局面。生活在这个历史环境中的"我"是受惠者之一，接受义务教育，之后考高中，考大学，读研究生。"我"所代表的这个时期的同龄蒙古族人群受教育的经历和我差不多，大部分人都能接受义务教育，只是在高考时分流。"我"的受教育状况与祖辈和父辈相比，情况有了很大的变化。

通过祖孙三代蒙古族人的受教育历程，我们可以看出新疆博州蒙古族教育事业得到了长足的发展，特别是新中国成立以来得到了实质性的发展。我们不难发现，这个地区的蒙古族教育事业之所以能够取得如此巨大的成就，与党和政府根据少数民族地区的实际情况和少数民族人民群众实际需要所采取的一系列积极、进步、平等、有效的民族教育政策是分不开的。事实证明，只有在中国共产党的正确领导下，走社会主义道路，少数民教育事业才能得到真正的、实质性的发展。

（二）经济环境的影响

历史唯物论告诉我们，经济发展是教育发展的物质基础。物质资料的生产和再生产是人类最基本的经济活动，是人类社会存在和发展的重要前提。人类要生存，离不开衣、食、住等方面的物质生活资料，而要获得生活资料，就必须从事物质资料的生产。物质资料的生产及发展也是人类一切社会活动产生和发展的基础。人类生产以外的社会活动，包括政治、教育、文化等，都是在物质资料生产到一定阶段才产生的，并随着物质资料生产的发展而不断发展。教育作为培养人的活动，是社会发展的重要组成部分，它的发展也必须以经济为基础。经济关系体现为社会生产关系，它对教育有制约作用。在旧中国，生产力相对落后，生产关系是半殖民地半封建的生产关系，这种旧的生产关系相对落后，所以教育资源相对短缺，从根本上阻碍了教育的发展，能够享受教育的只是有权有势的少数群体。在博州这个少数民族地区，当时能够享受教育的是旗营子弟（八旗子弟）和富户人家。"爷爷"之所以能受到教育就是因为他是镶蓝旗子弟，而教育对当时广大的民众子弟而言是无缘问津的。

新中国的成立，宣告了旧生产关系的结束，取而代之的是无产阶级领导的、人民当家做主的新的生产关系，实行的是公有制下的计划经济体制，人民生活水平总体上呈现不断增长的趋势。这在一定程度上推动了教育的发展，教育受到了人们的重视。处于受教育阶段的"爸爸"及他所代表的父辈们，受教育的情况较之祖辈们要好很多。当时的办学体制与计划经济运行模式是相适应的，包括我国的少数民族地区，都形成了单一的政府举办学校的体制，政府包办各种教育。随着社会的发展，这种体制已不能满足人们日益增长的教育需求。

改革开放后，在社会主义市场经济条件下，人民群众的生产积极性不断上涨，收入不断增加，少数民族地区的社会发展和经济建设都取得了巨大进步，教育的战略地位得到提高，当地的教育得到了空前发展。其主要表现在：教育投资主体突破单一的格局，民办教育发展迅速，教育类型呈现出多样化趋势，专业性增强；各类学校招生规模扩大，生源成为招生中的紧缺资源。因此，在这个时代接受教育的"我"及同龄人群体，不论是硬件设施还是其他方面都是祖父辈们所无法相比的。这样"我"的受教育状态与他们相比当然好很多。

### （三）少数民族文化传统的影响

一个国家的教育思想总是在特定的国家传统文化圈内形成的，受该国传统文化价值取向的影响，它影响人们对教育各个方面的认识。少数民族教育发展亦是如此，受其本身民族传统文化的影响。所以，新疆博州的蒙古族文化传统价值取向极大地影响了人们对教育各个方面的认识，使教育在很大程度上体现了传统文化的价值取向。

新疆博州的蒙古族多为察哈尔部落，察哈尔蒙古族于清朝乾隆年间西迁至这里，这里的自然条件和客观环境对察哈尔蒙古族的发展具有一定的制约力，并形成了独特的文化，为察哈尔蒙古族全体成员所认同，形成了一种长期稳定的民族传统，从而产生了较强的民族凝聚力和排他性。这是察哈尔蒙古族在漫长的历史进程中，通过无数人的实践和摸索一点一滴地积累起来的，具有一定的合理性。

每个社会和民族都有自己文化传承的内容和方式，文化传承既是特定社会或民族的群体行为，也是该社会或民族的个体行为，其文化就是通过这种群体或个体行为得到代际传承的。因此，文化传承就其本质而言，不仅是一个文化过程，而且更是一个教育过程。

察哈尔蒙古族历来重视对子女的教育，就像他们常说的谚语"骏马在驹时就有征兆，成才者从小就有教养"。这种传统文化教育主要体现在家庭教育和日常生活中。察哈尔人在生产劳动和社会生活实践中，教育和培养自己的子女。其教育内容广泛，从家庭教育到适应社会的教育，从对大自然现象的认识到对牧业经营规律的掌握，等等。其教育方法具体体现在长辈的言传身教中，从而培养出热爱劳动、懂礼仪、文明的社会成员。

虽然在学校教育中看不到这种少数民族的文化传统的影响，但是它真真切切地存在于每个家庭之中，这种影响在很大程度上是无意识的，却是影响的最高层次，它影响着人们外显的行为方式和内在的思想态度。这从案例中的"我"早期受的家庭教育就可以得到证明。

"我"的家庭教育具有明显的少数民族传统文化教育特色。从小爷爷奶奶就明确地教育我们是，我们是成吉思汗的后代。蒙古族一辈子都在马背上生活，以放牧为生；在人伦道德方面，教育我们，我们蒙古族亲戚多，要注重亲情，强调长者权威；还有礼仪教育，教我们如何敬酒等一些蒙古族特有的基本礼节；在宗教方面，教育我们要信仰长生天腾格里；同时，还教我们一些简单的生活、劳动技能。其教育方式为言传身教，我们把它叫做社会规则习得，也叫社会准则和规范的传递，目的是达到社会控制。

每个民族在历史活动中都存在着自己的传统，在这个意义上传统就是一种由历史传承而来的思想、道德、风俗、制度等。从历史发展的连续性来看，社会发展的任何一个阶段都是上一个阶段的延续和发展。社会和民族的传统文化不仅是社会现代化的基础，而且通过教育规定塑造着社会成员基本的个性特征、风俗习惯和行为方式。

## 二、引起祖孙三代受教育状况不同的内在原因

### （一）个体及家庭对受教育意义的认识

个人及家庭对受教育意义的认识程度，是引起祖孙三代受教育状况不同的内在原因之一。个体及家庭对受教育意义的认识受社会价值观影响，在祖辈的时代，教育主要体现为为剥削阶级服务，只有少数人可以接受，并且教育与经济的相关性很弱，所以大部分人对受教育表现出可有可无的态度，于是便出现了祖辈们接受教育极少的历史现象。

1956 年，社会主义制度确立后，大部分人都有了接受教育的机会。这也是"父亲"到了上学年龄就可以去学校的原因。但是当时是计划经济的时代，社会对文化资本拥有者的回报率不是很大，人们对受教育的积极性不是太高。尤其是"文化大革命"十年期间，不少接受过高等教育的人成了被批斗的对象，知识分子被谴称为"臭老九"，有知识反而成了祸害，在这样的背景下，人们对高等教育也只能敬而远之。这也就成为"父亲"没有接受高等教育的原因之一。

改革开放后，随着时代的进步和社会的发展，人们的教育观念发生了改变。特别是少数民族，认识到学汉语的重要性，引发了"汉语热"。这就是"我"上学前"父亲"送我去汉校的原因。少数民族教育发生的这一重大变化，不仅表明了少数民族家长教育观念的更新，更说明人们普遍认识到文化的拥有者可以得到较好的报酬，将来会有更好的发展。所以，少数民族地区人们对教育的需求程度越来越高，他们希求学校有好的教育教学条件，接受最好的教育。处于受教育年龄的"我"在接受完义务教育之后继续深造，就是希望能够进入好的

大学，将来有所成就，家庭也不遗余力地支持"我"上学。

### （二）个体及家庭满足受教育的能力

在所有影响个体受教育状况的因素中，个体及家庭是否有能力满足当时受教育所需的经济条件是最直接的因素。

社会条件造成不同经济条件的家庭及其子女受教育状况的差异，与国家的经济发展状况紧密相关。因为个体的收入不仅取决于自己的能力，社会生产关系决定的产品分配方式对其有着更为重要的决定性作用。

在祖辈出生的旧社会，经济总体上非常落后，处于受剥削、受压迫地位的劳苦大众的生活极其艰难。在温饱尚有问题的状态下，要拿出钱来供子女上学的可能性很小。很多家庭更愿意把孩子看成是劳动力，让他们帮助大人干活，例如，放牧。访谈中的"爷爷"之所以能够上私塾，属于特殊情况，原因是其家庭属于还能够享受教育的小部分人群。

新中国成立后，国家局势稳定，经济复苏，更重要的是人们的政治地位提高了，人民生活得到了极大的改善，普通家庭经济状况比新中国成立前有了提高，少数民族地区虽然地处边远，但是情况也有所好转。因此，在这个时期接受教育的父辈群体受教育程度较好。但是由于十年"文化大革命"的影响及当时我国高等教育发展比较落后，"爸爸"没有机会接受高等教育。

十一届三中全会后，得益于国家的各项改革政策，我国城乡居民收入有了快速增长。在解决了温饱问题的基础上，家庭收入有所积余，个体及家庭满足受教育所需条件的能力进一步增强。尤其是在当今的市场经济条件下，大部分家庭已有能力供子女接受教育。于是，子辈的"我"不但能够获得九年制的义务教育，并且还有继续接受高等教育的机会，这与我的家庭经济基础是息息相关的。

### （二）教育服务的社会供给差异

在旧中国，教育资源相对短缺，从根本上限制了受教育对象。教育服务的阶级特性也使得稀缺的教育资源只能为少数人所有。一家中的祖辈"爷爷"就是这少数人之一。

新中国的成立标志着旧的关系包括教育阶级特性的消灭，教育得到了发展，教育服务的对象是人民大众。所以,当时的父辈们都由于这种教育服务的较好发展而获得了较多的教育。因此,"爸爸"一到上学年龄就可以进入学校念书。即使是"文化大革命"期间有所耽误,但是结束之后,也有成人教育、夜大或者继续教育的文化补习班,可以继续接受教育。参加工作后,他们还能够通过职业技术培训这样的教育形式接受再教育。由此可见,新中国成立后,有多种多样的教育服务社会供给,才使得父辈们接受了更多的教育。

改革开放后,经济体制不断完善和发展,城乡收入增长呈现出新特点,教育战略地位的确立在政治上保证了为人民群众服务,以及为社会服务的教育资源供给,特别是少数民族教育发展得到了保障。处于这个时期的正在接受教育的子辈"我",一开始就可以接受免费义务教育。20世纪80年代后,国家对少数民族高等教育在政策上有所倾向,为少数民族提供更多的教育服务和社会供给,为"我"能够进入大学考上研究生,接受更高一级的教育提供了机会。子辈与祖父两辈相比,之所以有更好的受教育状况,是与历史的发展,以及社会能够提供更多、更好的教育服务分不开的。

### (四) 新时期文化变迁引起的新问题

我们知道,民族、文化、教育之间是相互制约的关系。民族、文化对教育有制约作用;反过来,教育对民族和文化的发展和影响同样是巨大的。一个民族的发展,除了本民族文化的驱动外,异文化的影响和作用成为又一个强大的推动力。异民族和异文化的存在,不仅成为一个民族的生态环境的客观组成部分,而且随着同异文化的接触和交流,常常会不同程度地导致双方的文化发生某种变化和变迁。新疆博州是一个多民族的少数民族聚居区,除了蒙古族外,还有汉族、维吾尔族、哈萨克族、回族等,这么多民族的人们在一起生活,文化上必然会互相影响而不同程度地发生变化和变迁。文化变迁包括濡化(encul-turation)和涵化:濡化主要指文化传递,文化内代际之间的传承,使受教育者适应本团体、社区的生活方式和知识观念,促成其社会化;而涵化指的是一种文化与外来文化间的相互交流。从这个角度讲,本研究的祖孙三代之间的家庭内部的教育属于濡化,而他们在学校和社会的学习就属于涵化的范围。随着社会的发展,特别是在今天这样一个快速发展的时代,现代化的成分越来越浓厚,所以少数民族涵化的程度越来越高。"涵化使受教育者接受不属于本团体、社区的生活方式，价值习俗，拓宽了其视野，又激发了其创造力，进而为文化的变迁提供了动力。"

露丝·本尼迪克特（Ruth Benedict）曾说过："孩子要变成为一个大人，这是自然的事实，这一变化起作用的途径，却是因为社会而异。这些特殊的文化桥梁，没有一个可以被认为是成长的'自然之路'。除了孩子和成人生理上的差异外，上述孩子和成人的不同都是文化发展的差异造成的。"（露丝·本尼迪克特，2003）这说明个人所处的文化背景不同，社会化的性质也不同。从孩子到成人的社会化，是在学习文化的过程中进行的。本研究中的祖孙三代他们生活在不同的时代，其文化背景自然不同，所以他们社会化的程度也不相同。相比而言，一代比一代社会化程度高，特别是子辈的"我"。造成上述现象有两个方面的原因：一方面是现代社会经济的冲击，以科学技术的迅猛发展为基本特征和以市场经济为发展动力的现代文明，不可避免地会对少数民族传统文化产生巨大的冲击；另一方面是学校教育的文化选择，教育的过程是对文化的选择、重组、改造和传播的过程。然而在目前的学校教育中，有计划、有组织地开展传承民族优秀文化的教育活动比较少，体现出少数民族优秀文化的课程内容相对匮乏，这在一定程度上加速了文化涵化的过程，导致了民族文化的变迁和消解，而这一点必须引起我们的高度重视。

# 第四节　民族教育发展的使命

## 一、社会动荡带来教育的起伏

教育总是孕育在一定的社会历史大背景下，所以社会背景必然会对教育有所影响。时代背景不同，教育的内容、含义不同，对个人的影响也不同。本研究中，"爷爷"的案例表现得尤为明显，"爷爷"经历过清末、民国时期及新中国成立后三个不同的历史时期，不同的社会环境必然对他所受的教育，以及他个人的命运有所影响。而"爸爸"虽然长在红旗下，但是经历过"文化大革命"的十年动荡，致使他的受教育历程中断，并且影响到了他以后的个人命运。

"我"生活于以"和平与发展"为主题的安定的社会背景下,所以我的受教育历程一帆风顺,从未间断过。

这说明社会的动荡带来教育的起起伏伏,个人的受教育经历甚至是个人的命运是同社会同呼吸共命运的,教育及个人的发展离不开安定的社会环境。发展教育,特别是少数民族教育同样需要这样的环境。

教育是一种培养人的社会活动,它与一定的阶级利益相关联,体现着阶级对教育事业的干预。

本研究中的祖辈"爷爷"处于那样一个动乱不安的年代,受到了不同政治团体的影响,清末相关政策影响下的教育,是为清政府的封建统治服务的,而在民国及军阀混战的时期,他所受的教育又与当时统治者的利益息息相关,所以政治干涉和影响了教育的发展。案例中的"爸爸"经历过"文化大革命"这样一个"左倾"时期,在"以阶级斗争为纲"政策的领导下,"爸爸"的教育中断,影响到了他以后的人生。在改革开放后,在社会主义现代化建设的新时期,社会安定,在党的领导下,"我"的受教育经历处于一个宽泛和宽松的政治环境中,所以"我"的教育经历相对而言一帆风顺。所以,只有在共产党的领导下,在社会主义现代化建设过程中,少数民族教育才能健康发展。

## 二、社会的发展,主要在于文化的交流和融合

从本研究的案例一家祖孙三代蒙古族人受教育的经历和过程来看,体现了社会的发展,主要在于文化的交流和融合。"爷爷"所受的教育是纯蒙古语及蒙古族文化的教育,而"爸爸"则受到一种将两种文化融合的新的教育——双语教育,即蒙古族文化与主流的汉文化逐渐融合,而子辈的"我"则直接被送到了汉校,更多地接受他文化的教育,逐渐地将他文化与本民族文化不断融合发展,从中体现出民族与社会的发展在与文化交流与融合。

每个民族都有自己独特的文化体系,但在今天看来,单纯地保持和发展自己的传统文化不太现实,要么放弃千百年的传统,趋向同化道路;要么固守传统,被现代化所抛弃,这些都不可取。因此,出路只有一条,那就是在肯定民族传统文化的大前提下,除旧布新,走与其他文化交流与融合的道路,这就是少数民族面临的新问题与民族教育的任务,也是"我"的历史使命。

# 参 考 文 献

阿尔达 . 1996. 中国少数民族文字教材建设概况 . 呼和浩特：内蒙古教育出版社 .

巴肖努，敖拉 . 1992. 博乐蒙古族教育事业沿革 . 博乐：博乐教育出版社 .

包尔汉 . 1983. 新疆五十年 . 北京：文史资料出版社 .

伯顿·克拉克 . 1994. 高等教育系统——学术组织的跨国研究 . 王承绪译 . 杭州：杭州大学出版社 .

曹红 . 2004. 改革开放以来国家对新疆教育实施优惠政策的历史考查 . 新疆大学学报，2004（3）：60～66.

柴恒森 . 1983. 盛世才选送留苏学生的前前后后//政协新疆维吾尔自治区委员会文史资料研究委员会 . 新疆文史资料选集（第二十辑）. 北京：民族出版社 .

陈立鹏 . 2008. 改革开放 30 年我国民族教育政策回顾与评析 . 民族研究，2008（5）：50～60.

崔书杰 . 2006. 新疆通志·第 74 卷·教育志 . 乌鲁木齐：新疆教育出版社 .

冯增俊，万明钢 . 2005. 教育人类学教程 . 北京：人民教育出版社 .

葛丰交 . 2010. 新时期以来新疆民族教育政策的形成与发展 . 新疆社会科学，2010（3）：62～73.

哈经雄 . 1990. 中国共产党领导下少数民族教育事业的发展 . 华中师范大学学报，1990（2）：50～60.

哈经雄，滕星 . 2000. 民族教育学通论 . 北京：教育科学出版社 .

韩达 . 1998. 中国少数民族教育史 . 广东：广东教育出版社 .

江平 . 1991. 民族问题文献汇编 . 北京：中共中央党校出版社 .

金炳镐，陈庆华 . 2000. 解放战争时期中国共产党的民族纲领政策 . 民族理论，2002（60）：12～20.

金星华 . 2005. 中国民族语文工作 . 北京：民族出版社 .

黎顺清，曹鸿远 . 1989. 中国古代教育名著选读 . 西安：陕西师范大学出版社 .

李小燕 . 2007. 双语教育视野下的民汉合校研究 . 新疆师范大学硕士学位论文：6.

廖冬梅 . 2008. 新疆民族双语发展历史现状与成就 . 乌鲁木齐：新疆人民出版社 .

露丝·本尼迪克特.2003.想象的共同体.吴叡人译.上海：上海人民出版社.

马戎.1998.西藏地区教育事业的发展.中国藏学，1998（02）：3～24.

马廷中.2007.民国时期云南民族教育史研究.北京：民族教育出版社.

马文·哈里斯.1991.教育视导行为学.李文权，等译.重庆：重庆出版社.

马文华.2006.新疆教育史稿.乌鲁木齐：新疆教育出版社.

欧以克.2005.民族高等教育学概论.北京：民族教育出版社.

祁美琴.2002.民国时期的新疆学校教育概述.民族教育研究，2002（3）：50～60.

（清）松筠.新疆识略.光绪甲午年（1894）上海积山书局石印本.

桑新民.1993.呼唤21世纪的教育哲学——人类自身生产探秘.北京：教育科学出版社.

滕星.1996.中国少数民族双语教育研究的对象、特点、内容与方法.民族教育研究，1996（2）：44～53.

滕星，王军.2002.20世纪中国少数民族与教育：理论政策与实践.北京：民族出版社.

王阿舒，孟凡丽.2006.新疆少数民族双语教育政策发展综述.民族教育研究，2006（2）：22～26.

王铁志.1998.新中国民族教育政策的形成与发展（下）.民族教育研究，1998（3）：50～60.

乌兰夫.1989.内蒙古自治运动联合会档案史料选编.北京：档案出版社.

乌兰夫.1997.乌兰夫论民族工作.北京：中共党史出版社.

乌云巴图，葛根高娃.2001.蒙古族传统文化论.呼和浩特：远方出版社.

乌云达来.2008.黑龙江省蒙古族教育30年回顾与展望.http：//blog.sina.com.cn/s/blog_67a8ef4a0100iico.html [2010-05-14].

吴德刚.2001.西藏教育50年回顾与21世纪的展望（一）.中国民族教育，2001（02）：4～10.

吴福环.2000.新疆少数民族教育之发展.新疆大学学报，2000（4）：30～34.

武金峰.2004.新疆高校民族预科教育研究.民族出版社.

武立德.2002.新疆博尔塔拉蒙古族发展简史.北京：民族教育出版社.

西藏自治区教委.1998.1996—1997学年初统计资料汇编.北京：新华出版社.

新疆维吾尔自治区档案馆.1950.自治区教育厅档案（3号卷）.北京：新华出版社.

新疆维吾尔自治区教育厅.1959.新疆维吾尔自治区十年来教育工作总结汇编.北京：新华出版社.

新疆维吾尔自治区教育厅.2003.新疆维吾尔自治区教育统计资料（2003年）.北京：民族出版社.

许文俊.2013.藏汉双语教学现状研究.西北师范大学硕士学位论文；50～60.

伊明阿布拉.2012.当代维吾尔族翻译事业发展历程概述.民族翻译,2012(2):50~60.

郑金洲.2000.教育文化学.北京:人民教育出版社.

朱解琳.1990.藏族近现代教育史略.西宁:青海人民出版社.

Erik Erikson. 2008. The Life Cycle Completed. Basingstoke: Palgrave Macmillan.

Herbert Blumer. 1973. Human Nature and Collective Behavior. Piscataway: Transaction Publishers.

John Ogbu. 1985. Anthropology of education. In: Husen T. The International Encyclopedia of Education. vol 1: 281.

# 后 记

读史明智，研史智明。了解我国少数民族教育发展的历史变化，有利于我们更清楚地认识民族教育的本质属性，更科学地研究民族教育的发展规律，更快速地提高民族教育的质量水平。

作为一名民族教育工作研究者，笔者一直都在思考该如何将一个民族的一段教育历史呈现出来，既不能让它太枯燥，又要把握住客观现实不能丢。在一次与一位民族教育老师的交谈中，他生动、真切的表述深深地感染了我，不仅让我了解到少数民族教育发展的不易，更让久被困扰的我豁然开朗——可以采用口述的方式记录民族教育的发展历史。这种口述史的表达方法摆脱了建立在科学话语上的知识监控，更容易接近真实，更容易建设史学家的主观性，会成为社会行动和记忆的一部分，具有非常重要的研究价值。

然而，遗憾的是，我国民族众多，笔者无法书尽全部，所以只能选取我国西部地区较为特色的 4 个民族——蒙古族、维吾尔族、藏族和裕固族作为代表开展此项研究，因此也无法完成民族间的横向比较研究。同时，对于 4 个代表民族的代表人物的采访也是极为有限的，可以说并未令自己完全满意，所以也只能说是少数民族教育口述史研究的一种尝试。

尽管如此，笔者还是非常期待这样一项研究的成果能够尽快诞生，可以与广大民族教育工作战线上的同道中人分享。同时，再次感谢在这一年多时间里支持我、配合笔者完成此项研究的同志们，正是因为你们的鼓励和支持，笔者才能够坚持写完这本书。

祝愿我国民族教育事业蒸蒸日上！

沙景荣

2014 年 11 月 5 日